高等院校经济管理专业应用型规划教材

国际贸易实务

（第二版）

GUOJI MAOYI SHIWU

林　俐　主编

鲁丹萍　陈　俊　苏锦红　副主编

立信会计出版社
LIXIN ACCOUNTING PUBLISHING HOUSE

图书在版编目(CIP)数据

国际贸易实务 / 林俐主编. —2 版. —上海：立信会计出版社，2013. 1(2021. 1 重印)
高等院校经济管理专业应用型规划教材
ISBN 978 - 7 - 5429 - 3727 - 8

Ⅰ. ①国… Ⅱ. ①林… Ⅲ. ①国际贸易−贸易实务−高等学校−教材 Ⅳ. ①F740. 4

中国版本图书馆 CIP 数据核字(2013)第 011373 号

责任编辑　赵志梅
封面设计　周崇文

国际贸易实务(第二版)

Guoji Maoyi Shiwu

出版发行	立信会计出版社		
地　　址	上海市中山西路 2230 号	邮政编码	200235
电　　话	(021)64411389	传　　真	(021)64411325
网　　址	www. lixinaph. com	电子邮箱	lixinaph2019@126. com
网上书店	http://lixin. jd. com		http://lxkjcbs. tmall. com
经　　销	各地新华书店		

印　　刷	浙江临安曙光印务有限公司		
开　　本	787 毫米×1092 毫米	1/16	
印　　张	15. 5		
字　　数	397 千字		
版　　次	2013 年 1 月第 2 版		
印　　次	2021 年 1 月第 5 次		
印　　数	6 801—7 900		
书　　号	ISBN 978 - 7 - 5429 - 3727 - 8/F		
定　　价	38. 00 元		

第二版前言

本教材自2007年8月出版以来，在全国高校的同行中产生了一定的影响，并被越来越多的兄弟院校作为国际经济与贸易专业本科教学的主要教材或辅助参考书。4年多来，我们多次参加国际经济与贸易学科及专业建设研讨会，在研讨会上与各地同行交流讨论，听取了同行对教材建设实践的建议。同时，随着国际贸易的迅速发展和实践领域的新变化，2010年国际商会将《2000年国际贸易术语解释通则》(INCOTERMS2000)修订为《2010年国际贸易术语解释通则》(INCOTERMS2010)，并于2011年1月1日起生效。这些都帮我们进一步明确了本教材的修订方向。

本教材的修订，在坚持原来框架不变的前提下，主要涉及以下三方面内容：一是根据国际贸易惯例的重大变化，我们对第四章(贸易术语)进行重新架构，修订了部分相应内容。二是更新了部分案例。原教材共计编写与收录了34个案例，在本次修订中，对部分案例内容进行更新，对部分案例形式进行创新。三是制作了配套的课件，以方便使用本书作为教材的教师们授课和学生们自学。总之，本教材的修订力求反映近几年来对外贸易理论与实践的新发展与新趋势以及我国企业对外贸易实务的新做法与新操作。

对本教材第二版的出版，要特别感谢立信会计出版社和赵志梅编辑的大力支持。

本教材的修订工作，由林俐提出总体思路，经过讨论，分工写作完成。修订工作是在繁忙的教学科研工作之余完成的，受时间与水平所限，修订中可能仍然存在一些不当之处，欢迎读者批评指正！

编　　者

2013年1月

前　　言

国际贸易实务(Practice for International Trade),是一门涉外经济与贸易专业必修的专业基础课程,也是一门具有涉外活动特点、实践性很强的综合性应用学科。本教材主要研究进出口业务活动中应遵循的国际惯例、规则以及合同条款等相关内容,以完成一笔进出口业务所应掌握的知识为主线来组织本教材的内容。

本着理论联系实际的基本原则,在课堂教学设计中,以一笔外贸业务为主线,第 1 至第 8 章讲授进出口合同的条款,包括商品品名、品质、数量和包装、运输、保险、价格、支付、商检、仲裁、索赔和不可抗力等;第 9 至第 11 章讲授进出口合同的商订和履行的基本技能;第 12 章介绍当前国际贸易中比较普遍采用的一些贸易方式。通过以上教学设计,使该门课程的教和学始终保持连贯。

本教材与国内同类教材相比,具有以下几个特点:

第一,"力求实用性"。参与本教材编写的教师均具有多年的国际贸易实践经验,并在国内权威的实务类杂志上发表多篇论文。在编写过程中力求本教材的实用性,以使本教材能很好地指导实践操作,也使"实务"课程能很好地体现"务实"的特点。

第二,"体系更合理"。本教材对章节安排做了较大调整,即在商品品名、品质、数量与包装、运输、保险之后,再介绍贸易术语和商品价格。如果开篇即介绍贸易术语,因学生在完全没有国际贸易实务初步知识的基础上学习贸易术语,通常难以理解。该教材的章节安排已在教学实践中运用,并取得了理想的效果。

第三,"博采众家之长"。对于该领域的学者和业界人士的新观点和论述我们力求兼收并蓄,将最新、最有价值的理论研究成果展现给读者。

第四,"突出案例教学"。本教材充分利用编写组前期的教改成果,每章节都会适当地配以与内容相关的业务案例,帮助学生理解和巩固教学内容。本教材共编写及收录了 33 个案例,为便于查看,特编了案例目录。

本教材由林俐、鲁丹萍、陈俊、苏锦红编著。具体分工如下:鲁丹萍负责第 1 至第 3 章的编写,陈俊负责第 7 至第 10 章的编写,苏锦红负责第 11、第 12 章的编写,林俐负责第 4 至第 6 章的编写,并负责全书的修改与统稿。

本教材的顺利出版，得到立信会计出版社的大力支持和帮助，还得到外经贸专业教授、实务界专家的指导，谨此致谢！

书中不妥之处，敬请读者提出宝贵意见。

作　　者

2007年8月

目　　录

一、正文目录

二、案 例 目 录

第1章　商品的品名、品质、数量和包装

【学习目标】

通过本章的学习，要求能够理解合同的标的物及其品质、数量与包装的基本概念，掌握质量、数量与包装条款的表示方法，熟练掌握合同中质量、数量与包装条款的表述及应用。

【本章重点】

1. 品质的含义及表示方法
2. 商品的数量及计量单位
3. 包装的种类和运输标志
4. 合同中的品质、数量和包装条款

【本章难点】

1. 品质的含义及表示方法
2. 包装的种类和运输标志

商品的品名、品质、数量和包装是进出口双方交接货物的基本依据，关系到买卖双方的权利和义务，是贸易合同中的主要条款。本章从签订合同和履约两个方面，介绍国际货物买卖合同中关于商品的品质、数量、包装的基本内容及其在订立合同时应注意的事项。

1.1　合同的标的物

国际贸易买卖合同的“标的”(subject of matter)就是进入国际市场的有形商品，即货物。商品的品名、品质、包装是交易磋商时首先要谈妥的问题，此外，合同的标的必须用一定的数量来表示。而对商品的品名、品质、包装和数量的检验，也是合同的标的密切相关的问题。

1.1.1　品名

1. 商品的名称的含义

商品的名称或称“品名”(name of commodity)，是指能使某种商品区别于其他商品的一种称呼或概念。商品的名称在一定程度上体现了商品的自然属性、用途以及主要的性能特征。

2. 命名商品的方法

① 以其主要用途命名。这种命名方法在于突出其用途，便于消费者按其需要购买，如织

布机、旅游鞋、防水服和杀虫剂。

② 以其所使用的主要原材料命名。这种命名方法能通过突出所使用的主要原材料反映出商品的质量，如棉布、羊绒衫和玻璃杯。

③ 以其主要成分命名。这种命名方法可使消费者了解商品的有效内涵，有利于提高商品的身价。一般适用于以大众所熟知的名贵原材料为原料来生产的商品，如裘皮大衣、西洋参蜂皇浆和人参珍珠霜。

④ 以其外观造型命名。这种命名方法有利于消费者从字义上了解商品的特征，如绿豆、喇叭裤、宝塔菜。

⑤ 以其褒义词命名。这种命名方法能突出商品的使用效能和特性，有利于促进消费者的购买欲望，如青春宝、美媛春。

⑥ 以人物名字命名，即以著名的历史人物或传说中的人物命名。这种命名方法的目的在于引起消费者的注意和兴趣，如孔府家酒。

⑦ 以制作工艺命名。这种命名方法的目的在于提高商品的威望，增强消费者对该商品的信任，如二锅头、精制油。

1.1.2 列明品名的意义

1. 从法律角度上看

商品的品名是买卖双方在货物交收方面的一项基本权利和义务，按照有关法律和国际惯例，对商品的具体描述是商品说明的一个主要组成部分，是货物交收的基本依据之一。

2. 从业务角度看

商品品名是交易的物质内容，是交易赖以进行的物质基础和前提。

1.1.3 品名条款的内容

国际货物买卖合同中的品名条款并无统一的格式，通常在“商品名称”或“商品品名”栏内，列明交易双方成交商品的名称。

品名条款的规定，取决于成交商品的品种和特点，通常只要列明商品的名称即可。但有的商品，具有不同的品种、等级和型号，为了明确起见，要对具体品种、等级和型号进行概括性的描述，有的甚至把商品的品质规格也包括进去，实际上是把品名条款与品质条款合并在一起使用了。

1.1.4 规定品名条款的注意事项

① 必须做到内容明确、具体。避免空泛、笼统或含糊的规定，以确切地反映商品的用途、性能和特点。

② 使用国际上通行的名称。若使用地方性的名称，交易双方应事先就其含义取得共识。对于某些新商品的译名，应力求准确、易懂，并符合国际上的习惯称呼。

③ 恰当选择商品的不同名称。以利于减低关税，方便进出口和节省运费。

④ 切实反映商品实际情况。凡做不到或不必要的描述性词句，都不应列入品名条款。

1.2 商品的品质

1.2.1 约定品质条款的意义

商品的品质(quality of goods)是指商品的内在素质和外观形态的综合。前者包括商品的物理性能、机械性能、生物特征及化学成分等自然属性;后者包括商品的外观、色泽、款式、味觉和嗅觉等。

《联合国国际货物销售合同公约》(以下简称《公约》)规定:“卖方交付的货物,必须符合约定的质量。如果卖方交货不符合合同的规定,买方有权要求损害赔偿,拒收货物,甚至撤销合同,商品的品质影响到买卖双方的权利义务。”

商品品质关系到买卖双方的利益,同时还决定商品的价格。

1.2.2 表示商品品质的方法

1. 实物样品表示法

① 看货买卖(sale by goods)。看货买卖是指以现有商品的实际品质为依据的交易方式。通常由买方或其代理人在商品所在地验看货物,达成交易后,卖方按验看过的商品交付。只要卖方交付的是验看过的商品,买方就不得对商品质量提出异议。该方式适用于寄售、拍卖和展卖业务。

② 凭样品买卖(sale by sample)。样品是指从一批商品中抽取出来的或由生产、使用部门设计加工的,足以反映和代表整批商品品质的少量实物。凭样品买卖是指买卖双方以约定的足以代表实际货物的样品为交货的品质依据的交易方式。

在国际贸易中,凭样品买卖的种类较多,根据样品提供方的不同可分为以下三种:

① 凭卖方样品买卖(sale by seller's sample)。以卖方提供样品作为双方交货的依据,卖方所交货物必须与样品一致的交易方式,称凭卖方样品买卖。因此,卖方提供的样品必须具有足够的代表性,能够代表整批货物的平均品质。

② 凭买方样品买卖(sale by buyer's sample)。以买方提供样品的品质为交货的品质依据的交易方式,称凭买方样品买卖。为减少贸易纠纷,一般应在合同中明确规定,若发生由买方来样引起的工业产权第三者权益问题时,与卖方无关,由买方负责。

③ 凭对等样品买卖(sale by counter sample)。卖方按买方提供的样品,复制出经买方确认的样品,这个样品称“对等样品”(counter sample)或“回样”,也可称为“确认样品”(confirmed sample)。

若买方或卖方所寄的样品仅仅作为交货品质的参考,而不是交货的依据,则应表明是“参考样品”。参考样品不具备法律效力。

2. 文字说明表示法

在国际贸易中,商品的品质除部分不易用文字说明加以描述而采用凭实物样品买卖外,大部分采用的是凭文字说明来表示买卖商品的品质,具体可分为以下几种:

① 凭规格买卖(sale by specifications)。商品的规格是指商品的主要成分、纯度、含量、强度、拉力、重量、大小、尺寸、粗细等用来反映商品品质的某些主要指标。

② 凭等级买卖(sale by grade)。商品的等级是指将同类的货物,按其规格的不同,分为不同的等级。通常的表示方法有:大、中、小;特级、一级、二级、三级;1、2、3 等,分别用文字、符号、数字来表示。适用该方式的商品有茶叶、鸡蛋、生丝等。

【案例 1-1】 品质等级不符导致损失案

【案情】

我某出口公司向外商出口一批苹果。合同及对方开来的信用证上均写的是三级品,但卖方交货时才发现三级苹果库存告罄,于是该出口公司改以二级品交货,并在发票上加注,"二级苹果仍按三级计价不另外收费"。请问:卖方这种做法是否妥当?为什么?

【分析】

货物等级是商品品质的重要指标,违反品质条款,造成单证不符,可能会遭拒付。本例拿二级苹果代替三级苹果,"赔了夫人又折兵"。

③ 凭标准买卖(sale by standard)。标准是指统一化了的规格和等级,一般是由国家机关或有关部门规定并公布实施的标准化品质指标。标准分为生产商标准、团体标准、国家标准、区域标准以及国际标准等。在援引标准买卖时一定要明确标准的版本年份,以免引起争议。

在国际贸易实务中,对于某些农副产品,有时还采用良好平均品质"F. A. Q."(fair average quality)。F. A. Q. 一般指"大路货"。相对于"精选货"而言,其交货品质一般以我国产区当年生产该项农副产品的平均品质为依据而确定。合同中要注明 F. A. Q. 字样和年份,需要订立具体规格。"F. A. Q."用于大米、棉花、茶叶、小麦等。在交易中根据商品提供所需样品,通常还约定具体规格作为品质依据。

④ 凭品牌名称(sale by brand)或商标(sale by trade mark)买卖。凭品牌名称或商标买卖是指对某些品质比较稳定并且在市场上已树立良好信誉的商品,买卖双方在交易洽谈和签订合同时,可采用商标或品牌名称来表示品质。

⑤ 凭产地名称买卖(sale by name of origin)。有些产品因生产地区的自然条件或传统加工工艺在产品品质上独具特色,在买卖双方签订合同时就以商品的产地名称成交,称为凭产地名称买卖。该方式适用于出口信誉卓著、品质良好的农副土特产品,如我国的龙口粉丝、天津鸭梨、绍兴花雕酒、涪陵榨菜等。

⑥ 凭说明书买卖和图样买卖(sale by description and illustration)。这种方式适用于结构、用材、性能等较复杂的机械、电子、仪表等技术密集型产品的买卖。

1.2.3 合同中的品质条款

1. 品质条款的基本内容

表示商品品质的方法不同,合同中品质条款(quality clause)的内容也不尽相同。一般应列明商品的品名、等级、规格、体积、商标、产地名称等。

2. 品质机动幅度和品质公差

在国际贸易的实际业务中,由于产品特性、生产加工条件、运输条件以及气候等因素的影响,有时卖方所交商品品质很难达到合同所规定的要求,为了避免因交货品质与买卖合同的不符造成违约,可以在合同品质条款中做出变通的规定,如品质机动幅度、品质公差等。

① 品质机动幅度。品质机动幅度是指卖方所交商品品质指标可以在一定幅度内机动。其规定方法有规定范围、规定极限、规定上下差异等。这种方式适用于初级产品。

② 品质公差。品质公差是指由于科学技术水平、生产水平的限制而导致某些工业品在该行业质量上的公认的误差，如机器加工的零件尺寸、钟表的走时，实际都存在一定误差。但只要卖方所交货物的品质差异在品质公差范围内，就被认为达到了合同中的品质要求。

卖方交货品质在机动幅度允许的范围内，货物价格一般按合同计算，不再另作调整。卖方交货品质在质量公差范围内，一般不另行增减价格。

例子：

● 虎牌打火机，根据2004年1月10日的样品。质量与样品大体一致。

"Tiger"brand lighters as per samples dated Jan. 10, 2004. Quality to be considered and being about equal to the sample.

● 登丰牌彩色笔，18色，买方包装卡。

"Dengfeng"brand color-pen 18 colors with the buyer's packing card.

● 中国花生仁，要求水分13%(max)、不完善粒5%(max)、含油量44%(min)。

The Chinese peanut, the moisture content is not higher than 13%, the broken particles is not higher than 5%, oil content is not lower than 44%.

【案例1-2】 商品质量不符导致纠纷案

【案情】

我国某生产企业向马来西亚客户出口汽车配件，品名为YZ-8303R/L，但生产企业提供了YZ-8301R/L，两种型号的产品在外形上非常相似，但却用在不同的车型上，因此客户不能接受，要求我方调换产品或降低价格。我方考虑到退货相当麻烦，费用很高，因此只好降低价格15%，了结此案。

【分析】

商品的质量是国际货物买卖合同中不可缺少的主要条件之一，是十分重要的条款。卖方属于重大违约，因此赔偿对方损失是不可避免的。

1.2.4 订立商品品质条款应注意的事项

1. 根据商品的特性，正确使用表示商品品质的方法

在出口交易中，凡可用一种方式表示的，就不要采用两种或两种以上的方法表示，以免给自己造成不必要的交货或生产的困难。

2. 要从生产实际出发，实事求是

品质条款要根据国际市场的需求并结合国内生产的实际来订立，不能订得过高，以免造成生产和对外履约的困难，也不能订得过低，以免影响售价和销路。

3. 要有科学性和灵活性

品质条款的内容和文字应注意科学性、严密性、准确性。但对有些货物，特别是品质规格不易做到完全统一的商品，如某些农副产品、轻工业品及矿产品等，要有一定的灵活性，规定合理的品质机动幅度或品质公差。

1.3 商品的数量

1.3.1 商品的计量单位

1. 度量衡制度

目前，国际贸易中常用的度量衡制度有公制（the Metric System）、美制（the U. S. System）、英制（the British System）、国际单位制（the International System of Units）。

2. 国际货物买卖中常用的计量单位

国际货物买卖中常用的计量单位有重量单位、数量单位、长度单位、面积单位、体积单位和容积单位等。

① 重量单位（weight）。重量单位包括公吨（metric ton，M/T）、长吨（long ton，L/T）、短吨（short ton，S/T）、千克（kilogram，kg）、磅（pound，lb）、盎司（ounce，oz）等，适用于农副产品、矿产品、部分工业制成品、贵重商品等。这些计量单位的换算关系为：

1 公吨＝0.984 2 长吨＝1.102 3 短吨

1 千克＝2.204 6 磅＝35.273 6 盎司

1 磅＝16 盎司

② 数量单位（number）。数量单位包括件或只（piece，pc）、双（pair，pr）、台或套（set）、箱（bag）、罗（gross）、打（dozen，doz）、件（package）、令（ream）等，适用于工业制成品、土特产品等。这些计量单位的换算关系为：

1 罗＝12 打＝144 只

1 令＝516 张（一般用来表示印刷纸的张数）

③ 长度单位（length）。长度单位包括千米（kilometer，km）、米（meter，m）、英尺（foot）、英寸（inch）、厘米（centimeter，cm）、码（yard）等，适用于布料、绳索、丝绸等。这些计量单位的换算关系为：

1 千米＝1 000 米

1 米＝1.094 码＝3.280 8 英尺＝39.37 英寸

④ 面积单位（area）。面积单位包括平方米（square meter）、平方英尺（square foot）、平方英寸（square inch）、平方码（square yard）等，适用于玻璃、地毯、塑料制品、皮革制品等。

⑤ 体积单位（volume）。体积单位包括立方米（cubic meter）、立方英尺（cubic foot）、立方英寸（cubic inch）、立方码（cubic yard）等，适用于木材、天然气等。

⑥ 容积单位（capacity）。容积单位包括升（liter，l）、加仑（gallon，gal）、蒲式耳（bushel）等，适用于液体商品。

1.3.2 商品重量的计算方法

在国际货物买卖中，很多商品采用按重量计量的方法。计算重量的方法主要有以下几种。

1. 按毛重计算

毛重(gross weight)是指商品本身重量加上包装的重量。对于有些单位价值较低(如谷物等)或以净重计量有困难的商品,常采用“以毛作净”的方法计算重量,作为计价和交易的依据。

2. 按净重计算

净重(net weight)是指商品本身的重量并不含包装物的重量。按净重计算商品的重量时,计算包装物的重量有四种方法:

① 按实际皮重(actual tare)计算。实际皮重是指将商品的包装物逐一过秤后的实际重量。

② 按平均皮重(average tare)计算。在包装物的重量大致相同的情况下,取若干件包装的实际重量,计算包装物的平均重量。

③ 按习惯皮重(customary tare)计算。有些较规格化的包装物,市场公认其重量,即习惯皮重。

④ 按约定皮重(computed tare)计算。按买卖双方约定的包装重量为准,不用过秤。

在国际贸易中,买卖双方选取何种计算净重的标准,应由双方约定写入合同,以防引起争议,造成履约困难。

按国际惯例,如果没有在合同中明确规定采用毛重还是净重计价的,应以净重计价。

3. 按公量计算

公量(conditioned weight)是用科学方法抽去商品中的水分,再加上标准水分重量所得的重量。有些商品,如羊毛、生丝等价值较高,含水量不稳定,影响商品的重量,可以用公量来计算这类商品的重量。计算公式为:

$$\text{公量}=\text{干量}+\text{标准含水量}=\frac{\text{实际重量}\times(1+\text{标准回潮率})}{1+\text{实际回潮率}}$$

例如,某公司出口羊毛一批,双方约定标准回潮率为10%,现有羊毛100公吨,经过测定,实际回潮率为8%,计算该批羊毛的公量为多少公吨?

$$100\times(1+0.10)\div(1+0.08)=101.85(\text{公吨})$$

4. 按理论重量计算

理论重量(theoretical weight)是指一些商品有固定规格、尺寸、重量大致相等,通过件数计算其重量,如马口铁、钢板等。

1.3.3 合同中的数量条款

1. 数量条款的基本内容

合同中的数量条款(quantity clause)的基本内容包括买卖双方成交商品的数量、计量单位、计量方法,若以重量计算的方法还要表明按毛重或净重等。

2. 正确利用数量机动幅度

在实际履约过程中,由于商品特性、生产条件、运输工具的承载能力以及包装方式的限制,卖方要做到严格按量交货确有一定困难。为了避免因卖方实际交货不足或超过合同规定而引起的法律责任,方便合同的履行,对于一些数量较难严格控制的商品,可以在合同中加订一个数量机动幅度条款，通常称溢短装条款(more or less clause)。

溢短装条款是在买卖合同的数量条款中，明确规定卖方允许多装或少装的百分比，以其幅度不超过规定的百分比为限。例如，100 公吨，卖方可溢短装 5%(100M/T, with 5% more or less at seller'e option)即卖方交货量可在 95～105M/T 之间。具体内容为：

① 可溢短装的百分比。视商品的特点、数量、交易习惯、运输工具等情况确定。

② 溢短装的选择权在买方或卖方。

③ 溢短装的计价，一般按合同价格计算，也可以按装船日或到货日的国际市场价格计算。

在跟单信用证业务中，按国际商会《跟单信用证统一惯例》第 600 号出版物(以下简称《UCP600》)中第 30 条(a)款规定："大约"、"近似"或类似意义的词语用于涉及信用证规定的数量时，应解释为允许有关数量有 10%的增减。(b) 款规定：除非信用证规定数量不得增减，只要支取金额不超过信用证金额，对散装货物的买卖，可有 5%增减幅度。

例子：

● 1 000 公吨，2%溢短装。

1000M/T, with 2% more or less.

● 10 000 只，卖方有权溢短装 5%，该部分根据合同价格结算。

10 000 pieces. The seller has the option to load 5% more or less than the quantity contracted, each difference shall be settled at the contract price.

【案例 1-3】 未按期完成货物导致客人取消合同案

【案情】

我国 A 公司向孟加拉国 B 公司出口一批货物，合同价值约为 USD20 000.00，货物为汽车配件，共有 10 个型号，其中有 4 个型号要求根据客户样品制造。付款方式为，客户先支付定金 1 000 美元，剩余部分 30%和 70%分别以信用证(L/C)和电汇(T/T)支付(在货物生产完毕通知客户支付)。客人随即开来信用证，A 公司按合同和 L/C 要求开始生产货物，但发现其中按客人样品要求定做的货物不能完成，由于客人订货的数量比较少，开发该产品十分不合算。因此，打算从其他厂家购进该产品，但遗憾的是，一直无法找到生产该产品的厂商。而此时已接近装船期了，其他货物亦相继生产完毕。A 公司只好告诉 B 公司上述问题。B 公司要求取消所有的货物并退还订金和样品。B 公司的理由是，该公司要求定做的货物是十分重要的，不能缺少，因 A 公司没有按时完成货物，错过该公司的商业机会。A 公司感到无可奈何，而且确实理亏，只好答应客户的要求，承担一切货物积压的损失。

【分析】

A 公司应反省一下，为什么会造成如此被动局面?

① 对客户的样品没有作仔细研究，就简单地认为自己可以生产或从其他地方购买，以致确认客户的订单。

② 对于客户特别重要的货物，应该给予重视。因为客户将样品从国外带到中国交给 A 公司定做，A 公司确认可以生产，最后却没有生产出来，客户当然感到十分失望。要是换成其他产品不能完成，或许客户会勉强答应不至于取消合同。

③ 根据《公约》的规定，一方当事人重大违约时，另一方当事人可以取消合同并要求赔偿

损失。本案的卖方已构成重大违约(数量不足),对方的要求是合理的。

1.4 商品的包装

1.4.1 商品包装的意义

进出口商品一般都需要经过长距离辗转运输,有时还需要多次装卸、搬运和存储。因此大多数商品都需要适当的包装。包装不仅能起到保护商品、保障运输的作用,而且还能美化商品、宣传商品,同时包装本身还是货物说明的组成部分。

商品包装的要求是科学、经济、牢固、美观和适用。

有些国家的法律把商品包装作为货物说明的组成部分。在国际贸易中,包装条件是合同的一项主要交易条件。

1.4.2 商品包装的种类

1. 销售包装

销售包装(selling packing)又称内包装或小包装,是在商品进入零售环节和消费者直接见面时的包装。销售包装的主要目的是便于陈列和展销,便于消费者识别、选购、携带、保存,具有美化商品、促进销售的功能。

(1) 种类

① 堆叠式,如罐、盒类商品。

② 挂式,如包装上的挂钩、挂孔等。

③ 携带式,如手提袋等。

④ 喷雾式,如液体喷雾器等。

⑤ 易开式 ,如易拉罐等。

(2) 销售包装的要求

商品的销售包装应适应国际市场的需要,便于陈列展销、识别商品、携带和使用,要有艺术吸引力,以吸引顾客、提高售价和扩大销售。

【案例 1-4】 彩卡上带有“828”字样的纠纷案

【案情】

国外客户B公司向国内A公司下了1×40’集装箱产品P1(货号为828-12)的订单。客户在E-mail上要求所有包装上不能显示货号“828”,因为此次进口国海关对于“828” 等几种产品征收很高的反倾销关税。而A公司在给供应商下的订单上仅仅注明了在货物的外箱上不能注明“828”,其他具体要求跟此客户以前的出货一致(以前订单的彩卡包装上都有“828”),所以造成彩卡包装生产下来都有“828”字样。客户B公司在收到A公司寄来的货样照片时,发现彩卡上仍有“828”字样,随即提出去掉“828”。由于公司A的货物已全部完成,若换彩卡会造成5万元的经济损失,同时交货期将推迟20天。于是A公司告诉客户货物已全部生产完毕,若返工将造成5万元的经济损失并希望客户接受有“828”的彩卡。最后，客户B答应愿意接受货物，但是客户B公司疏通海关需要USD2 000.00的费用，A公司只好接受了。

【分析】

从上述案例中A公司可以吸取的教训为：

① 在客户下订单时，对于一些合同的细节问题要询问清楚，尤其对于客户特殊要求要特别重视。

② 给工厂下订单时，在生产清单上对于产品的细节要求不可写与以前订单一样（草草了事），有特殊要求的必须标注清楚。生产前将生产样品给客户确认，以免造成不必要的麻烦和损失。

2. 运输包装

运输包装（transport package）又称外包装、大包装。将货物装入特定容器内，以特定方式成件或成箱包装，可以在长途运输过程中，有效保护商品不被损坏，也便于运输，节省费用，还可以避免因气候条件对商品产生不利影响。

(1) 种类

① 单件运输包装。

● 箱装（case）：分木箱、纸箱、铁箱、塑料箱等，适用于不能积压的货物，如服装等。

● 袋装（bag）：分纸袋、塑料袋、布袋、麻袋等，适用于农产品和化学肥料等货物。

● 桶装（drum）：分木桶、铁桶、塑料桶等，适用于液体、粉状物等货物的包装。

● 捆（bundle）或包（bale）形式的包装：将货物用棉布、麻袋包装、在外面加箍铁和塑料袋的包装方式，适用于羊毛、棉花等可压紧的货物。

② 集合运输包装。将单件运输包装组成一个大的包装，在国际贸易中常见的集合运输包装有集装袋或集装包（flexible container）、集装箱（container）、托盘（pallet）等。

(2) 运输包装的要求

国际贸易商品采用的运输包装要求严格。应符合商品的特点，满足运输方式的要求，符合交易方的贸易规则，便于货物装运、方便操作。

(3) 运输包装的标志

运输包装的标志是指为了方便货物运输、装卸及储存保管，便于识别货物而在商品外包装上刷写的标志。运输包装标志按作用的不同，可以分为以下三类：

第一，运输标志（shipping mark）。

习惯上称为"唛头"（mark），它通常用一个简单的几何图形和一些字母、数字、简单文字组成。运输标志具有便于运输、辨认货物、顺利完成交易等，防止错发错运的作用。

为了便于计算机在运输和单证流转方面的应用，国际标准化组织向各国推荐使用标准化运输标志，其基本内容为：

① 主要标志。即收货人或买方的名称字首或简称。

② 参照号码。也可以加上参考号，如合同号码、发票号，可在简单的几何图形中反映。

③ 目的地（或目的港）名称。需经过某地（港口）转运的，在目的地（目的港）下面加上转运地（港）名称，便于运输部门正确装运。

④ 件数号码。包装货物的总件数和每件货物的顺序号，如"No. 1～100"。

例子：

ABC	收货人名称缩写
SC-200505	参考号
HAMBURG	目的地(目的港)
NO. 1～100	件数及箱号

唛头一般被刷在运输包装的侧面，通常又称“侧唛”如图 1-1 运输标志所示。

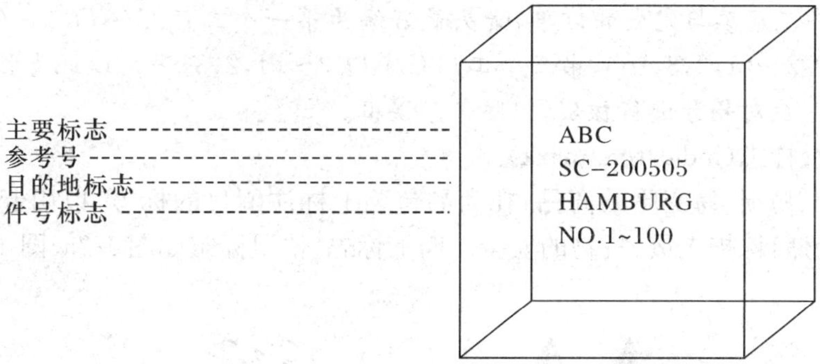

图 1-1　运输标志

包装上采用的运输标志，应按合同规定处理；如合同和信用证都没有规定具体要求，应由卖方决定。

【案例 1-5】　唛头未标明具体箱号导致纠纷案

【案情】

国内 A 公司与国外客户 B 公司签订了 1×20’集装箱产品 P2(货号 934)的销售合同，此 1×20’集装箱的 934 中，客户有两种规格，每一规格有两种不同的包装，卖给两个不同的最终用户，这就意味着需要四种不同样式的产品包装。每种包装的产品 100 箱，共计 400 箱。唛头为：

STL-953
ITEM NO. 934
C/NO. 1～400
MADE IN CHINA

A 公司以为工厂会在唛头上按照箱子的流水号来编，因此 A 公司在下订单时没有注明在正唛的“C/NO. 1～” 后按照流水号来编写具体的箱号，结果工厂没有在正唛上按照箱子的流水号来编写，而产品货号又全部一样。货物到达目的港后，客户 B 公司无法区分货物。该客户不得不一箱箱打开包装找货，浪费了客户人工费，造成了很严重的损失。客户 B 公司提出索赔，A 公司相应给予了客户赔款。但是此客户从此断绝了与我们的贸易往来。

【分析】

① A 公司在给工厂下订单时，在生产清单上若需工厂填写的内容，应该在英文旁边注明中文，因为很多工厂的英文水平一般，要考虑到工厂的具体情况。

② 在给工厂下订单时需考虑到客户的具体要求，站在客户的立场上考虑收到货，如何区分货物的问题。特殊的要求，在生产清单上注明以外还要跟工厂在电话里特别强调，以防止工

厂对A公司具体要求没有注意从而造成的生产的东西不符合要求，返工，延误交货期。本例中正确的做法是设计四个唛头：

STL-953

ITEM NO. 934

C/NO. 1～100(101～200，201～300，301～400)

MADE IN CHINA

③ 对于较多工厂参与完成的订单，唛头最好编为第一个工厂 C/NO. 1～(1，2，3，…)、第二个工厂 C/NO. 2～(1，2，3，…)、第三个工厂 C/NO. 3～(1，2，3，…)，以此类推。A公司要求质检人员验货时，应对箱号进行核实，以防工厂误填。

第二，指示性标志(indicative mark)。

对一些易碎、易损、易变质的商品，在商品包装上标注醒目的标志，以引起装运人员的注意，便于运输、仓储，保护人员、货物的安全。向上标志、怕湿标志如图 1-2a、图 1-2b 所示。

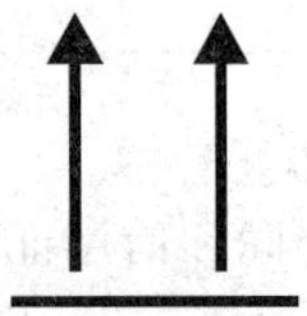

a 向上标志

b 怕湿标志

图 1-2　指示性标志示意图

第三，警告性标志(warning mark)。

警告性标志又称危险品标志，是对装有危险品、易燃品、有毒气体、腐蚀性物品和放射性物品等的运输包装上用文字或图形表示各种危险品的标志，提示工作人员警惕、采取安全措施，保护工作人员、货物的安全。

联合国海事协商组织规定，在出口危险品的外包装上要刷写"国际海运危险品标志"。在制作危险品标志时，我国颁布有《包装储运标志》和《危险货物包装标志》。易燃气体标志、有毒气体标志如图 1-3a 、图 1-3b 所示。

(符号：黑色或白色；底色：正红色)

a 易燃气体标志

(符号：黑色；底色：白色)

b 有毒气体标志

图 1-3　警告性标志示意图

3. 定牌、无牌和中性包装

定牌：是卖方按买方要求在其出售的商品或包装上标明买方指定的商品或牌名。该方法是为了扩大商标、牌名的知名度，扩大商品的销售市场，适用于国外长期性、大数额的订货。

无牌：在出口商品上或包装上不用任何商标和牌号，适用于半制成品或低值易耗品。为了降低成本，节省费用。

中性包装：在商品上和内包装、外包装上不注明生产国别的包装。该方法主要是为了打破一些进口国和地区的关税、非关税壁垒，扩大商品出口。中性包装分无牌中性包装和定牌中性包装。中性包装的做法在贸易中常引起争议，应慎用。

1.4.3 合同中的包装条款

【案例 1-6】 货物质量包装不符导致拒收案

【案情】

国内某公司出口至俄罗斯黄豆一批，合同的数量条款规定：每袋净重 100 公斤，共 1 000 袋，合计 100 公吨。货抵俄罗斯后，经检验，黄豆每袋仅重 96 公斤，1 000 袋合计 96 公吨。适值黄豆价格下跌，俄罗斯客户以单货不符为由提出降价 5%的要求，否则拒收。请问买方的要求是否合理，为什么？

【分析】

买方的要求合理。因为卖方所交的货物重量不足、包装不符合同规定，数量和包装条款是合同的主要交易条件，买方有权拒收货物。

1. 基本内容

买卖合同中包装条款(packing clause)的内容一般由包装材料、包装方式、包装商品的数量或重量组成。

例子：

● 木箱包装，每箱 100 千克净重。

In wooden cases of 100 kgs net each.

● 木箱包装，每箱 500 只。

In cartons of 500 pcs each.

● 每箱 1 套，共计 1 200 箱。

To be packed in cartons of one set each, total 1 200 cartons.

2. 订立包装条款的注意事项

① 规定包装时应明确、具体，不宜采用“海运包装”、“习惯包装”等含糊其辞的词语。这种缺乏统一的解释，易引起贸易纠纷。

② 为履行合同，应考虑世界各国对包装的特殊要求，考虑交易方的风俗习惯、贸易惯例等。

③ 按《公约》规定：卖方交付的货物，需按照合同规定的方式装箱或包装。

④ 在包装条款中明确使用包装方式和包装材料。

⑤ 包装条款中应规定所用的运输标志。

⑥ 包装条款中对包装费用应规定清楚。

1.5 小　　结

① 标的是指法律行为所要达到的目的，包括交付财产、提供劳务、完成工作等。例如，买

卖合同中买或卖的某种物就是标的,在这种情况下,标的也称“标的物”。国际货物买卖合同的标的是进入国际贸易领域的货物。

② 明确规定标的物及其品质要求,是商订国际货物买卖合同时必须首先解决的问题。由于进入国际贸易领域的货物种类多,即使是同一种商品,其品种、花色、质量、产地等也会有所不同。如果卖方所交货物不符合约定的品质、数量和包装,买方有权提出损害赔偿要求,直至拒收货物或撤销合同。因此在交易磋商中对商品的品质、数量和包装进行磋商,在合同中订明相应的条款,不仅具有重要的法律意义,而且具有重要的实践意义。

1.6 习　　题

1.6.1 单项选择题

1. 珠宝、首饰等商品具有独特性质,在出口确定其品质时(　　)。

A. 最好用样品磋商　　B. 最好用文字说明

C. 最好看货洽谈成交　　D. 最好按品牌磋商

2. 出口羊毛计算重量,通常采用的计量方法是(　　)。

A. 毛重　　B. 净重

C. 公量　　D. 理论重量

3. 国外来证规定,交货数量为10 000公吨散装货,未表明可否溢短装,不准分批装运,根据《UCP600》规定,卖方发货的(　　)。

A. 数量和总金额均可增减10%

B. 数量和总金额均可增减5%

C. 数量可增减5%,不得超过总金额

D. 总金额可增减5%,数量不得超过10%

4. 在国际贸易中,造型上有特殊要求或具有色香味方面特征的商品适合于(　　)。

A. 凭样品买卖　　B. 凭规格买卖

C. 凭等级买卖　　D. 凭产地名称买卖

5. 在国际贸易中,木材、天然气和化学气体习惯的计量方法是(　　)。

A. 按重量计算　　B. 按面积计算

C. 按体积计算　　D. 按容积计算

6. 在国际贸易中,酒类、汽油等液体商品习惯的计量方法是(　　)。

A. 按重量计算　　B. 按面积计算

C. 按体积计算　　D. 按容积计算

7. 某公司出口电扇1 000台纸箱装,合同和信用证都规定不准分批装运。装船时有40台包装破裂,风罩变形,不能出口,根据《UCP600》规定,只要货款不超过信用证总金额,交货数量允许有5%的增减。据此,发货人(　　)。

A. 可以装运960台　　B. 可以装运950台

C. 只可以装运1 000台　　D. 可以装运940台

8. 按照国际惯例，如果合同中没有相关规定，则运输标志一般由(　　)提供。

A. 开证行　　　　B. 卖方

C. 买方　　　　D. 船方

9. 定牌中性包装是指(　　)。

A. 在商品本身及其包装上使用买方指定的商标或牌号，但不表明产地

B. 在商品本身及其包装上使用买方指定的商标或牌号，也表明产地

C. 在商品本身及其包装上不使用买方指定的商标或牌号，也不表明产地

D. 在商品本身及其包装上不使用买方指定的商标或牌号，但表明产地

10. 如果我方准备进口一套机电设备，一般应选用的表示品质的依据为(　　)。

A. 凭卖方样品　　　　B. 凭买方样品

C. 凭说明书买卖　　　　D. 凭商标和牌名买卖

1.6.2 判断题

1. 在出口贸易中，表达品质的方法多种多样，为了明确责任，最好采用既凭样品又凭规格买卖的方法。(　　)

2. 在出口凭样品成交业务中，为了争取国外客户，便于达成交易，出口企业应尽量选择质量最好的样品请对方确认并签订合同。(　　)

3. 某外商来电要我方提供大豆，按含油量18%、含水量14%、不完善粒7%、杂质1%的规格订立合同。对此，在一般条件下，我方可以接受。(　　)

4. 中国A公司向《公约》缔约国B公司出口大米，合同规定数量为50 000公吨，允许卖方可溢短装10%。A公司在装船时共装了58 000公吨，遭到买方拒收。按公约的规定，买方有权这样做。(　　)

5. 运输包装上的标志就是指运输标志，也就是通常所说的唛头。(　　)

6. 包装费用通常在单价以外另行计价。(　　)

7. 以下包装条款是正确的：木箱装，然后装托盘。(　　)

8. 包装由卖方决定，买方不得要求使用特殊包装。(　　)

9. 运输标志、指示性标志和警告性标志都是刷在商品的外包装上的。(　　)

10. 进出口商品包装上的包装标志，都要在运输单据上表明。(　　)

1.6.3 简答题

1. 什么是对等样品？
2. 什么是溢短装条款？对溢短装部分商品的价格应如何确定？
3. 什么是中性包装？
4. 运输包装与销售包装的要求分别是什么？
5. 何谓唛头？唛头一般包括哪些内容？

1.6.4 案例分析

1. 20××年，广州秋交会期间，我方某公司同日本D产业株式会社签订了一份出口羊绒衫的合同。根据合同条款的规定，由我方公司按CFR横滨每件10美元卖给日本D产业株式

会社羊绒衫一批，数量为10 000件，羊绒含量为100%；付款条件为即期信用证，以卖方出具的发票、提单、品质检验证书作为付款的依据。买方有权在货物抵达目的港予以复验，检验费由买方自理。

该批货物于第二年4月2日运出，4月6日抵达横滨港。日方根据合同的规定，请日本某检验机构开箱检验。经检验，羊绒含量为70%，于是日方即以货物成分含量不符合同要求为由，向我方公司提出异议。我方公司对日方的异议表示不予受理，理由是该笔交易是在广交会上经买方当面看样成交的，并且是在买方同意的情况下签约的，而实际交货又与样品一致，因此应认为货物品质已符合双方约定。

9月，日方在争议不能得到协商解决的情况下，备函向中国国际贸易仲裁委员会提请仲裁。在仲裁申请书中，要求赔偿其损失2万美元，以及公证费0.1万美元，两项合计2.1万美元。

最后，中国国际经济贸易仲裁委员会从中协调，提出了解决问题的建议。在双方相互谅解的情况下，我公司表示在品质表示法上处理不当，该合同确实存在不妥之处，但货物质量没有问题；D产业株式会社也表示愿意放弃原来的赔偿金，从而使争议得以解决。

2. 20××年6月，中方某出口企业与美国某公司签订了一份本厂生产的出口合同，数量为600公吨（允许溢短装5%），单价为CIF纽约520美元/公吨，总值为312 000美元，结算方式为不可撤销即期信用证，装运期为当年8月。

7月12日，对方按约定开来了信用证。经审核，信用证中货物的数量、单价、总值按合同开立，从表面上显示，这是一份完全按合同开立的信用证。

8月10日，该企业按信用证“数量为600公吨，可溢短装5%”的规定装运630公吨货物，并制作全套的单据于8月16日向开证行收款。

8月20日，我出口企业接到由通知行转来的拒付书，理由为：发票金额为327 600美元，大于信用证金额312 000美元。

我方出口企业经分析明白，原来信用证的金额未包括溢装的5%货物款。只好重新开出金额为312 000美元的发票，向开证行收回了部分货款。其余30公吨的货款，进口商拒绝付款，而这时我方出口企业已没有控制货物所有权的任何凭证，鉴于金额比较小，要通过诉讼程序解决比较麻烦，该出口企业只得放弃收款的权利，给企业造成15 600美元的损失。试评析此案。

1.6.5 实训题

参观当地某自营出口生产企业，了解该企业所生产产品的品名、质量、数量和包装等表示（描述）方法。

第2章　国际货物运输

【学习目标】

通过本章的学习，要求能够理解国际货物的运输方式和相关基本概念，掌握国际货物运输方式、装运条款的各项内容及运输单据种类，熟练掌握合同中国际货物运输条款的表述及应用。

【本章重点】

1. 国际货物运输方式
2. 货物交付中的转运与分批装运
3. 运输单据及其种类
4. 合同中的装运条款

【本章难点】

1. 货物运输中的转运与分批装运
2. 运输单据及其种类

对外贸易运输是国际商品贸易交易过程中的重要环节，对外贸易运输业务包括装运时间、运输方式、装运港、目的港以及装运单据等内容，涉及面广且环节多。本章介绍国际货物运输的方式、运输条款、运费的计算和海运提单等货运单据的基本知识。

2.1　运输方式

现代国际贸易使用的运输方式主要有海洋运输、内河运输、铁路运输、公路运输、航空运输、邮政运输和国际多式联运等。国际货物运输由于运输距离长、涉及面广、情况复杂及时间性强等特点，所以风险相对较大。因此对于进出口双方来说，应根据进出口货物的性质、运量的大小、路程的远近、需要的缓急、运费的高低、装卸地的情况、法令制度的规定、气候与自然条件以及国际政治形势的变化等因素，审慎地选择合理的运输方式，这对顺利完成进出口货物运输的任务是很重要的。

2.1.1　海洋运输

国际海上货物运输是指利用海洋通道，使用船舶在国内外港口之间，通过一定的航区和航线运送货物的一种运输方式，简称海运。

由于海上运输具有运载量大、通行能力强、运费低廉等优点，所以许多国家特别是沿海国家和地区都采用海洋运输。当前世界上国际贸易货物有 2/3 以上是通过海上运输来完成的，海上运输已成为目前国际贸易中最重要的运输方式。

1. 班轮运输

班轮运输(liner shipping)又称定期船运输,是指班轮公司将船舶按事先制定的船期表(liner schedule),在特定航线的各既定挂靠港口之间,经常地为非特定的众多货主提供规则、反复的货物运输服务,并按运价本或协议运价的规定计收运费的一种运输方式。

(1) 班轮运输的特点

① "四固定"即固定航线、固定港口、固定船期和相对固定的运费率。这是班轮运输的最基本特征。

② 班轮运费中已包括装卸费用,即承运人负责货物的配载装卸,并支付装卸费用。承托双方不计算滞期费和速遣费,也不规定装卸时间,而是按照港口习惯快速装卸(customary quick despatch,C. Q. D.)。

③ 在杂货班轮运输中,承运人对货物的责任期间是从货物装上船起,到货物卸下船止,即"船舷至船舷"(rail to rail)或"钩至钩"(tackle to tackle)。在集装箱班轮运输中,承运人对货物的责任期间是从装货港接受货物起至卸货港交付货物止,通常班轮公司对集装箱的交接方式是集装箱堆场至集装箱堆场(CY/CY)。

④ 承托双方的权利、义务和责任豁免以承运人签发的班轮提单背面条款为依据并受国际公约的制约。

(2) 班轮运费

① 班轮运价表(liner's freight tariff)也称费率本或运价本,是船公司承运货物向托运人据以收取运费的费率表的汇总。运价表主要由条款和规定、商品分类和费率三部分组成。各班轮公司或班轮公会都有自己的运价表。按照制定主体的不同,可以分为班轮公会运价表、班轮公司运价表、双边运价表、协议运价表;按照费率形式的不同,可以分为等级费率运价表和商品费率运价表。我国目前广泛使用的外运 3 号本、中运 6 号本就属等级费率运价表。在该表中,商品分 20 个等级。1 级费率最低,20 级费率最高。

② 班轮运费的构成。班轮运费由基本运费(basic freight)和附加费用(surcharge or additional)两部分构成。

基本运费是班轮运费的主体,根据基本费率和计费吨算出。附加费用是班轮公司在基本运费之外加收的费用,一般是班轮公司根据不同情况,为抵补运输中额外增加的费用开支或在遭受一定损失时而收取的费用。

班轮附加费用名目繁多,主要有燃油附加费(bunker surcharge,BS;or bunker adjustment factor,B. A. F.)、港口附加费(port surcharge)、转船附加费(transhipment surcharge)、绕航附加费(deviation surcharge)、超重附加费(heavy lift additional)、超长附加费(long length additional)、直航附加费(direct additional)等。

(3) 班轮运费的计算标准

① 按货物的毛重计收,如以公吨、长吨或短吨为计算单位,统称重量吨(weight ton),在运价表中以"W"表示。

② 按货物的体积计收,如以 1 立方米或 40 立方英尺为计算单位,统称尺码吨(measurement ton),在运价表中以"M"表示。

③ 按货物的毛重或体积,选择其中较高者计收,在运价表中以"W/M"表示。

④ 按货物的 FOB 价格总值的一定百分比计收,又称从价运费,在运价表中以"A. V. "或

“Ad. Val.”表示。

⑤ 按货物的重量、体积或总价值三者中最高的一种计收，在运价表中以“W/M or Ad. Val.”表示。

⑥ 按货物重量或体积中较高者计收，再加上从价运费，在运价表中以“W/M plus Ad. Val.”表示。

⑦ 按货物的件数计收，如车辆按“每辆”、牲畜按“每头”等计收。

⑧ 由货主和船公司临时议定运价，以“open rate”表示。

在运价表中，计算单位为运费吨（freight ton），包括重量吨和尺码吨。实际业务中，以“W”、“M”、“W/M”方式计收运费的较多。贵重商品多以“Ad. Val.”方式从价计收。

关于附加费的计算有两种方式：一是以基本运费的一定百分比计收；二是以每运费吨若干金额计收。

(4) 班轮运费的计算方法

班轮运费除由双方临时议定之外，其具体的计算方法为：

① 根据货物名称从货物分级表中查出货物等级和计算标准。

② 从航线费率表中查出相应的基本费率。

③ 再查出附加费的计算方法及费率。

④ 算出货物的单位运价再乘以总运费吨数便得到该批货物的运费总额。

2. 租船运输

租船运输（charter transport）又称不定期船运输（tramp shipping），是指租船人向船东租赁船舶用以运输货物的一种运输方式。租船有租赁整船和租赁部分舱位两种方式。实际业务中以租赁整船为多。

(1) 特点

① 属不定期船（tramp），无固定的航线、挂靠港和船期，一切由租船双方在装运前协商确定。

② 运价不固定，受市场供求的约束，随租船市场行情的变化而变化。

③ 租船运输中的港口使用费、装卸费及船期延误等责任费用的划分由双方议定。

④ 租船运输主要适用于大宗货物的运输，如粮食、矿砂、石油、木材等。

⑤ 租船人和出租人双方之间的权利、义务和责任以签订的租船合同为准。

(2) 形式

① 定程租船（voyage charter）简称程租，又称航次租船，是指以航次为基础的租船方式。这是最基本的一种租船经营方式，在国际租船业务中被广泛采用。

定程租船中，根据承租人对货物运输的需要，而采取不同的航次数来约定航次租船合同。据此，航次租船又可分为单航次租船、来回程租船、连续单航次租船、连续往返航次租船等形式。

程租的主要特点是：由船东负责船舶的管理营运工作，并负担船舶航行中的一切营运费用；由托运人或承租人负责完成货物的组织，支付按货物装运数量计算的运费及相关的费用；关于装卸费用由谁承担以及货物装卸时间、滞期费和速遣费的计算标准等问题由双方在租船合同中订明。

② 定期租船（time charter）又称期租船或期租，是指由船舶所有人将特定的船舶，按照租

船合同的约定，在约定的期限内租给承租人使用的一种租船方式。在租期内，承租人利用租赁的船舶既可以进行不定期船货物运输，也可以投入班轮运输，还可以在租期内将船舶转租，以取得运费收入或谋取租金差额。

定期租船实质上是一种租赁船舶财产用于货物运输的租船形式，主要特点是：船东负责配备船员，并负担其工资和伙食；租船人负责船舶的调度和营运工作，并负担船舶营运中的可变费用，船舶营运的固定费用由船东负担；船舶租赁以整船出租，租金按船舶的载重吨、租期及商定的租金率计收。

③ 光船租船(bar-boat charter)又称船壳租船，实质上是一种财产租赁方式，船东不具有承揽运输的责任。在租期内，船东只提供一艘空船给承租人使用，船舶的船员配备、营运管理及一切固定或变动的营运费用都由承租人承担。船东在租期内除收取租金外，对船舶和其经营不再承担任何责任和费用。

④ 包运租船(contract of affreightment，COA)是指船东向承租人提供一定吨位的运力，在确定的港口之间，按事先约定的时间、航次周期和每航次较为均等的运量，完成合同规定的全部货运量的租船方式。以包运租船方式所签订的合同称为"运量合同"(quantity contract or volume contract)。

这种租船方式是在连续单航次租船的营运方式的基础上发展而来的，与连续单航次租船相比，包运租船一方面不要求一艘固定的船舶完成运输，另一方面也不要求船舶一个接一个航次完成运输，而是规定一个较长的时间 ，只要满足包运合同对航次的要求，在这个时间内，船东可以灵活地安排运输，对于两个航次之间的时间，船东可以自由安排一些其他的运输。

⑤ 航次租船(time charter on trip basis，TCT)，这也是当前国际上经常使用的一种介于航次租船和定期租船之间的租船方式，又称日租租船(daily charter)。其特点是没有明确的租期期限，但确定了特定的航次。这种租船方式以完成航次运输为目的，按实际租用天数和约定的日租金率计算租金，费用和风险则按期租方式处理。

(3) 租船运输费用

① 基本运费。程租船基本运费是指从装运港到目的港的海上运费。其计算方式有两种：一是按运费率计算，但要注意明确是按装船重量(in taken quantity)，还是按卸船重量(delivered quantity)计算；二是整船包价(lump sum freight)，即对于特定载货重量和容积的船舶，规定一个包船价格，不管租方实际装货多少，一律按包价支付。

② 装卸费。在程租船运输中，关于货物的装卸费用，程租合同中有明确规定。

③ 滞期费和速遣费。在程租运输中，由于装卸货时间的长短影响到船舶的使用周期和在港费用，这直接关系到船方的经营效益。因而为节省船期，在程租合同中一般都规定有租船人在一定时间内完成装卸作业的条款，即许可装卸时间条款，或称装卸期限条款。

如果租船人未能在许可装卸时间内完成装卸作业，则自许可装卸时间终止到实际装卸完毕时的这段时间称之为滞期，为此，租船人须向船方支付一定的罚款，以补偿船方的损失。这种罚款称为滞期费(demurrage)。滞期费等于滞期时间和约定的滞期费率的乘积。滞期时间是通过实际装卸时间与合同允许使用的装卸时间相比较得出的。在滞期期间的星期日、节假日，乃至天气或其他原因停止工作的时间是否作为滞期时间，常常是争议之处。为避免争议，租船合同中常用一些明确的术语来表明滞期时间的计算，如"滞期时间连续计算"和"滞期时间非连续计算"或"按同样的日"等。

合同中如果没有明确约定采用哪一种术语计算滞期时间，则通常解释是按普通法下“滞期时间连续计算”的方式计算。

与滞期相反，速遣是指租船人在许可装卸时间终止前，提前完成装卸作业，由于节省了船期，船方要向租船人支付一定的奖金，这称之为“速遣费”(despatch money)。速遣费通常规定为滞期费的一半。在计算速遣时间的问题上，容易发生争议的问题是在节省的时间中是否扣除星期日、节假日及不良天气停止工作的时间。为防止争议，租船合同中也常采用含义明确的用语，即“节省全部时间”和“节省全部工作时间”。

2.1.2 铁路货物运输

铁路运输(rail transport)是我国对外贸易运输中仅次于海洋运输的一种重要运输方式，具有运量较大、风险小、速度快及连续性强等优点，在贸易运输中占重要地位。特别是在内陆国家间的贸易中，铁路运输的作用尤为显著。

1. 国际铁路货物联运

国际铁路货物联运是指两个或两个以上国家，按照协定，利用各自的铁路，联合起来完成一票货物的全程运输的方式。它使用一份统一的国际联运票据，由一国铁路向另一国铁路移交货物时，无须发货人和收货人参加，铁路部门对全程运输负连带责任。

(1) 相关的国际条约

《国际货约》是《国际铁路货物运送公约》的简称。它是欧洲各国政府批准的有关国际铁路货物联运的规定、制度和组织机构的公约。其前身为《国际铁路货物联运规则》，1934 年又重新修订，改称《国际铁路货物运输公约》。目前其参加国有法国、德国、意大利、比利时、西班牙、葡萄牙等 30 多个国家。

《国际货协》是 1951 年缔结的《国际铁路货物联运协定》的简称。我国于 1954 年参加该协定。

(2) 联运的范围

国际铁路联运既适用于原“货协”国家之间的运输，也适用于“货协”至“货约”国家之间的顺向或反向的货物运输。在我国国内，凡可办理铁路货运的车站均可接受国际铁路货物联运。

(3) 国际铁路联运运单

这是参加国际铁路货物联运的铁路与发货人、收货人之间缔结的运输合同，具体规定了参加联运的各国铁路及收货人和发货人的权利、义务，具有法律效力。

联运运单一式五联。第一联为运单正本，随货走，终点站交收货人；第二联为运行报单，亦随货走，是铁路办理货物交接、清算运费、统计运量和收入的原始凭证，由铁路留存；第三联为运单副本，始发站盖章后交发货人凭以办理货款结算及索赔用；第四联为货物交付单，随货走，由终点站铁路留存；第五联为“到达通知单”由终点站随货物交收货人。此外发货人还应该把相关的出口货物报关单、品质证明书、商品检验检疫证书等单证附加在运单上。

2. 国内铁路运输

国内铁路运输是指进出口货物在一国范围内的铁路运输。出口货物由铁路运输到装运港口或进口货物卸船后由铁路运至内地，均属国内铁路运输。我国内地往香港和澳门地区的铁路货物运输也属国内运输。其做法是，对香港铁路运输由内地段铁路运输和香港段铁路运输两段构成，由中国对外贸易运输公司各地分支机构及香港中国旅行社联合组织进行。从发货地运至深圳北站后，由深圳分公司接货，由其负责向海关申报，海关放行过轨后，由香港中国旅行社负责办理港段铁路运输托运工作，将货物运至九龙目的站，交给收货人。

至澳门铁路运输，货物自发货地运往广州站，广东省外运公司接货，由其办理水路中转，将货物运往澳门，货到澳门由南光集团运输部负责接货并交付收货人。

2.1.3 航空货物运输

1. 含义

航空运输(air transport)作为一种现代化的运输方式，具有速度快、准确方便、节省费用且不受地面限制等优点。一些体积小、贵重、量小而急需的商品，如电脑，电子产品，药品或易腐、鲜活和季节性强的商品尤适宜于航空运输。

2. 种类

(1) 班机运输

班机运输(airliner transport)是指在固定航线上，按固定时间，固定始发站、目的站和途经站进行货物运输的方式，一般为客货混载，因而舱位有限。

(2) 包机运输

包机运输(chartered carrier transport)是指租机人租用整架飞机或若干租机人合租一架飞机进行货物运输的方式。包机运输分为整架包机和部分包机两种形式。整架包机适用于大宗货物的运送，部分包机适用于多个客户、且货物到站又是同一地点的货物运输。运费相对班机较低。

(3) 集中托运

集中托运(consolidation transport)是指航空代理公司把若干批单独发运的货物，按照到达的同一目的地，组成一整批向航空公司办理托运，用一份总运单将货物发送到同一目的站，由预定的代理人负责收货、报关、分批后交给实际收货人的一种运输方式。集中托运可以使用较合理的运价，节省运费。

(4) 航空快运方式

航空快运方式(air express)是指由专门经营快递业务的公司与航空公司合作，派专人以最快的速度在发货人、机场、收货人之间传递货物的运输方式，比较适合于急需的药品、贵重物品、合同资料及各种票据单证的传递。

2.1.4 公路、内河、邮政和管道运输

1. 公路运输

公路运输(road transport)也是陆上运输的一种基本运输方式。公路运输机动灵活、方便，是港口、车站、机场集散进出口货物的重要手段。尤其在目前“门到门”的运输业务中，公路运输发挥着不可替代的作用。

由于我国幅员辽阔，在陆地上与许多国家相邻，所以在我国边疆地区与邻国的进出口贸易交换中，公路运输也占重要地位。

2. 内河运输

内河运输(inland waterway transport)属于一种水上运输方式，具有成本低、运量大等优点，是连接内陆腹地与沿海地区的纽带，在现代化运输中起着重要的辅助作用。

3. 邮政运输

邮政运输(post transport)是通过邮局来运送货物的一种运输方式，具有国际多式联运和“门到门”的性质。进出口贸易采用该运输方式时，卖方只需按条件将商品包裹交付邮局，付清邮费并取得收据(parcel post receipt)，就算完成交货义务。邮政运输对包裹的重量、体积有一定限制，所以适用于小件货物的运送。

4. 管道运输

管道运输(pipeline transport)比较特殊，它是货物在管道内借助高压气泵和压力输往目的地的一种运输方式，主要适用于运送液体和气体货物。

2.1.5 集装箱运输

集装箱运输(container transport)是指以集装箱为基本运输单位，采用海陆空等运输方式将货物运往目的地的一种现代化运输方式。与传统的货物运输方式相比，集装箱运输可以取得提高装卸效率、加快货运速度、提高货运质量、节省包装费及运杂费、降低运输成本等经济效果，而且以集装箱作为运输单位，还有利于组织多种运输方式，进行大量、快速、廉价、安全的联合运输。

当前，在各国的集装箱运输中，广泛使用的是干杂货集装箱(dry cargo container)。该集装箱适于装载各种干杂货。此外，运输中还使用冷藏集装箱、散货集装箱、开顶集装箱、框架集装箱、罐式集装箱等类型，以适应某些特定货物的运输需要。

集装箱运输按照货物交接地点的不同，一般分为下列几种：

① 门到门(door to door)，即从发货人工厂或仓库至收货人工厂或仓库。整个运输过程完全是集装箱运输，该方式最适宜于整箱交、整箱接。

② 门到场站(door to CY or CFS)，即从发货人工厂或仓库至目的地的集装箱堆场或集装箱货运站。其特征是，由门到场站为集装箱运输，由场站到门为货物运输，适宜于整箱交、拆箱接。

③ 场站到门(CY or CFS to door)，即从装运地的集装箱堆场或货运站至收货人工厂或仓库。其特征是，由门到场站为货物运输，由场站到门为集装箱运输，比较适宜于拼箱交、整箱接。

④ 场站到场站(CY to CY or CFS; CFS to CY or CFS)，即从装运地的集装箱堆场或货运站至目的地的集装箱堆场或货运站。其特征是，中间段为集装箱运输，两端为货物运输，适宜于拼箱交、拆箱接。

2.1.6 国际多式联运

国际多式联运(international multi-modal transport)是在集装箱基础上发展起来的一种高效、现代化的联合运输方式。通常以集装箱为媒介，把各种单一的运输方式有机结合起来，构成一种国际性的连贯运输。《联合国国际货物多式联运公约》对其定义如下：国际多式联运是指由多式联运经营人按照多式联运合同，以至少两种不同的运输方式，将货物从一国境内接收地点运至另一国境内指定交货地点的一种运输方式，主要有海陆、海空、陆空联运等。

国际多式联运业务的开展，须具备下列条件：

① 负责全程运输的多式联运经营人必须与发货人订立多式联运合同。

② 多式联运经营人必须对全程运输负责。

③ 必须是国际间的货物运输。

④ 必须是两种以上运输方式下的连续运输。

⑤ 多式联运的费率为全程单一运费率。

⑥ 多式联运经营人签发一份全程多式联运单据。

2.2 装运条款

2.2.1 运输方式条款

在出口合同中，对一般运输方式应事先约定。例如，采用联合运输方式中的“陆空陆”方式时，应订明“从杭州运到上海，由此空运到中转地或目的地，再由卡车运至最终目的地”(by train from Hangzhou to Shanghai and then to a reforwarding town or to destination by air and then onwards by truck to ultimate destination) 等类似条款。

2.2.2 装运时间

1. 装运时间的规定方法

(1) 规定在某月或跨月装运

即装运时间限于某一段确定时间(a period of time)。

例子：

- Shipment during March 2007.

即卖方可在 2007 年 3 月 1 日至 3 月 31 日这一段期间的任何时间装运出口。

- Shipment during April /May 2007.

即卖方可在 2007 年 4 月 1 日至 5 月 31 日这一段期间的任何时间装运出口。

(2) 规定在某月底或某日前装运

即在合同中规定一个最迟装运日期，在该日期前装运有效。

例子：

- Shipment at or before the end of August, 2007.

在 2007 年 8 月底或以前装运。

- Shipment not later than June 15, 2007.

在 2007 年 6 月 15 日或以前装运。

(3) 规定在收到信用证后一定期限内装运

在对买方资信了解不够或防止买方可能因某些原因不按时履行合同的情况下，可采用此种方法规定装运时间，以保障卖方利益。远洋运输规定不少于 1 个月，近洋运输规定不少于 20 天。

例子：

- Shipment within 30 days after receipt of L/C.

收到信用证后 30 天内装运。

另外，为防止买方拖延或拒绝开证而造成卖方不能及时安排生产及装运进程的被动局面，合同中一般还同时订立一个限制性条款，即规定信用证的开立或送达期限。

例子：

- The buyers must open the relative L/C to reach the sellers not later than August 31, 2007.

买方不迟于2007年8月31日将信用证开到卖方。

(4) 近期装运术语

此类术语主要有"立即装运"(immediate shipment)、"迅速装运"(prompt shipment)、"尽快装运"(shipment as soon as possible)等。这些近期术语在国际上并无统一的解释,因而为避免误解引起纠纷,除买卖双方有一致理解外,应尽量避免使用。《UCP600》中明确规定:不应使用诸如"迅速"、"立即"、"尽快"等词语,否则,银行将不予理睬。

2. 确定装运时间应考虑的因素

① 货源情况。从卖方的角度看,货源是洽商装运时间首先要考虑的问题。所规定的装运时间必须与库存商品的品种、规格和数量相适应。另外,对安排待生产的货物装运时间要考虑生产能力和进度。

② 运输情况。要掌握运输信息,对该区域的运输能力、航线、港口条件等情况有一定的了解。

③ 市场情况。要考虑市场需求情况,特别是应季商品,其装运时间与用户安排销售密切相关,要为客户着想。

④ 商品情况。还要考虑到商品本身的性质和特点,如电子产品须防震,应避免在台风季节装运。

2.2.3 装运港(地)和目的港(地)

装运港(地)和目的港(地)的规定关系到买卖双方履行义务、划分风险责任、费用结算等问题,因而须在合同中做出具体规定。

1. 装运港(地)

一般情况下,装运港(地)由卖方提出,经买方同意后确定,以便卖方安排货物装运。实际业务中,应考虑多方面因素,根据贸易术语和运输方式合理选择装运港(地)。

① 原则上选择靠近产地、交通方便、费用较低、基础设施较完善的地方。

② 采用CFR、CIF等术语交易时,应多订几个装运港(地),便于灵活选择;采用FOB术语交易时,买方应特别注意装运港(地)的装载条件是否适合。

③ 采用集装箱多式联运,一般以有集装箱经营人收货站的地方为装运地。

2. 目的港(地)

在进出口业务中,目的港(地)一般由买方提出,经卖方同意后确定。合同中一般只规定一个目的港,必要时也可规定两个或两个以上或作笼统规定,由买方在装运期前通知卖方。

出口业务中,对于目的港(地)的选择,要考虑以下因素:

① 要注意不能以我国政府不允许进行贸易往来的国家或地区作为目的港(地)。

② 目的港必须是船舶可以安全停泊的港口(非疫、非战争地区),争取选择装卸条件良好、班轮经常挂靠的基本港口。若货物运往无直达班轮或航次较少的港口,合同中应规定"允许转船"条款。

③ 目的港(地)的规定应明确具体。一般不宜笼统订为"某某地区主要港口",如"非洲主要港口"(African main ports)等,以免因含义不明给卖方带来被动。

④ 除非采用多式联运方式运输,否则一般不接受内陆城市为目的地的条款,如向内陆国家出口货物,应选择离目的地最近且卖方能安排船舶的港口为目的港。

⑤ 合理使用“选择港”。采用“选择港”时，应注意以下原则：一是“选择港”数目一般不要超过 3 个；二是备选港口应在同一航线上、且是班轮都挂靠的港口；三是合同中应明确规定买方最后确定目的港的时间；四是合同中应明确因选择港而额外增加的运费、附加费等均应由买方承担；五是运费应按选择港中最高的费率和附加费计算；六是按一般惯例，如货方未在规定时间通知船方最后选定的卸货港，船方有权在任何一备选港口卸货。

⑥ 注意所规定的目的港(地)有无重名问题。例如，维多利亚(Victoria)全世界有 12 个，的黎波里(Tripoli)在利比亚、黎巴嫩各有 1 个，甚至同一国家的地区名也有重复的。因而此种情况下，应在合同中明确标明目的港(地)所在的国家和所处方位，以免发生差错。

2.2.4 分批装运和转运

分批装运和转运关系到买卖双方的权益，因而也构成合同中的重要条款。

1. 分批装运

《UCP600》规定：除非信用证另有规定，可允许分批装运(partial shipment allowed)，即受益人(出口商)可以在装运有效期内将货物分若干批装运。根据《UCP600》的有关规定，对于同一船只、同一航次及同一目的港的多次装运，即使运输单据表面上注明不同的装运日期或不同的装运港口，也不应视为分批装运。出口合同中的“分批装运”条款有两种方法：一是只规定“with partial shipment allowed”，没有具体分批数量、时间等的规定；二是对具体分批数量、时间等作了明确规定，如“shipment during mar. /apr. /may in three monthly lots, each ××M/T”(在三月、四月、五月装运，每月××公吨)。如果是后者的规定，那么出口方应严格按照其规定装运，每月不得多装、少装或不装。因为《UCP600》第 32 条(分期装运/分期支款)规定，信用证规定在指定的不同期限分期支款及/或分期装运，如其中任何一期未按信用证所规定的期限支款及/或装运，则信用证对该期及以后各期均失效。但信用证另有规定者除外。

然而第一种情况，也就是在合同或信用证对分批数量及期限不作明确规定的情况下，该条款往往为许多出口商所忽视，没有被充分利用来解决实际操作中出现的问题。下面就出口商如何利用该条款作简要介绍。

第一，进口商要求出口公司改变运输方式提前或取消装运部分货物(已超过原信用证允许的数量增减幅度)。

如果信用证允许分批装运，出口商可以利用该条款以满足客户的上述要求。这样不仅可以如期收回货款，而且不必要求客户修改信用证，从而为进出口双方省却了不必要的银行费用和麻烦。

例如，我某出口公司收到一份国外开来的信用证，货物为 40 000 只打火机，总价值为 4 万美元，允许分批装运，采用海运方式。后客户来传真表示急需其中 10 000 只(总数量的 1/4)打火机，并要求改用空运方式提前装运，并提出这部分货款采用电汇方式(T/T)在发货前汇至我方。我方收到 T/T 后立即空运 10 000 只打火机，然后在装运有效期前海运剩余 30 000 只打火机，随后递交全套单据向银行议付，单据上的数量与金额分别为 30 000 只与 3 万美元。因该证规定允许分批装运，银行便认为货物已被分批装运，只要单据与信用证完全相符，根据《UCP600》规定，开证行凭单证相符履行付款责任。假如该客户要取消其中 10 000 只打火机，出口商也可采取类似的方法进行处理。如果该证规定“不允许分批装运”(partial shipment not allowed)或我方没有充分利用“允许分批装运”条款，为解决上述问题，我方只得要求客户修改信用证，从而给进出口双方带来不必要的银行费用和麻烦。

第二，分散风险和减少损失。

如果信用证规定允许分批装运，在下面提到的四种情况下，出口商均可采取分批装运，分批收汇。虽然这样做会使出口商增加一定的出口费用，但却能为出口商分散风险和减少损失。也就是说，在分批装运情况下，假设其中某批货物因单证不符遭到拒付，受险金额仅为部分而非全数，而且我方还可以从处理拒付这一事件中充分了解到该客户的资信，从而决定是否继续发货或保持业务关系。这三种情况分别为：

① 开证行资信较差，出口商收汇有风险。通知行在收到国外来证时会通过查阅相关资料对开证行所在国政治状况、开证行资信、经营作风等进行审查，然后将结果告知出口商。对于资信不佳的银行，我方应酌情采取适当措施，可采取分批装运、分批收汇，以分散收汇风险。

② 信用证金额较大，进口商资信不佳。国外来证金额较大，同时通过资信调查，我方得知客户资信不佳，如支付能力、经营能力和经营作风等方面欠佳，我方可采取分批装运，分批收汇，以达到分散收汇风险的目的。

③ 我方预期货物国际市场价格呈下跌趋势。如果货物数量大，装运期较长（一般为 2 个月左右或更长），我方可采取分批装运，可按生产进度先装运部分货物，让客户尽早收货，既可减少价格下跌可能给客户带来的损失，又可分散我方收汇风险。

所以我们不难看出充分利用“允许分批装运”条款对解决上述实际问题具有十分重要的意义。我方在与外商签订出口合同时应尽量争取信用证允许分批装运，这将有利于我方在履行合同过程中解决一些实际问题。

【案例 2-1】 巧用“允许分批装运”条款案

【案情】

我方某公司收到一国外来证，货物为 1×20’集装箱各式运动鞋和塑料底布面库存拖鞋，价值分别为 45 154 美元和 2 846 美元，允许分批装运，单据要求规定我方必须提供由中国商品检验局签发的品质检验证书（简称质检证）。货物备妥发运前，我方商检局认为该批拖鞋品质未达到国家标准不能为其签发质检证。为此，我方立即要求客户修改信用证（即删除库存拖鞋的质检证条款），客户以改证费用太高且可能影响交货期为由拒绝改证，但表示只要货物和封样一致，仍会接受货物。

【分析】

此时，我方采取以下措施：根据信用证要求如期装运货物，并要求船公司出具两套海运提单，分别代表运动鞋和库存拖鞋，然后将其会同各自出口单据，先后（日期差距应稍大，但都应在规定的交单期内）分套向银行议付。因信用证允许分批装运，银行便视每套单据为每批货物单据。经先后分套审核单据，议付行认为运动鞋项下的单据完全符合信用证要求，而库存拖鞋项下的单据缺少质检证。议付行先后向国外寄单，根据国际商会《跟单信用证统一惯例》第 500 号出版物（以下简称《UCP500》）的有关规定，①运动鞋的货款安全收回，而库存拖鞋的货款可能会因单证不符遭到开证行拒付，事实上，该客户还是接受了上述不符点而履行付款。如果该证规定“不允许分批装运”，我方就不可能作出上述处理从而达到安全收汇的目的。

---

① 由于本案例发生在 2007 年 7 月 1 日之前，因此仍遵循《UCP500》的相关规定。

【案例 2-2】 分批装运争议案

【案情】

我国出口 2 000 公吨大米至新加坡，国外开来信用证规定：不允许分批装运。结果我们在规定的期限内分别在烟台、连云港各装 1 000 公吨于同一航次的“长江轮”上，提单也注明了不同的装运地和不同的装船日期。请问这是否违约？银行能否议付？

【分析】

不构成违约，银行能议付。

根据《UCP500》的有关规定，对于同一船只、同一航次及同一目的港的多次装运，即使运输单据表面上注明不同的装运日期或不同的装运港口，也不应视为分批装运。在本案例中，我方分别在烟台、连云港各装 1 000 公吨于同一航次“长江轮”上，虽然提单注明了不同的装运地和不同的装船日期，但不以分批装运论。

2. 转运

转运(transhipment)是指货物自装运港运至目的港的过程中，从一运输工具转移到另一运输工具上，或是由一种运输方式转为另一种运输方式的行为。一般来说，当货物运往无直达船停靠或虽有直达船而无固定船期或船期较少的港口，可在合同中规定“允许转运”条款。

【案例 2-3】 埋下隐患的装运条款——未明确转运港导致损失案

【案情】

我国 A 公司从我国香港 B 公司进口 C 套德国设备，合同价格条件为 CFR 广西梧州，装运港是德国汉堡，装运期为开出信用证后 90 天内，提单通知人是卸货港的外运公司。

合同签订后，A 公司于 20××年 7 月 25 日开出信用证，10 月 18 日，B 公司发来装船通知，11 月上旬，B 公司将全套议付单据寄交开证行，A 公司业务员经审核未发现不符并议付了货款。

船运从汉堡到广西梧州包括在香港转船正常时间应在 45～50 天内。12 月上旬，A 公司屡次查询梧州外运公司都无货物消息，公司怀疑 B 公司倒签提单，随即电询 B 公司，B 公司答复确已如期装船。

12 月下旬，A 公司仍未见货物，再次电告 B 公司要求联系其德国发货方协助查询货物下落。B 公司回电说德国正处圣诞节假期，德方无人上班，没法联络。A 公司无奈只好等待。

元月上旬，圣诞假期结束，B 公司来电，称货物早已在去年 12 月初运抵广州黄埔港，请速派人前往黄埔办理报关提货手续。此时货物海关滞报已 40 多天，待 A 公司办好所报关提货手续已是次年元月底，发生的滞箱费、仓储费、海关滞报金、差旅费及其他相关费用达十几万元。

【分析】

造成上述结果的原因主要有以下几个：

(1) 合同未列明转运港。A 公司按经验想当然认为转运港一定是中国香港，卸货港一定是梧州。可德国发货方并不知道中国香港—梧州有船来往，他们安排了汉堡—中国香港—广州—梧州的运输路线。而上述路线是合理的。

(2) 原合同规定提单通知人为卸货港的外运公司较笼统。货抵黄埔后，黄埔外运不知货主是谁。按原外贸公司进口合同标准格式，提单“收货人”通常为“凭指定”，“通知人”为“目的港外运公司”。A 公司认为合同目的港是梧州，因此他们只和梧州外运联系，根本没想到黄埔外运。

【解决办法】

今后对采用《2000年国际贸易术语解释通则》(以下简称《INCOTERMS2000》)"C"组(如CFR,CIF,CPT,CIP),即由合同卖方安排运输支付运费条款的进口合同,如目的港是内河或内陆口岸,或装运港与目的港间无直达航线需要周转的:

① 可允许转船但要明确规定转船的地点。转船地点的选择要考虑经济和便捷的原则,最好在中国关区以外(如新加坡、中国香港等)。

② 合同和信用证最好要求在提单"通知人"栏打上收货人或外贸代理公司的名字、联系人姓名、电话号码等,以便联系。

(3) 如有可能,进口合同尽可能采用FOB术语交易,由买方自行寻找船公司安排运输。

(注:根据《国际商报》饶军所著的《容易埋隐患的运输、包装和保险条款》一文改编。)

2.2.5 装船通知

装船通知(shipping advice)是装运条款中不可缺少的一项重要内容。不论按哪种贸易术语成交,交易双方都要承担相互通知的义务。规定装船通知的目的在于明确买卖双方的责任,促使双方互相配合,共同搞好车、船、货的衔接,有利于贸易的顺利进行。在按CFR或CPT术语交易时,装船通知具有特殊重要的意义。所以卖方在货物装船后,必须向买方发出装船通知。实际业务中,基本上采用电传通知。

装船通知的基本格式如表2-1所示。

表2-1

装 船 通 知

SHANGHAI ×× CORP.

ADD: ×× HUAHAI ROAD SHANGHAI, CHINA

TEL: 021-845321×× FAX: 021-845321××

E-MAIL: s××@126.com

Shipping Advice

To: SINO U.S. IMP& EXP CO., LTD

Date: Jan. 6, 2007

Dear Sir or Madam:

We are very glad to inform you that the goods under L/C No. 15898 has been shipped on Jan. 5, 2005. The shipping details are as follows:

L/C No.	15898
B/L No.	KH 168
Goods	Gloves
Value	USD 4 045.00
Quantity	1 800 Pairs
Packages	10 tons
G. W. (Kgs.)	280
N. W. (Kgs.)	240
Meas. (M^3)	0.936
Vessel	Jixiang V. 18
From	Shanghai port
To	New York
ETD	Jan. 5, 2007
ETA	Jan. 30, 2007

Best regards,

××

SHANGHAI ×× CORP.

2.3 运 输 单 据

2.3.1 海运提单

1. 含义

海运提单(ocean bill of lading)简称提单(bill of lading,B/L),是指用以证明海上货物运输合同和货物已经由承运人接收或装船,以及承运人保证凭此交付货物的单据。它是由承运人签发的具有法律效力的单据。

2. 作用

① 提单是承运人签发的货物收据(receipt for the goods),证明承运人已按提单所列内容收到货物。

② 提单是代表货物所有权的凭证(document of title)。提单作为物权凭证,其持有者可凭此向承运人提货,亦可通过背书将其转让,以实现货物所有权的转让,或凭此向银行办理抵押贷款或叙做押汇。

③ 提单是海上货物运输合同的证明(evidence of the contract of carriage),是承运人和托运人处理双方在运输中的权利和义务问题的主要法律依据。

3. 主要内容

① 托运人(shipper)。

② 收货人(consignee)。

③ 通知方(notify party)。

④ 收货地(place of receipt)。

⑤ 船名(vessel's name)。

⑥ 航次(voyage No.)。

⑦ 装运港(place of receipt or port of loading)。

⑧ 卸货港(port of discharge)。

⑨ 交货地(place of delivery)。

⑩ 提单号码(B/L No.)。

⑪ 唛头(shipping marks & numbers)。

⑫ 包装种类与数量(Nos. and kinds of packages)。

⑬ 货物(description of goods & number of package)。

⑭ 毛量(gross weight)。

⑮ 体积(measurement)。

⑯ 总集装箱数量或包装(件)数(total number of container or packages)(in words)等。

中国远洋运输(集团)总公司的提单样本如表 2-2 所示。

4. 种类

(1) 按货物是否已装船划分

① 已装船提单(on board or shipped B/L)。它是指在货物装上船后,由承运人或其代理人签发的提单。这种提单必须注明船名、装船日期,并由船长或其代理人签字。另外也须有

表 2-2

提 单 样 本

BILL OF LADING

1) SHIPPER		10) B/L NO.
2) CONSIGNEE		
3) NOTIFY PARTY		COSCO 中国远洋运输(集团)总公司 CHINA OCEAN SHIPPING (GROUP) CO.
4) PLACE OF RECEIPT	5) OCEAN VESSEL	
6) VOYAGE NO.	7) PORT OF LOADING	
8) PORT OF DISCHARGE	9) PLACE OF DELIVERY	ORIGINAL Combined Transport Bill Of Lading

11) MARKS　12) NOS. & KINDS OF PKGS.　13) DESCRIPTION OF GOODS　14) G. W. (kg)　15) MEAS(m^3)
16) TOTAL NUMBER OF CONTAINERS OR PACKAGES(IN WORDS):

FREIGHT & CHARGES	REVENUE TONS	RATE	PER	PREPAID	COLLECT

PREPAID AT	PAYABLE AT	17) PLACE AND DATE OF ISSUE
TOTAL PREPAID	18) NUMBER OF ORIGINAL B(S)L	21)
19) DATE	20) LOADING ON BOARD THE VESSEL BY	

"货已装船"(on board)字样。国际贸易实务中,买方一般要求卖方提供已装船提单。

② 备运提单(received for shipment B/L)。它是指承运人在收到托运货物等待装运时所签发的提单。在货物装船后,托运人可凭以向船公司换取已装船提单,也可经承运人在其上批注已装船字样,并注明船名、装船日期及签字后,变成已装船提单。

【案例 2-4】 提单上的破绽导致纠纷案

【案情】

20××年 3 月,国内某公司(以下简称甲方)与加拿大某公司(以下简称乙方)签订一设备引进合同。根据合同,甲方于 20××年 4 月 30 日开立以乙方为受益人的不可撤销的即期信用证。

信用证中要求乙方在交单时,提供全套已装船清洁提单。

20××年 6 月 12 日,甲方收到开证银行进口信用证付款通知书。甲方业务人员审核议付单据后发现乙方提交的提单存在以下疑点:

① 提单签署日期早于装船日期。

② 提单中没有已装船字样。

根据以上疑点,甲方断定该提单为备运提单,并采取以下措施:

① 向开证行提出单据不符点,并拒付货款。

② 向有关司法机关提出诈骗立案请求。

③ 查询有关船运信息,确定货物是否已装船发运。

④ 向乙方发出书面通知,提出甲方疑义并要求对方做出书面解释。

乙方公司在收到甲方通知及开证行的拒付函后,知道了事情的严重性并向甲方做出书面解释并片面强调船务公司方面的责任。在此情况下,甲方公司再次发函表明立场,并指出由于乙方原因,设备未按合同规定期限到港并安装调试已严重违反合同并给甲方造成了不可估量的损失。要求乙方及时派人来协商解决问题,否则,甲方将采取必要的法律手段解决双方的纠纷。乙方遂于该年 7 月派人来中国。在甲方出具了充分的证据后,乙方承认该批货物由于种种原因并未按合同规定时间装运,同时承认了其所提交的提单为备运提单。最终,经双方协商,乙方同意在总货款 12.5 万美元的基础上降价 4 万美元并提供 3 年免费维修服务作为赔偿并同意取消信用证,付款方式改为货到目的港后以电汇方式支付。

(注:根据 2001 年 10 月 28 日《国际商报》隋方柏所著的《提单上的破绽你能看出来吗》一文改编。)

【分析】

本案例的焦点在于乙方提交银行的议付单据中提单不符合信用证规定的已装船清洁提单的要求。由于乙方在实际业务操作已经不可能在信用证规定的时间内向信用证议付行提交符合要求的单据,便心存侥幸以备运提单作为正式已装船清洁提单作为议付单据。岂不知这种做法不仅违反了合同的有关要求而且已经构成了诈骗,其行为人不仅负民事方面的责任还要负刑事责任。作为信用证受益人要从中总结以下经验:

① 在合同和信用证中详细、清楚地规定议付单据中的提单必须是全套清洁的已装船提单。

② 收到议付单据后,仔细、认真地审核相关单证,确认所有单据符合单单相符、单证相符的要求。

③ 仔细审核提单中的每一个细节,确保所收到的提单是全套清洁已装船提单。

【提示】

对于备运提单必须特别注意提单中是否有"已装船"字样,而预借提单因其一般注有"已装船”字样，很难鉴别其真伪，只有通过对照受益人向议付行交单的日期是否早于提单签署日期、装运时间是否晚于提单签署日期、或通过船务公告中的航班时间表来判定，这两种提单也只能通过上述办法从中找出单据的不符点进而拒付，然后通过协商、仲裁或司法程序解决。倒签提单是“已装船”提单，其与预借提单的根本区别在于，其签署行为实施的时间是在货物装船以后，而预借提单是在货物实际装船以前。由于倒签提单实际上是“已装船”提单，承运人只是把货物的装船日期及提单的签署日期提前，在审单过程中很难发现；即使通过船务公告或实际装运船只的航海日志确认该提单属倒签提单，但由于《UCP600》条款中已明确，银行不负责鉴定单据的真伪，开证申请人也就无法因此拒付货款。在这种情况下，只能通过司法程序向法院申请出具止付令，实施财产保全。只有这样，开证行才有权做出拒付。

(2) 按提单收货人的抬头方式划分

① 记名提单(straight B/L)又称“收货人抬头提单”，是指在提单收货人一栏内填写指定收货人名称的提单。这种提单只能由提单上指定的收货人提货，不可转让。一般只有在运输贵重物品或展览品时才使用该提单。银行一般不愿意接受记名提单作为议付的单证。

② 不记名提单(open B/L; blank B/L;Bearer B/L)又称来人抬头提单，是指提单收货人栏内不填写具体收货人名称的提单，该栏或留空白，或填写“to the bearer ”。这种提单任何人持有皆可提货，而且仅凭交付即可转让，因而风险较大，实务中很少使用。

③ 指示提单(order B/L)，是指提单收货人一栏内只填写“凭指示”(to order)或“凭某人指示”(to the order of ××)字样的提单。这种提单经背书后可转让。在国际贸易实务中使用最广。背书的方法有两种：空白背书和记名背书。前者是仅有背书人(提单转让人)在提单背面签字盖章，而不注明被背书人的名称；后者是除背书人签章外，还须列明被背书人名称。当前实务中使用最广的是“凭指示”并经空白背书的提单，习惯上称其为“空白抬头、空白背书”的提单。

(3) 按提单对货物外表状况有无不良批注划分

① 清洁提单(clean B/L)，是指货物在装船时外表状况良好，承运人未加注任何有关货物残损、包装不良或其他有碍结汇批注的提单。

② 不清洁提单(unclean B/L)，是指承运人在提单上加注有货物表面状况不良或存在缺陷等批注的提单。

国际贸易中，卖方有义务提交清洁提单，也只有清洁提单才可以转让。

【案例 2-5】 对保函效力的争议案

【案情】

A 公司出口一批货物给 C 公司，将带有 10% 脏包的货物交与承运人，承运人欲出具不清洁提单，A 公司为顺利结汇，便出具保函，许诺承担一切责任。承运人遂出具了清洁提单，A 公司得以顺利结汇，提单和保险单转移至 C 公司手中。之后货到上海港，C 公司检验出 10% 的脏包，遂申请上海海事法院扣留承运人的船舶并要求追究其签发不清洁提单的责任。

【分析】

该案例是关于保函的效力以及承运人签发不清洁提单的责任问题。关于保函的效力，《联合国海上货物运输公约》规定只要不是对收货人进行欺诈，则保函在托运人与承运人之间有效，而对第三人不发生效力。本案中，A公司出具保函，主要为了迅速出口货物，及早结汇。承运人接受保函是为了解决因货物瑕疵而引起的自己与托运人之间的争议。此时保函在托运人和承运人之间有效。由于保函对收货人无效，C公司有权选择是追究托运人还是承运人的责任。本案中，C公司选择追究承运人的责任是合理的，也是可行的，因为被扣的承运人的船舶可以保证判决的执行，在海事纠纷实践中有关当事人也多是这样做的。承运人应赔偿因其签发不清洁提单给C公司造成的损失，之后再通过保函从A公司处获得补偿。

(4) 按运输方式的不同划分

① 直运提单(direct B/L)，是指货物运输途中不转船，而是直接从装运港运至目的港的提单。

② 转船提单(transhipment B/L)，是指在货物需中途转船才能到达目的港的情况下，承运人所签发的提单。提单上注有"转运"或"在某港转运"字样。

③ 联运提单(through B/L)，是指货物通过海陆、海空或海海的联合运输时，由第一承运人签发的、包括全程的、在目的地可以凭以提货的提单。各承运人只对自己运程内的货物运输负责。

(5) 按船舶营运方式不同划分

① 班轮提单(liner B/L)，是指货物由班轮公司承运时所签发的提单。

② 租船提单(charter B/L)，是指承运人根据租船合同签发的提单。这种提单受租船合同条款的约束。

(6) 按提单格式划分

① 全式提单(long form B/L)，是指不但有完整的正面内容，而且有详细的背面条款的提单。国际贸易中使用的大多为全式提单。

② 略式提单(short form B/L)，是指仅有正面内容而无背面条款的提单。

(7) 按提单使用效力划分

① 正本提单(original B/L)，是指提单上有承运人正式签字盖章并注明签发日期的提单。这种提单是具有法律效力的单据，上面须标明"正本"字样。一般签发一式两份或多份，凭其中任一份可提货。

② 副本提单(copy B/L)，是指无承运人签字盖章，仅供参考之用的提单。提单上一般标明"副本"字样。

(8) 其他提单

① 过期提单(stale B/L)，是指超过信用证规定的期限才交到银行的提单或者晚于货物到达目的港的提单。通常情况下，迟于单据签发日期21天才提交的提单也算过期提单。银行一般不接受过期提单。在近洋国家间的贸易合同中，一般订有"过期提单可以接受"条款。

② 舱面提单(on deck B/L)又称甲板提单，是指货物装在船舶甲板上时所签发的提单。由于货物在甲板上风险较大，所以买方和银行一般不接受甲板提单。

③ 倒签提单(anti－dated B/L)，是指承运人应托运人要求，使提单签发日期早于实际装船日期的提单。这主要是为了使提单符合信用证对装运日期的规定，以顺利结汇。

④ 预借提单(advanced B/L)，是指在信用证规定的装运日期和议付日期已到而货物却未及时装船情况下，托运人出具保函，让承运人签发已装船提单，这就属于预借提单。

倒签提单和预借提单的取得均须托运人提供担保函才能获得，它们的提单日期都不是实际的装船日期，应尽量减少或杜绝使用。英美法系国家对保函不承认，亚欧一些国家认为只要未损害第三者利益，便不属违法，但应严加控制。

5. 有关提单的国际公约

为了统一提单背面条款关于托运人和承运人之间的权利和义务的规定，国际上先后签署了三个国际公约。

① 1924 年 8 月 25 日，在布鲁塞尔签订了《统一提单的若干法律规则的国际公约》，简称《海牙规则》(Hague Rules)。

② 1968 年 2 月 23 日，在布鲁塞尔签订《修改统一提单的若干法律规则的国际公约的议定书》，简称《维斯比规则》(Visby Rules)。

③ 1978 年 3 月，在汉堡通过的《联合国海上货物运输公约》，简称《汉堡规则》(Hamburger Rules)。

2.3.2 铁路运单

铁路运单(railway bill)是铁路承运人收到货物后所签发的铁路运输单据。我国对外贸易铁路运输按营运方式分为国际铁路联运和国内铁路运输两种方式。前者使用国际货协铁路运单；后者使用承运货物收据。通过铁路对我国港、澳出口的货物，由于国内铁路运单不能作为对外结汇的凭证，故使用承运货物收据这种特定性质和格式的单据。

1. 国际货协运单

国际货协运单(International Cargo Agreement Transportation)使用正副本方式。运单正本随同货物从始发站到终点站交给收货人，作为铁路向收货人交付货物的凭证。运单副本在发货站加盖承运期戳记，成为货物已被承运的证明，发货人凭该运单副本向银行要求结汇。国际货协运单不能转让。

2. 承运货物收据

承运货物收据(cargo receipt)是在特定运输方式下所使用的一种运输单据。它既是承运人出具的货物收据，也是承运人与托运人签订的运输契约。我国内地通过铁路运往我国港、澳地区的出口货物，一般多委托中国对外贸易运输公司承办。当出口货物装车发运后，对外贸易运输公司即签发一份承运货物收据给托运人，以作为对外办理结汇的凭证。

2.3.3 航空运单

航空运单(airway bill)是承运人与托运人之间签订的运输契约，也是承运人或其代理人签发的货物收据。航空运单可作为承运人核收运费的依据和海关查验放行的基本单据，但航空运单不是代表货物所有权的凭证，也不能通过背书转让。收货人提货不是凭航空运单，而是凭航空公司的提货通知单。在航空运单的收货人栏内，必须详细填写收货人的全称和地址，而不能作成指示性抬头。

航空运单的份数共有正本一式三份：第一份正本注明“Original-for the shipper”应交托运人；第二份正本注明“Original-for the Issuing Carrier”，由航空公司留存；第三份正本注明“Original-for the Consignee ”，由航空公司随机带交收货人；其余副本则分别注明“For Airport of Destination”，“Delivery Receipt”，“For Second Carrier”，“Extra Copy”等，由航空公

司按规定和需要进行分发。

每份航空运单有3份正本和至少6份以上的副本。正本的背面印有承运条款，其用途即为航空运单的主要作用：第一份交给发货人，是承运人或其代理收到货物后出具的收据；第二份是由承运人留存作为记账凭证；第三份是随货同行，交给收货人作为核收货物的依据。

2.3.4 邮包收据

邮包收据(parcel post receipt)是邮包运输的主要单据。它既是邮局收到寄件人的邮包后所签发的凭证，也是收件人凭以提取邮件的凭证。当邮包发生损坏或丢失时，它还可凭以向邮政局作为索赔和理赔的依据。但邮包收据不是物权凭证。

2.3.5 多式联运单据

多式联运单据(multimodal transportation documents)是指多式联运经营人在收到货物后签发给托运人的单据。按照国际商会《联合运输单证统一规则》的规定，多式联运经营人负责货物的全程运输。

多式联运单据与联运提单在形式上有相同之处，但在性质上不同。

① 提单的签发人不同：多式联运单据由多式联运经营人签发，而且可以是完全不掌握运输工具的"无船承运人"，全程运输均安排各分承运人负责；联运提单由承运人或其代理人签发。

② 签发人的责任不同：多式联运单据的签发人对全程运输负责；而联运提单的签发人仅对第一程运输负责。

③ 运输方式不同：多式联运提单的运输既可用于海运与其他方式的联运，也可用于不包括海运的其他运输方式的联运；联运提单的运输限于海运与其他运输方式的联合运输。

④ 已装船证明不同：多式联运提单可以不表明货物已装船，也无须载明具体的运输工具；联运提单必须是已装船提单。

2.4 小　结

① 对外贸易运输是国际商品交易过程中的重要环节，有关人员应熟悉外贸装运的基本知识，按照安全、迅速、准确、节约、方便的原则，灵活运用各种运输工具和运输方式，争取顺利完成交接任务。

② 在国际货物运输中，涉及的运输方式很多，但海洋运输是最重要的运输方式。同时以海洋运输方式为基础发展起来的集装箱运输和国际多式联运方式将得到更加迅速的发展。

2.5 习　题

2.5.1 单项选择题

1. 班轮运输的运费应该包括(　　)。

A. 装卸费，不计滞期费、速遣费

B. 装卸费，但计滞期费、速遣费

C. 卸货费和应计滞期费，不计速遣费

D. 卸货费和速遣费，不计滞期费

2. 当贸易术语采用 CIF 时，海运提单对运费的表示应为(　　)。

A. Freight Prepaid　　B. Freight Collect

C. Freight Prepayable　　D. Freight Unpaid

3. 国际多式联合运输是以至少两种不同的运输方式将货物从一国境内接受货物的地点运至另一国境内指定交付货物的地点的运输，它由(　　)。

A. 一个联运经营人负责货物的全程运输，运费按全程费率一次计收

B. 一个联运经营人负责货物的全程运输，运费按不同运输方式分别计收

C. 全程运输方式的经营人负责货物的全程运输，运费按全程费率一次计收

D. 多种运输方式，分别经营，分别计费

4. 在定程租船方式下，装卸费采用的办法是(　　)。

A. 船方不负担装卸费

B. 船方负担装卸费

C. 船方负担装货费，而不负担卸货费

D. 船方只负担卸货费，而不负担装货费

5. 下列表示"装船提单"的日期的是(　　)。

A. 货于 5 月 24 日送交船公司

B. 货于 6 月 4 日开始装船

C. 货于 6 月 4 日全部装完

D. 货于 6 月 24 日抵达日本

6. 在定程租船方式下，我国对装卸费的收取采用较为普遍的办法是(　　)。

A. 船方不负担装卸费

B. 船方负担装卸费

C. 船方只负担装货费，而不负担卸货费

D. 船方只负担卸货费，而不负担装货费

7. 为了统一提单背面条款的内容，下列选项中不是国际上先后签署的国际公约为(　　)。

A.《海牙规则》　　B.《维斯比规则》

C.《汉堡规则》　　D.《UCP600》

8. 在进出口业务中，能够作为物权凭证的运输单据有(　　)。

A. 铁路运单　　B. 海运提单

C. 航空运单　　D. 邮包收据

9. 航空运输的运费收取标准为(　　)。

A. 按 M 收取　　B. 按 W 收取

C. 按 W/M 收取　　D. 按 W/M or A. V. 收取

10. 必须经背书才能进行转让的提单是(　　)。

A. 记名提单　　B. 不记名提单

C. 指示提单　　D. 海运单

2.5.2　判断题

1. 海运提单如有三份正本，则凭其中任何一份即可在卸货港向船公司或船代理提货。（　　）

2. 如合同中规定装运条款为“20××年7/8月份装运”，那么我出口公司必须将货物于7月、8月两个月内，每月各装一批。（　　）

3. 凡装在同一航次、同一条船上的同一目的港的多次装运的货物，即使装运时间和装运地点不同，也不作分批装运。（　　）

4. 记名提单比不记名提单风险大，故很少使用。（　　）

5. 国际铁路货物联运的运单副本，可以作为发货人据以结算货款的凭证。（　　）

6. 按惯例，速遣费率通常为滞期费率的一半。（　　）

7. 根据《UCP600》的规定，如果信用证中没有明确规定是否允许分批装运及转船，应理解为允许。（　　）

8. 记名提单和指示提单同样可以背书转让。（　　）

9. 清洁提单是指不载有任何批注的提单。（　　）

10. 在航空运输中，收货人提货凭航空公司的提货通知单。（　　）

2.5.3　简答题

1. 简述提单的性质与作用。

2. 按提单抬头的不同，提单可分几类？各有什么特点？

3. 什么是国际多式联运？它有何特点？

4. 集装箱运输中的FCL、LCL、CY、CFS各代表什么意思？

5. 什么叫分批装运？如何应用该条款？

2.5.4　计算题

1. 上海运往肯尼亚蒙巴萨港口“门锁”一批计100箱，每箱体积为20厘米×30厘米×40厘米，毛重为25千克。当时燃油附加费为30%，蒙巴萨港口拥挤附加费为10%。门锁属于小五金类，计收标准是W/M，等级为10级，基本运费为每运费吨443.00港元，请计算应付运费是多少？

2. 某公司出口箱装货物一批，报价为每箱35美元CFR利物浦，英国商人要求改报FOB价。已知，该批货物体积每箱长45厘米、宽40厘米、高25厘米，每箱毛重35千克，商品计费标准为W/M，每运费吨基本运费率为120美元，并加收燃油附加费20%，货币附加费10%。我方应报价多少？

2.5.5　案例分析

1. 我某公司向非洲出口某商品15 000箱，合同规定1～6月按月等量装运，每月2 500箱，凭不可撤销即期信用证付款，客户按时开来信用证，证上总金额与总数量均与合同相符，但装运条款规定为“最迟装运期6月30日，分数批装运”。我方1月份装出3 000箱，2月份装出4 000箱，3月份装出8 000箱。客户发现后向我方提出异议。你认为对方这样做是否可以？

为什么?

2. 我某公司与英商按CIF术语条件伦敦签约,出口瓷器1万件,合同与信用证均规定"装运期3~4月份,每月装运5 000件,允许转船"。我方于3月30日将5 000件装上"万泉河"轮,取得3月30日的提单,又在4月2日将余下的5 000件装上"风庆"轮,取得4月2日的提单,两轮均在中国香港转船,两批货均由"曲兰西克"一轮运至目的港。

请问:

① 本例做法是否属分批装运?为什么?

② 卖方能否安全收汇?为什么?

3. 某公司向英国出口茶叶300箱。合同与信用证上均规定:Each month shipment 100 cartons from January(从1月份开始每月装100箱),问1月装100箱,3月装100箱,4月装100箱是否可行?为什么?

2.5.6 实训题

参观当地港口、仓库、集装箱,了解货物装运流程,就所见所闻,拟写一份参观报告。

第3章　国际货物运输保险

【学习目标】

通过本章的学习，要求能够了解国际货物保险的基本情况，理解国际货物运输保险的相关基本概念，掌握国际货物海洋运输保险的基本种类，熟练掌握合同中国际货物运输条款的表述及应用。

【本章重点】

1. 海上损失的种类
2. 我国海洋运输货物保险条款(CIC)
3. 英国伦敦保险协会海运货物保险条款(ICC)
4. 国际贸易中的保险业务

【本章难点】

1. 海上损失的种类
2. 国际运输保险的险别及其关系

国际货物保险属于财产保险的范畴，货物运输保险条款是进出口合同的重要条款之一。本章介绍国际货物运输保险的各种险别、保险条款及保险金额的确定、保险费的计算及保险索赔等知识。

3.1　国际货物运输保险概述

国际贸易中货物从卖方转移至买方，一般都要经过较长距离的运输、装卸和存储等环节，其间货物可能会遇到自然灾害或意外事故而遭受损失。为了转嫁风险，买方或卖方需要办理货物运输保险，以便在货物遭受损失时从保险公司获得经济补偿。

3.1.1　概念

国际货物运输保险属财产保险的范畴，它是以运输过程中的各种货物作为保险标的，被保险人(进口商或者出口商)按一定的金额向保险公司投保一定的险种，根据保险公司的规定缴纳保险费，保险人承保后，如果保险标的在运输过程中发生约定范围内的损失，应按照保险合同的规定给予被保险人经济上的补偿。国际货物运输保险是以运输途中的货物作为保险标的的保险，根据货物运输采用的方式不同，货物运输保险分为:海洋货物运输保险、陆上货物运输保险、航空货物运输保险和邮包运输保险等。

3.1.2　特点

1. 承保的风险具有综合性，出险的原因具有复杂性

国际货物运输保险是财产保险的一个分支，但是国际货物运输保险的承保风险大大超过

一般的财产保险的承保风险，国际货物运输保险既承保财产和利益上的风险，又承保责任方面的风险；既承保陆上的风险，又承保海上的风险；既承保自然灾害、意外事故等各类客观风险，又承保外来原因（如偷窃、战争、海盗）等种类的主观风险；既承保航行或者运输过程中的动态风险，也承保船舶停泊或者货物仓储期间的静态风险。由此可见，国际货物运输保险标的种类之多，变化之大，是其他财产保险所不能比拟的。同时，国际货物运输保险标的的致损原因往往也是错综复杂的。

2. 保险标的具有流动性

国际货物运输保险承保的标的主要是运输的载体和客体，即运输工具和被运送的货物，国际货物运输保险中所体现的运输属于社会化的运输，是社会再生产过程中的一个不可或缺的环节，一个社会要存在就不能停止生产或再生产，同样也不能停止运输。船舶出于航运经营的目的，货物出于贸易经营的目的，它们就要从一个港口转移到另一个港口，经常处于流动状态，所以国际货物运输保险的保险标的具有流动性。

3. 保险主体与客体具有国际性

受国际货物运输保险合同保障，享受保险利益的一方大多是国际贸易、远洋运输和海上资源开发的经营者，而其财产无论是运输工具还是运输货物，由于其具有流动性，就不可避免地涉及不同的国家和地区。由于国际货物运输保险的主体和客体存在着涉外性这样的特点，使得国际货物运输保险成为一种具有国际特性的保险。国际货物运输保险合同在订立和履行过程中，除了受本国法律的制约，还要受国际法规、条例和惯例等的制约。

4. 保障的对象具有多变性

国际货物运输保险的对象是指与保险人签订国际货物运输保险合同的被保险人。国际货物运输保险保障对象的多变性是指国际货物运输保险中的被保险人经常发生变化。国际货物运输保险承保的货物多是国际贸易中的进出口货物，国际贸易经营的目的不仅是实现货物的使用价值，更重要的是使货物获得增值，这样的目的决定了国际贸易中的货物在运输途中经常发生转手。原被保险人只需要在保险单上背书便可将它转让，随着保险单持有人的变更，保险保障的对象也就会经常发生变化。

5. 保险种类繁多，险种划分详细

由于国际货物运输保险承保风险复杂，承保标的的种类多样，为了满足市场的种类需求，国际货物运输保险的险种也不断丰富增多。

6. 保险风险的转移性和补偿性

国际货物运输保险通常是通过一个法律合同实施的，在保险合同中，保险公司承诺对被保险人在合同期内所受到的损失进行补偿，这样当被保险人的进出口货物发生合同规定的风险而受到损失时，风险就由于在被保险人向保险公司投保而转移到保险公司手中，从而规避了在国际贸易运输过程中的风险，而且还能获得保险公司在一定程度上的财产补偿。

3.2 海上货物运输保险承保的范围

进出口货物在海运中常常会遇到各种风险，而导致货物的损失。保险人是按照不同险别所规定的风险、损失和费用来承担赔偿责任的。

国际货物运输保险要求投保人与保险人订立保险合同并共同遵守以下原则：

第一，保险利益原则。它是指投保人对保险标的具有法律上承认的利益。但是，国际货物运输保险并不像其他保险那样要求被保险人在投保时就具有保险利益，它只要求在保险标的发生损失时必须具有保险利益。

第二，最大诚信原则。它是指投保人和保险人在签订保险合同以及在合同有效期内，必须保持最大限度的诚意，双方都恪守信用，互不欺骗隐瞒。具体包括重要事实必须申报和认真履行其保证事项。

第三，补偿原则。它是指当保险标的遭受保险责任范围内的损失时，保险人应当依照保险合同的约定履行赔偿责任。但赔偿金额不得超过保险单上的保险金额或被保险人遭受的实际损失。

第四，近因原则。它是指保险人只对承保风险与保险标的的损失之间有直接因果关系的损失负赔偿责任，而对保险责任范围外的风险造成的损失，不负赔偿责任。

3.2.1 风险

1. 海上风险

海上风险(perils of the sea)又称为海难，是指船舶或货物在海上运输过程中所遇到的自然灾害和意外事故。在现代海上保险业务中，保险人所承担的海上风险是有特定范围的，一方面它并不包括一切在海上发生的风险，另一方面它又不局限于航海中所发生的风险。海上风险具体可以分为自然灾害和意外事故两种。

(1) 自然灾害

自然灾害(natural calamities)是指不以人的意志为转移的自然界的力量所引起的灾害。它是客观存在、人力不可抗拒的灾害事故，是承保人承保的主要风险。在海运保险业中，自然灾害并不是泛指一切由于自然力量造成的灾害，而是仅指以下由于人力不可抗拒的自然力量造成的灾害：

① 恶劣气候(heavy weather)。恶劣气候又叫暴风雨(wing storm)，是指海上的飓风、大浪引起船只颠覆和倾斜造成船体机械设备的损坏或者因此引起的船上所载货物相互折压、碰撞而导致破碎、泄漏、凹瘪等损失。

② 雷电(lightning)。雷电常在积雨云层中产生，若云层之间、云层和地面之间电位差增大到一定程度时就会发生猛烈的放电现象，这就是雷电，云层之间以及云层和空气之间的放电，一般不会危及人的生命和财产，而云层和地面之间的放电，往往会危及生命和财产并造成损失。

③ 地震(earthquake)。地震是指由于地壳发生急剧的自然变化，使地面发生震动、坍塌、地陷、地裂等造成的保险货物的损失。

④ 海啸(tsunami)。海啸是指由于海底地壳发生变异，有的地方下陷，有的地方升高引起剧烈震荡而产生巨大波浪，致使保险货物遭受损害或灭失。

⑤ 火山爆发(volcanic eruption)。火山爆发是指由于火山爆发产生的地震以及喷发出的火山岩灰造成的保险货物的损失。

⑥ 洪水(flood)。洪水是指因江河泛滥、山洪暴发、湖水上岸及倒灌或暴雨等原因，致使保险货物遭受泡损、淹没、冲散等损失。

⑦ 浪击落海(washing overboard)。浪击落海是指存放在舱面上的货物在运输过程中受海浪的剧烈冲击而落海所造成的损失。我国现行海运货物保险条款的基本险条款不保此项风险，但该项风险可以通过附加投保舱面险而获得保障。

(2) 意外事故

意外事故(fortuitous accidents)一般是指人或物体遭受外来灾害所导致的非意料之中的事故。在海运保险业中,意外事故并不是泛指海上所有的意外事故,而仅指运输工具遭遇的以下风险:

① 搁浅(grounded)。搁浅是指船舶在航行中,由于意外或异常的原因,船底与水下障碍物紧密接触牢牢地被搁住,并且持续一定时间失去进退自由的状态。

② 触礁(stranding)。触礁是指船舶在航行中触及海中岩礁或其他障碍物(如木桩、渔栅等)造成的一种意外事故。

③ 沉没(sunk)。沉没是指船舶因海水侵入失去浮力,船体全部沉入水中,无法继续航行的状态,或虽未构成船体全部沉没,但是大大超过船舶规定的吃水标准,使应浮于水面的部分浸入水中无法继续航行,由此造成保险货物损失属沉没责任。如果船体只有部分浸入水中而仍能航行,则不能视为船舶沉没。

④ 碰撞(collision)。碰撞是指载货船舶同水以外的外界物体(如码头、船舶、灯塔、流冰等)发生的猛力接触,由此造成的船上货物的损失。若发生碰撞的是两艘船舶,则碰撞不仅会带来船体及船上货物的损失,还会产生碰撞责任损失。碰撞是船舶在海上航行中的一项主要风险。

⑤ 倾覆(capsized)。倾覆是指船舶在航行中遭受自然灾害或意外事故导致船体翻倒或倾斜,失去正常状态,非经施救不能继续航行,由此造成保险货物的损失,属倾覆责任。

⑥ 火灾(fire)。火灾是指由于意外、偶然发生的燃烧失去控制,蔓延扩大而造成的船舶和货物的损失。海上货物运输保险不论是直接被火烧毁、烧焦、烧裂,或者间接被火熏黑、灼热或为救火而致损失,均属火灾风险。

⑦ 爆炸(explosion)。爆炸是指物体内部发生急剧的分解或燃烧,迸发出大量的气体和热力,致使物体本身及其周围的其他物体遭受猛烈破坏的现象。

2. 外来风险

外来风险(extraneous risks)是指由于自然灾害和意外事故以外的其他外来原因造成的风险,但不包括货物的自然损耗和本质缺陷。外来风险可分为一般外来风险和特殊外来风险两种。

① 一般外来风险。海上货运保险业务中承保的一般外来风险主要有偷窃、提货不着,渗漏,短量,碰损、破碎,钩损,淡水雨淋,生锈,混杂、玷污,受潮受热,串味,包装破裂等。

② 特殊外来风险。特殊外来风险是指战争、种族冲突或一国的军事、政治、国家政策法律以及行政措施等的变化所造成的全部或部分损失,包括战争、罢工、交货不到、进口关税、拒收等。

3.2.2 损失

货物在海上运输过程中,可能面临各种海上风险及外来风险,由于这些风险的客观存在,必然会给运输途中的货物造成各种损失,我们把被保险货物在运输途中因遭遇海上风险所造成的各种损失称为海上损失。按损失的程度不同,海上风险可分为全部损失与部分损失。

1. 全部损失

全部损失(total loss)简称全损,包括实际全损和推定全损。

(1) 实际全损

实际全损(actual total loss)是指货物完全灭失或变质而失去原有用途即货物完全损失已发生或者不可避免,也称为绝对全损。实际全损有以下四种情况:

① 被保险货物完全灭失，如船只遇海难后沉没，货物同时沉入海底。

② 被保险货物遭受严重损害，已丧失了原有的用途和价值，如水泥遭海水浸泡后变成水泥硬块，无法使用；茶叶被海水浸泡后，丧失了茶叶的香味，无法再食用。

③ 被保险人对被保险货物的所有权已无可挽回地被完全剥夺，如船、货被海盗劫去或被敌对国扣押。

④ 载货船舶失踪达到一定时期仍无音讯。

(2) 推定全损

推定全损(constructive total loss)又称商业全损，是指被保险货物在海上运输途中遭遇到承保风险之后，虽未达到完全灭失的状态，但是可以预见到它的全损将不可避免；或者为了避免全损，需要支付的抢救、修理费用加上继续将货物运抵目的地的费用之和将超过货物的保险价值或超过货物到达目的地时的价值，这种情况下，被保险人可以推定货物发生了全部损失。

推定全损主要有以下四种情况：

① 被保险货物遭受严重损害，完全灭失已不可避免，或者为了避免实际全损需要施救等所花费用，将超过获救后被保险货物的价值。

② 被保险货物受损害后，修理费用估计要超过货物修复后的价值。

③ 被保险货物遭受严重损害之后，整理和续运目的地的运费超过了残存货物到达目的地的价值。

④ 被保险货物遭受责任范围内的事故，使被保险人失去被保险货物所有权，而收回这一所有权，其所需费用将超过收回被保险货物的价值。

实际全损和推定全损虽然都为全损，但两者是有区别的：被保险货物遭受实际全损时，被保险货物确定已经或不可避免地完全丧失，被保险人自然可以向保险人要求全部赔偿，而不需要办理委付手续；在被保险货物遭受推定全损时，被保险货物并未完全丧失，是可以修复或者可以收回的，只是支出的费用将超过被保险货物的价值或者收回希望很小。因此，被保险人可以向保险人办理委付，要求保险人按全部损失赔偿，也可以不办理委付，由保险人按部分损失进行赔偿。

2. 部分损失

部分损失(partial loss)是指被保险货物没有达到全部损失的程度，包括共同海损与单独海损。

(1) 共同海损

共同海损(general average，GA)是指载货船舶在海运途中遇到危难，船长为了维护船舶和所有货物的共同安全或使航程得以继续完成，而采取的有意并且合理的行为所产生的某些特殊牺牲或支出的特殊费用。

常见的共同海损牺牲项目有：

① 抛弃。指抛弃船上载运的货物或船舶物料。

② 救火。为扑救船上的火灾，向货舱内灌浇海水、淡水、化学灭火剂造成舱内货物或船舶的灭失。

③ 自动搁浅。为了共同安全，采取紧急的人为搁浅措施造成舱内货物或船舶的灭失。

④ 起浮脱浅。船舶因海上自然灾害或意外事故而造成舱内货物或船舶的损失。

⑤ 船舶在避难港卸货、重装或倒移货物、燃料或物料，这些操作造成货物或船舶的损失。

⑥ 将船上货物或船舶物料当作燃料以保证船舶继续航行。

⑦ 割断锚链。为避免发生碰撞等紧急事故，停泊的船舶来不及进行正常起锚，有意识的砍断锚链、丢弃锚具，以便船舶启动，由此造成的断链、弃锚损失。

构成共同海损必须具备以下条件：一是船方在采取措施时，必须确有危及船、货共同安全的危险存在而不是臆测的，或者是不可避免的；二是船方所采取的措施，必须是为了解除船、货的共同危险，有意识而且是合理的，其费用支出是额外的；三是必须是属于非常情况下的损失。

根据惯例，共同海损的牺牲和费用，应由受益方，即船方、货方和运费方按最后获救的价值多少，按比例分摊。这种分摊叫共同海损分摊(general average contribution)。

(2) 单独海损

单独海损(particular average)是指除共同海损以外的、由海上风险直接导致的船舶或货物的部分损失。这种损失只属于特定利益方，而不属于所有其他的货主或船方，由受损方单独承担。例如，在运输过程中，有茶叶、机器设备、钢材三种货物，途中遇到暴风雨，部分海水进入船舱，海水浸泡了部分茶叶，茶叶的损失只是使一家货主的利益受到影响，跟同船所装的其他货物的货主和船东利益无关，因而属于单独海损。

共同海损与单独海损都属于部分损失，两者的主要区别为：

① 损失的构成不同。单独海损一般是指货物本身的损失，不包括费用损失，而共同损失既包括货物损失，又包括因采取共同海损行为而引起的费用损失。

② 造成损失的原因不同。单独海损是海上风险直接导致的货物损失，而共同海损是为了减轻船、货、运费三方共同危险而人为造成的损失。

③ 损失的承担者不同。单独海损由受损方自行承担损失，而共同海损则由船、货、运费三方按获救财产价值大小的比例分别承担。

3.2.3 费用

保险公司对为减少货物的实际损失而支付的费用也负责赔偿。这部分费用分为施救费用和救助费用。

① 施救费用(sue & labour expenses)。它是指被保险货物在遭受保险责任范围内的灾害事故时，被保险人或其代理人为防止损失扩大而采取抢救所支出的费用。此项费用由保险人

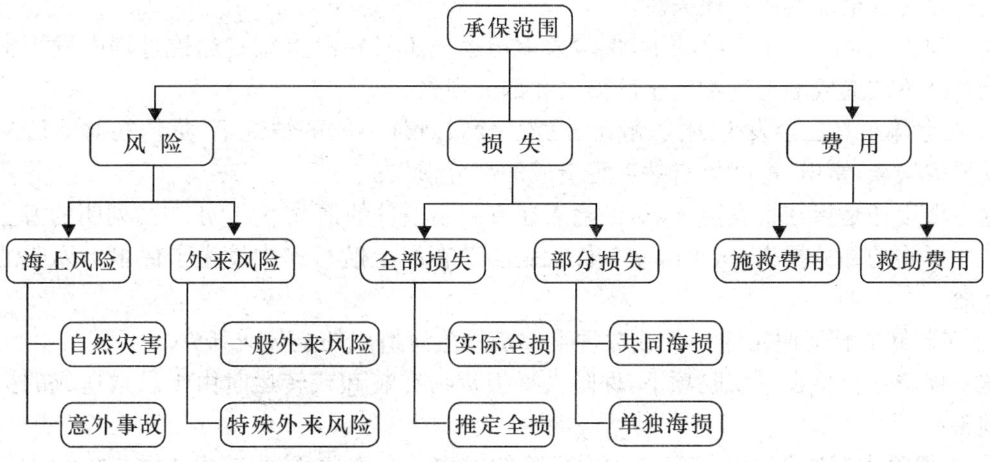

图 3-1　海运货物保险承保范围图

给予补偿。

② 救助费用(salvage charges)。它是指被保险货物在遭遇保险责任范围内的灾害事故时,由保险人和被保险人以外的第三者对受损货物采取抢救措施而支付的费用。

有关海洋货物运输保险的承保范围如图3-1所示。

3.3 我国海洋货物运输保险条款

3.3.1 我国海运货物保险条款及险别

中国人民保险公司参照国际保险市场的一般习惯做法,并结合我国实际情况,自行制定了各种保险条款,总称为"中国保险条款"(China Insurance Clause,CIC)。我国现行的《海洋运输货物保险条款》是由中国人民保险公司于1981年1月1日修订实施的,可分为基本险、附加险和专门险三大类。

海运货物保险险别分为基本险和附加险两类。基本险又称主险,是可以独立投保的险别,包括平安险、水渍险和一切险;附加险是对基本险的补充和扩展,它不能单独投保,只能在投保了基本险的基础上加保,包括一般附加险和特殊附加险。

1. 基本险

(1) 平安险

平安险(free from particular average,F. P. A.)是我国保险业的习惯叫法,英文原意是"单独海损不赔"。平安险承保"全部损失和意外事故导致的部分损失",具体承诺以下八项责任:

① 被保险货物在运输途中由于恶劣气候、雷电、海啸、地震等自然灾害造成整批货物的全部损失或推定全损。

这一项责任是指在平安险下,保险人承担由列明的海上自然灾害造成的保险货物的全部损失(包括推定全赔),也就是说,如果列明的自然灾害造成的损失是部分损失,保险公司在平安险项下不承担赔偿责任。

② 由于运输工具造成搁浅、触礁、沉没、互撞,与流冰或其他物体碰撞以及失火、爆炸意外事故造成货物的全部或部分损失。

这一项责任是指在平安险项下,保险人承担运输工具在海上载货运输过程中发生由列明的海上意外事故造成船上货物的全部损失和部分损失。

③ 在运输工具已经发生搁浅、触礁、沉没、焚毁意外事故的情况下,货物在此前后又在海上遭受恶劣气候,雷电、海啸等自然灾害造成的部分损失。

这一项责任是指在平安险项下,保险人在有限制条件的情况下,也承担由列明的海上自然灾害造成货物的部分损失,这个限制条件就是船舶在海上航行途中发生了保单上列明的海上意外事故。

④ 在装卸或转运时由于一件或数件整件货物落海造成的全部或部分损失。

这一项责任是指在平安险项下,保险人承担货物在装卸或转运时由于吊索造成的损失即吊索损害。

⑤ 被保险人对遭受承担责任范围内危险的货物采取抢救、防止减少货物措施而支付的合理费用,但以不超过该批被救货物的保险金额为限。

这一项责任是指在平安险项下，承担被保险人或其代理人、受雇用人为减少保险标的的损失而合理支出的施救费用。

⑥ 运输工具遭遇海难后，在避难港由于卸货所引起的损失，以及在中途港、避难港，由于卸货、存仓以及运送货物所产生的特别费用。

这一项责任是指在平安险项下，承担货物在避难港卸货引起的直接损失，如由于卸货引起的吊索损害，由于卸货引起的一系列损失及特别费用损失。这一项责任下保险人承担的责任很大，但它的前提是载货船舶已经遇难。

⑦ 共同海损的牺牲、分摊和救助费用。

这一项责任是指保险人在平安险项下不但承担遭受共同海损牺牲的货物损失的赔偿责任，还承担共同海损分摊以及救助费用损失。

⑧ 运输契约订有“船舶互撞”条款，根据该条款规定由货方偿还船方的损失。

(2) 水渍险

水渍险(with particular average，W. P. A. 或 with average，W. A.)是我国保险业的习惯叫法，英文原意是“负责单独海损”。水渍险承保的责任范围为：

① 平安保险承担的全部责任。

② 被保险货物由于恶劣气候、雷电、海啸、地震、洪水自然灾害所造成的部分损失。

这一项责任是指在水渍险项下，保险人承担单纯由于保单上列明的海上自然灾害所造成的货物部分损失。

(3) 一切险

一切险(all risks)的承保范围为：

① 水渍险承保的全部责任一切险均给予承保。

② 一切险负责被保险货物在运输途中，由于一般外来风险所致的全部或部分损失。

一切险的承保责任范围是各种基本险中最广泛的一种，因而比较适宜于价值较高，可能遭受损失因素较多的货物投保。

2. 附加险

(1) 一般附加险

一般附加险(general additional risks)承保一般外来风险所造成的损失，共有十一种。

① 偷窃、提货不着险(theft，pilferage and non-delivery risks，T. P. N. D.)。对偷窃行为所致的损失和整体提货不着等损失，保险公司负责按保险价值赔偿。

② 淡水雨淋险(fresh water and /or rain damage risks，F. W. R. D.)。对直接遭受雨水、淡水以及雪融水浸淋所致的损失保险公司负责赔偿。淡水是与海水相对而言，包括船上淡水管漏水、舱汗等。

③ 渗漏险(leakage risks)。对因容器损坏而引起的渗漏损失，或用气体储藏的货物因气体的渗漏而引起的货物腐蚀等损失，保险公司负责赔偿，如以流体装存的温肠衣，因为流体渗漏而使肠衣发生腐烂、变质等损失，均由保险公司负责赔偿。

④ 短量险(shortage risks)。对因外包装破裂或散装货物发生数量损失和实际重量短缺的损失保险公司负责赔偿，但不包括正常运输途中的损耗。

⑤ 混杂、玷污险(intermixture and contamination risks)。对在运输过程中因混进杂质或被玷污所致的损失保险公司负责赔偿。

⑥ 碰撞、破碎险(clash and breakage risks)。对金属、木质等货物因震动、颠簸、挤压所造成的碰损和对易碎性货物运输途中由于装卸野蛮、粗鲁、运输工具的颠震所造成的破碎损失。

⑦ 钩损险(hook damage risks)。对在装卸过程中使用手钩、吊钩所造成的损失保险公司负责赔偿。如粮食包装袋因吊钩钩坏而造成的粮食外漏的损失。

⑧ 锈损险(rust risks)。对运输中发生的锈损保险公司负责赔偿。但生锈必须是在保险期内发生的,如装船前已发生锈损的,保险公司不负责赔偿。

⑨ 串味险(taint of odour risks)。对于被保险的食用物品、中药材、化妆品原料等因受其他物品的影响而引起的气味损失,保险公司负责赔偿。如茶叶、香料与皮张、樟脑等堆放在一起产生异味而不能使用。

⑩ 包装破裂险(breakage of packing risks)。对因运输或装卸不慎,包装破裂所造成的损失,以及为继续运输安全的需要对包装进行修补或调换所支付的费用,保险公司均负责赔偿。

⑪ 受潮受热险(sweat and heating risks)。对因气温突然变化或由于船上通风设备失灵导致船舱内水汽凝结、受潮或受热所造成的损失保险公司负责赔偿。

值得注意的是,上述十一种附加险,只能在投保平安险和水渍险的基础上加保一种或数种险别,但若投保“一切险”时,因上述险别均包含在内,故无须加保。

(2) 特殊附加险

特殊附加险(special additional risks)承保特殊外来风险所造成的损失,共有八种:

① 交货不到险(failure to deliver risks)。不论何种原因,从被保险货物装上船开始,6 个月内不能运到原定目的地交货的,保险公司负责按全损赔偿。

② 进口关税险(import duty risks)。当货物遭受保险责任范围内的损失,而仍须按完好货物价值缴纳进口关税时,保险公司对损失部分货物的进口关税负责赔偿。

③ 舱面险(on deck risks)。当货物置于船舶甲板上时,保险公司除按保单所载条款负责外,还赔偿被抛弃或浪击落海的损失。

④ 黄曲霉素险(aflatoxin risks)。花生、谷物等易产生黄曲霉素,对含量超过进口国限制标准而被拒绝进口、没收或强制改变用途所遭受的损失保险公司负责赔偿。

⑤ 拒收险(rejection risks)。对被保险货物在进口港被进口国政府或有关当局拒绝进口或没收,保险公司按货物的保险价值负责赔偿。

⑥ 出口货物到中国香港(包括九龙在内)或中国澳门存仓火险责任扩展条款(fine risk extension clause for storage of cargo at destination Hongkong, including Kowloon, or Macao, F. R. E. C.)这是一种扩展存在火险责任的保险,是指出口货物到达中国香港(包括九龙在内)或中国澳门等到达目的地,在卸离运输工具后,如直接存放在保险单所载明的过户银行所指定的仓库,保险责任自运输责任终止时开始,至银行收回押款解除货物的权益为止,或运输险责任终止时起满 30 天为止。在此期间,对发生了火灾所造成的损失,保险公司负责赔偿。

⑦ 战争险(war risks)。战争险是特殊附加险的主要险别之一,它虽然不能独立投保,但对其他附加险而言又有很强的独立性。

⑧ 罢工险(strikes risks)。凡因罢工、被迫停工所造成的直接损失,恐怖主义者或出于政治目的而采取行动的个人所造成的损失,以及任何人的恶意行为造成的损失,都属承保范围。按国际保险业惯例,在投保战争险的前提下,加保罢工险,不另增收保险费。如单独要求加保

罢工险，则按战争险费率收费。

总之，有关海洋货物运输保险关系如图 3-2 所示。

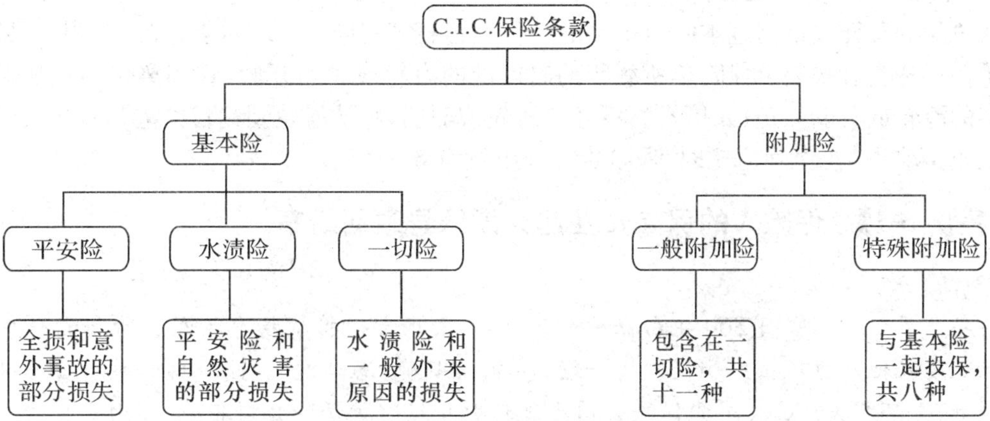

图 3-2　我国海洋运输货物保险条款关系图

3.3.2　除外责任

除外责任是指保险人不予赔偿的损失和费用。这是为了维护保险人的权益而对承保责任范围作进一步的明确和划分，这种除外责任，一般来说是非意外的、非偶然的或比较特殊的风险，其责任范围包括以下内容。

1. 基本险的除外责任

① 被保险人的故意行为或过失所造成的损失。

② 由于发货人的包装不善等责任所引起的损失。

③ 被保险货物在保险责任开始之前就已存在品质不良或数量短缺所形成的损失。

④ 被保险货物的自然损耗、品质特性以及市价跌落、运输延迟所引起的损失和费用。

⑤ 战争险等特殊附加险条款所规定的责任范围和除外责任。

2. 其他除外责任

战争险的除外责任指由于敌对行为使用原子弹或热核制造的武器导致被保险货物的损失和费用不负责赔偿。

3.3.3　责任起讫

保险的责任起讫是指保险人对被保险货物承担保险责任的有效时间。被保险货物如果在保险有效期内发生保险责任范围内的风险损失，被保险人有权进行索赔，否则就无权进行索赔。

1. 基本险的责任起讫

基本的责任起讫期限通常采用国际保险业惯用的“仓至仓条款”(warehouse to warehouse clause，W/W)。它是指保险人的承保责任自被保险货物运离保险单所载明的起运地发货人仓库开始，直至该项货物被运抵保险单所载明的收货人仓库或被保险人用作分配、分派或非正常运输的其他储存处所为止；如未抵达上述仓库或储存处所，则以被保险货物在最后卸载港全部卸离海轮后满60天为止；如在上述60天内被保险货物需转运至非保险单所载明的目的地时，则该项货物开始转运时终止。

2. 其他险别的责任起讫

战争险的责任起讫与基本险所采用的“仓至仓条款”不同，是以“水上危险”为限的，即保险人的承保责任自货物装上保险单所载明的启运港的海轮或驳船开始，到卸离保险单所载明的目的港的海轮或驳船为止；如果货物不卸离海轮或驳船，则从海轮到达目的港当日午夜起算满15日为止，等再装上续运海轮时，保险责任才继续有效。

【案例3-1】 保险人的保险责任起讫期限导致纠纷案

【案情】

某年7月21日，当日500吨白糖被卸下，港口管理部门将货物存放在其所属的仓库中，C公司开始委托他人办理报关和提货的手续，7月24日晚，港口遭遇特大海潮，共计200吨白糖受到浸泡，全部损失。C公司向保险公司办理理赔手续时被保险公司拒绝，理由是C公司已将提单转让，且港口仓库就是C公司在目的港的最后仓库，故保险责任已终止。保险公司的保险责任是否在货物进入港口仓库或C公司委托他人提货时终止?

【分析】

本案按保险合同的规定，保险人的保险责任起讫是负“仓至仓”责任。

本案中被保险货物卸离海轮仅3日，堆存于港口所属仓库，被保险人在未提货之前既不能将货物运交任何其他仓库和储藏处所，也不能对货物进行分配或发送，可见，尚未提取的货物仍在保险责任期限内。提单有物权凭证作用，本案中C公司持有提单，即享有提单项下的所有权。C公司委托他人办理报关、提货等手续，发生的是委托代理关系，不属转让提单的行为。又由于C公司投保的为一切险，海潮属一切险范围内，对尚未提取并因海潮受损的200吨货物，保险公司负有责任赔偿。

3.4 英国伦敦保险协会海运货物保险条款

在国际保险市场上，最有影响力的保险条款当属英国伦敦保险协会制定的《协会货物条款》(Institute cargo clauses, ICC)。

现行英国伦敦《协会货物条款》是1982年1月1日的修订本，与我国现行保险条款相比，其形式和内容都有所不同。该条款共有六种险别。

1. 协会货物条款(A)

协会货物条款(A)即ICC(A)，可以独立投保，其责任范围较广，采取“一切风险减除外责任”的方式。除外责任为：

① 一般除外责任，如因包装原因造成损失，由船方原因造成损失，使用原子或热核武器所造成的损失。

② 不适航、不适货除外责任，如被保险人在装船时已知船舶不适航、不适货。

③ 战争除外责任。

④ 罢工除外责任。

ICC(A)承保范围相当于一切险。

2. 协会货物条款(B)

协会货物条款(B)即 ICC(B)，可以独立投保，其责任范围采用“列明风险”的方法，包括：

① 火灾、爆炸。

② 船舶或驳船触礁、搁浅、沉没或者倾覆。

③ 陆上运输工具倾覆或出轨。

④ 船舶、驳船或运输工具同水以外的任何外界物体碰撞。

⑤ 在避难港卸货。

⑥ 地震、火山爆发、雷电。

⑦ 共同海损牺牲。

⑧ 抛货。

⑨ 浪击落海。

⑩ 海水、湖水或河水进入船舶、驳船、运输工具、集装箱、大型海运箱或贮存处所。

⑪ 货物在装卸时落海或跌落造成整件的全损。

ICC(B)的除外责任，除对“海盗行为”和恶意损害的责任不负责外，其余均与 ICC(A)的除外责任相同。

ICC(B)承保范围相当于水渍险。

3. 协会货物条款(C)

协会货物条款(C)即 ICC(C)，可以独立投保，其责任范围也采用“列明风险”的方式，包括：

① 火灾、爆炸。

② 船舶或驳船触礁、搁浅、沉没或倾覆。

③ 陆上运输工具倾覆或出轨。

④ 船舶、驳船或运输工具同除水以外的任何外界物体碰撞。

⑤ 在避难港卸货。

⑥ 共同海损牺牲。

⑦ 抛货。

ICC(C)的除外责任与 ICC(B)完全相同。

ICC(C)承保范围近似于平安险。

4. 协会货物战争险条款

它属于特殊附加险，等同 CIC 中的战争险。

5. 协会货物罢工险条款

它属于特殊附加险，等同 CIC 中的罢工险。

上述险别在需要投保时也可作为独立的险别进行投保。

6. 恶意损害险条款

恶意损害险承保除被保险人以外的其他人(如船长、船员)的故意破坏行为所造成的被保险货物的灭失或损坏，但出于政治动机的人的行为除外。它在 ICC(A)中列为承保责任，在 ICC(B)和 ICC(C)中均列为除外责任。因此，在投保 ICC(B)和 ICC(C)时，如需取得这种风险的保障，应另行加保恶意损害险。

3.5 其他运输方式货物保险

3.5.1 陆上运输货物保险条款

中国人民保险公司 1981 年 1 月 1 日修订的《陆上运输货物保险条款》规定:陆上货物的运输险分为陆运险(overland transportation risks)和陆运一切险(overland transportation all risks)两种基本险。

1. 陆运险

陆运险的承保责任范围是指保险公司负责赔偿被保险货物在运输途中遭受暴风、雷电、洪水、地震等自然灾害或由于运输工具遭受碰撞、倾覆、出轨或在驳运过程中,因驳运工具遭受搁浅、触礁、沉没、碰撞或由于遭受隧道坍塌、崖崩或失火、爆炸等意外事故所造成的全部或部分损失。由此可见,陆运的保险责任范围与海洋运输保险条款中的“水渍险”相似。

2. 陆运一切险

陆运一切险的承保责任范围除上述陆运险的责任外,还包括运输途中,由外来原因造成的短少、偷窃、渗漏、碰损、破碎、钩损、雨淋、生锈、受潮、受热、发霉、串味、玷污等全部或部分损失,这与海洋运输货物保险条款中的“一切险”相似。

以上陆运险和陆运一切险的责任范围均适用于火车和汽车运输。

陆运险、陆运一切险的除外责任与海洋运输货物险的除外责任相同。

陆上货物运输保险也采用“仓至仓”条款原则,即保险责任从被保险货物远离保险单所载明的起运地发货人的仓库或储存处所开始,包括正常陆运和有关水上驳运在内,直到该货物送至保险单所载明的目的地收货人仓库或储存处所,或者被保险人用作分配、分派或非正常运输的其他储存处所为止;如果没有送抵保险单所载明的目的地收货人仓库或储存处所,则以到达最后卸载车站之后 60 天为限;如果在中途转车,不论货物在当地卸车与否,保险责任从火车到达中途站的当日午夜起满 10 天为止;如果被保险货物在 10 天内继续装车续运,则保险责任继续生效。

3.5.2 航空货物运输保险

中国人民保险公司 1981 年 1 月 1 日修订的《航空运输货物保险条款》规定:航空运输货物保险分为航空运输险(air transportation risks)和航空运输一切险(air transportation all risks)两种基本险别。

1. 航空运输险

航空运输险的承保责任范围与海洋运输保险条款中的“水渍险”相似,包括被保险货物在运输途中遭受雷电、火灾、爆炸或由于飞机遭受恶劣气候或其他危难事故而被抛弃,或由于飞机遭遇碰撞、倾覆、坠落或失踪等自然灾害和意外事故所造成的全部或部分损失。

2. 航空运输一切险

航空运输一切险的承保责任范围与海洋运输货物保险条款中的“一切险”相似,除上述航空运输险的各项责任外,还包括被保险货物由于一般外来原因所造成的全部或部分损失。

航空运输险、航空运输一切险的除外责任与海洋运输货物保险条款基本险的除外责任基本相同。

航空货物运输保险责任起讫期限也采用“仓至仓”条款原则，所不同的是，如果货物运达保险单所载明的目的地而未送抵保险单所载明的目的地收货人仓库或储存处所，则以到达最后卸载地卸离飞机之后30天保险责任即告终止；如果在上述30天内，被保险货物需转送非保险单所载明的目的地时，保险责任以该项货物开始转送时终止。

3.5.3 邮政包裹运输保险条款

中国人民保险公司1981年1月1日修订的《邮包险条款》规定：邮包险分为邮包险（parcel post risks）和邮包一切险（parcel post all risks）两种基本险。

1. 邮包险

邮包险的承保责任范围是被保险货物在运输途中由于恶劣气候、雷电、海啸、洪水、自然灾害或由于运输工具遭受搁浅、触礁、碰撞、沉没、倾覆、出轨、坠落、失踪或由于失火、爆炸等意外事故所造成的全部或部分损失；另外，还负责被保险人对遭受保险责任范围内的货物采取抢救、防止或减少货损的措施而支付的合理费用，但以不超过该批被抢救货物的保险金额为限。

2. 邮包一切险

邮包一切险的承保责任范围除上述邮包险的各项责任外，还负责被保险的邮包在运输途中由于外来原因所致的全部或部分损失。

邮包险、邮包一切险的除外责任与海洋运输货物险条款中基本险的除外责任相同。

邮包险的责任起讫期限是自被保险邮包离开保险单所载明的起运地点寄件人的处所运往邮局时开始生效，直至被保险邮包运达保险单所载明的目的地邮局，自邮局签发到货通知书当日午夜起算，满15天终止，但在此期限内，邮包一经递交至收件人的处所时，保险责任即行终止。

在附加险方面，除战争险外，海洋运输货物保险中的一般附加险和特殊附加险险别和条款均可适用于陆、空、邮运输货物保险。

3.6 合同中的保险条款

3.6.1 保险金额的确定

保险金额（insured amount）是保险人对保险标的承担的最高赔偿金额，也是保险人计算保险费的依据。因此投保人在投保时须按照保险价值申报保险金额。

1. 出口业务中保险金额的确定

按照国际保险市场的习惯做法，保险金额一般是以CIF或CIP的发票价格为基础确定的，除应包括商品的价值、运费和保险费，还应包括被保险人在贸易过程中支付的经营费用，如开证费、电报费、借款利息、税款等和本来可以获得的预期利润（anticipated profit）。因此各国保险法及国际贸易惯例一般都规定进出口货物运输保险的保险金额可在CIF货价基础上适当加成。保险金额计算的公式为：

$$保险金额=CIF(CIP)货值\times(1+保险加成率)$$

关于保险加成率，在《UCP600》和《INCOTERMS2000》中均规定，最低保险金额为货物的CIF或CIP价格加10%，如果以其他贸易术语成交，则应先折算成CIF或CIP再加成。

当然，保险加成率并非必须是10%，被保险人可在买卖双方协商一致的基础上和保险人约定不同的加成率。在具体业务中,如国外进口商要求很高的加成率,如超过 30%,出口商除应明确保险费差额由进口商承担外,为防止被动,还应事先征求保险人意见,在保险人同意后才能订立买卖合同,接受进口商的保险条件。

若出口商原先报的是 CFR 或 CPT 价,而对方要求改报 CIF 或 CIP 价,则计算公式为:

CIF(或 CIP)价=CFR(CPT)价/[1-保险费率×(1+保险加成率)]

例如,某公司出口一批商品到美国某港口,CFR 价总金额为 1 000 美元。现买方要求改报 CIF 价格,投保一切险,加保战争险,保险加成率为 10%,已知该货物一切险保险费率为 0.6%,战争险保险费率为 0.06%。

CIF=1 000÷[1-(1+10%)×(0.6%+0.06%)]=1 007.31(美元)

保险金额=1 007.31×(1+10%)=1 108.04(美元)

2. 进口业务中保险金额的确定

在进口业务中,贸易合同中采用的贸易术语决定应由何方办理货运保险。如采用 CIF 术语,应由出口商办理保险,此时我国进口商应事先在合同中确定保险金额;如采用的是 CFR、CPT、FCA 或 FOB 等术语,应由进口商自行办理保险,此时保险金额的计算同样要以 CIF 或 CIP 价为基础,按实际需要进行加成后确定。如进口商事先在预约保险合同中议定了平均运费率和平均保险费率,则保险金额的计算公式为:

FOB 进口货物的保险金额=[FOB 价×(1+平均运费率)]÷(1-平均保险费率)

CFR 进口货物的保险金额=CFR 价÷(1-平均保险费率)

3.6.2 保险费的计算

保险费率(premium rate)是由保险公司根据一定时期、不同种类的货物的赔付率,按不同险别和目的地确定的。我国的进出口货物的保险费率是根据我国货物运输的实际货损情况,并参照国际保险市场的费率水平制定的。出口货物和进口货物的保险费率的确定方式基本相同。

以 CIF 或 CIP 术语成交的合同,其保险费计算的一般公式为:

保险费=CIF(或 CIP)价×保险加成×保险费率之和

3.6.3 保险单据

保险单据是保险公司向投保人出具的承保证明,并规定了双方的权利和义务关系,又是被保险人凭以向保险公司索赔和保险公司进行理赔的依据。在国际贸易中,保险单据可以转让。保险单据可分为以下几种。

1. 保险单

保险单(insurance policy)又称大保单,是正规的保险合同,除载明正面内容(被保险人名称,保险货物项目、数量和标志,保险金额,起止地区,运输工具名称,起止日期和投保险别)之外,还在背面列有保险公司的责任范围以及保险公司与被保险人双方各自的权利和义务等方面的详细条款,因此保险单在国际贸易中最为常用。

2. 保险凭证

保险凭证(insurance certificate)又称小保单,其背面没有列入详细保险条款,但其他内容与保险单基本一致,且与保险单具有同样的法律效力。一般来讲,如果来证要求提供保险单,则不能提供保险凭证；如果来证要求提供保险凭证，则可以提供保险单。

3. 预约保险单

预约保险单(open cover)是一种长期性的货物运输保险合同。合同中规定了承保范围、险别、费率、责任、赔款处理等项目。凡属合同约定的运输货物在合同有效期内自动承保。它往往与保险通知书、保险声明书一起使用。当交易以 FOB 及 CFR 价格进行出口时，由进口方办理手续。一般，进口商和保险公司订有较长期的预约保险单。每当货物装船后，由出口方把货物的详细情况，包括品名、数量、重量、金额、运输工具、运输日期以及信用证中的预约保险单号码直接通知保险公司和进口商，并以其作为正式保单生效的依据。

货物运输保险单如表 3-1 所示。

表 3-1

货物运输保险单

CARGO TRANSPORTATION INSURANCE POLICY

发票号(INVOICE NO.)　　　　保单号次

合同号(CONTRACT NO.)　　　　POLICY NO.

被保险人(Insured)：

中国人民保险公司(以下简称本公司)根据被保险人的要求，由被保险人向本公司缴付约定的保险费，按照本保险单承保险别和背面所列条款与下列特款承保下述货物运输保险，特立本保险单。

THIS POLICY OF INSURANCE WITNESSES THAT THE PEOPLE'S INSURANCE COMPANY OF CHINA (HEREINAFTER CALLED "THE COMPANY") AT THE REQUEST OF INSURED AND IN CONSIDERATION OF THE AGREED PREMIUM PAID TO THE COMPANY BY THE INSURED UNDERTAKES TO INSURE THE UNDERMENTIONED GOODS IN TRANSPORTATION SUBJECT TO THE CONDITIONS OF THIS POLICY AS PER THE CLAUSES PRINTED OVERLEAF AND OTHER SPECIAL CLAUSES ATTACHED HEREON

标　记 MARKS & NOS.	数量及包装 QUANTITY	保险货物项目 DESCRIPTION OF GOODS	保险金额 AMOUNT INSURED

总保险金额：

TOTAL AMOUNT INSURED：

保费：　　　　启运日期：　　　　装载运输工具：

PREMIUM AS ARRANGED DATE OF COMMENCEMENT AS PER B/L PER CONVEYANCE：____

自　　　　经　　　　至

FROM ________ VIA ________ TO ________

承保险别：

CONDITIONS：

所保货物，如发生保险单项下可能引起索赔的损失或损坏，应立即通知本公司下述代理人查勘。如有索赔应向本公司提交保险单正本(共 2 份正本)及有关文件。如一份正本已用于索赔，其余正本自动失效。

IN THE EVENT OF LOSS DAMAGE WHICH MAY RESULT IN A CLAIM UNDER THIS POLICY, IMMEDIATE NOTICE MUST BE GIVEN TO THE COMPANY AGENT AS MENTIONED HEREUNDER CLAIMS IF ANY, ONE OF THE ORIGINAL POLICY WHICH HAS BEEN ISSUED IN 2 ORIGINAL TOGETHER WITH RELEVANT DOCUMENTS SHALL BE SURRENDERED TO THE COMPANY IF THE ORIGINAL POLICY HAS BEEN ACCOMPLISHED, THE OTHERS TO BE VOID.

赔款偿付地点

CLAIM PAYABLE AT ________　　　　中国人民保险公司××市分公司

出单日期　　　　The People's Insurance Company of China

ISSUING DATE ________　　　　×× Branch

3.6.4 买卖合同中的保险条款

在国际货物买卖合同中，为了明确交易双方在货运保险方面的责任，通常都订有保险条款，主要内容有保险金额、投保险别及确定适用的保险条款等。

以FOB、CFR或FCA、CPT术语成交的合同，保险一般由买方办理，其保险条款可以简化，如保险由买方负责(Insurance: To be covered by the buyer)。

以CIF或CIP术语成交的出口合同由卖方办理保险手续，而实际风险的承担者为国外进口方，所以应在合同中明确规定保险金额、投保险别、适用的保险条款等，如保险由卖方按发票金额的××%投保××险、××险，以中国人民保险公司1981年1月1日的有关海洋运输货物保险条款为准(Insurance: To be covered by the seller for ××% of total invoice value against ××, ×× as per and subject to the relevant ocean marine cargo clauses of the People's Insurance Company of China, dated Jan. 1, 1981)。又如：保险由卖方按发票金额的××%投保××险、××险，以1982年1月1日的协会货物条款为准[Insurance: To be covered by the seller for ××% of total invoice value against ××, ×× as per and subject to Institute Cargo Clauses(ICC), dated Jan. 1, 1982]。

【案例3-2】 保险条款不明确导致纠纷案

【案情】

G公司以CIF价格条件引进一套英国产检测仪器，因合同金额不大，合同采用简式标准格式，保险条款一项只简单规定"保险由卖方负责"。到货后，G公司发现一部件变形影响其正常使用。G公司向外商反映要求索赔，外商答复仪器出厂经严格检验，有质量合格证书，非他们责任。后经商检局检验认为是运输途中部件受到振动、挤压造成的。

G公司于是向保险代理索赔，保险公司认为此情况属"碰损、破碎险"承保范围，但G公司提供的保单上只保了"协会货物条款"(C)，没保"碰损、破碎险"，所以无法赔付。

G公司无奈只好重新购买此部件。既浪费了金钱，又耽误了时间。

(注：根据《国际商报》饶军所著的《容易埋隐患的运输、包装和保险条款》一文改编。)

【分析】

G公司业务人员想当然地以为合同规定卖方投保，卖方一定会保"一切险"或伦敦"协会货物条款"(A)，按照《INCOTERMS2000》的解释，在CIF价格条件下，如果合同没有具体规定，卖方只需要投保最低责任范围险别，即平安和伦敦"协会货物条款"(C)就算履行其义务。

【解决办法】

① 当进口合同使用CIF、CIP应由卖方投保的价格术语时，一定要在合同上注明按发票金额的110%投保的具体险别以及附加险。

② 进口合同尽量采用CFR、CPT等价格术语，由买方在国内办理保险。

③ 根据货物的特点选择相应险别和附加险。

3.7 小　　结

① 国际货物运输保险是以对外贸易货物运输过程中的各种货物作为保险标的的保险。

当保险人承保了运输货物保险之后，对被保险货物遭受承保责任范围内的风险所造成的损失即承担赔偿责任。

② 中国人民保险公司《海洋运输货物保险条款》是我国进出口贸易中投保货物保险时的重要依据，也是保险公司办理海运货物保险业务的重要依据。但若外国客户要求按英国伦敦保险协会制定的《协会货物条款》投保，一般也可接受。

3.8 习　　题

3.8.1 单项选择题

1. 在保险人所承保的海上风险中，雨淋、渗漏属于（　　）。
   A. 自然灾害　　B. 意外事故
   C. 一般外来风险　　D. 特殊外来风险

2. 在海运过程中，被保险物被海盗劫持造成的损失属于（　　）。
   A. 实际全损　　B. 推定全损
   C. 共同海损　　D. 单独海损

3. 船舶搁浅时，为使船舶脱险而雇用驳船强行脱浅所支出的费用，属于（　　）。
   A. 实际全损　　B. 推定全损
   C. 共同海损　　D. 单独海损

4. 某外贸公司出口茶叶 5 公吨，在海运途中遭受暴风雨，海水涌入舱内，致使一部分茶叶发霉变质，这种损失属于（　　）。
   A. 实际全损　　B. 推定全损
   C. 共同海损　　D. 单独海损

5. 战争、罢工风险属于（　　）。
   A. 自然灾害　　B. 意外事故
   C. 一般外来风险　　D. 特殊外来风险

6. 我公司按 CIF 价格条件出口棉花 300 包，货物在海运途中因货舱内水管渗漏，致使 50 包棉花遭水渍受损，在投保（　　）险别时，保险公司负责赔偿。
   A. 平安险　　B. 水渍险
   C. 战争险　　D. 一切险

7. 根据我国《海洋货物运输保险条款》的规定，承保范围最小的基本险别是（　　）。
   A. 平安险　　B. 水渍险
   C. 一切险　　D. 罢工险

8. 我公司按 FOB 价格条件进口一批玻璃器皿，在运输途中的装卸、搬运过程中，部分货物受损。要得到保险公司赔偿，我公司应该投保（　　）。
   A. 平安险　　B. 一切险
   C. 破碎险　　D. 一切险加破碎险

9. 根据现行伦敦保险协会《海运货物保险条款》的规定，承保风险最大的险别是（　　）。
   A. ICC(A)　　B. ICC(B)

C. ICC(C)　　D. 一样大

10. 根据现行伦敦保险协会《海运货物保险条款》的规定，下列险别中，不能单独投保的是(　　)。

A. ICC(A)　　B. 战争险

C. ICC(C)　　D. 恶意损害险

3.8.2 判断题

1. 海上保险业务的意外事故，仅局限于发生在海上的意外事故。(　　)

2. 船舶失踪达半年以上可以推定全损处理。(　　)

3. 共同海损是部分海损中的一种。(　　)

4. 一切险的承保范围包括由自然灾害、意外事故以及一切外来风险所造成的被保险货物的损失。(　　)

5. 单独海损是指载货船舶在海运途中，被保险货物造成的部分损失。(　　)

6. 我某公司按 CFR 贸易术语进口时，在国内投保了一切险，保险公司的责任起讫应为仓至仓。(　　)

7. 在海运货物保险业务中，仓至仓条款对于驳船运输造成的损失，保险公司不承担责任。(　　)

8. 在国际贸易中，向保险公司投保一切险后，在运输途中由于任何外来原因造成的一切货损，均可向保险公司索赔。(　　)

9. 托运出口玻璃制品时，自保险人在投保一切险后，还应加保破碎险。(　　)

10. 水渍险的责任范围是除负平安险责任范围以内的全部责任外，还包括由于暴风、巨浪等自然灾害引起的部分损失。(　　)

3.8.3 简答题

1. 什么是全部损失和部分损失？

2. 什么是特殊外来风险？

3. 简述 CIC 条款下的海运保险的险别及各种险别之间的关系。

4. 简述 ICC 条款下的海运保险的险别，以及它们与 CIC 险别的关系。

5. 请看某合同的保险条款：TO BE COVERED BY THE SELLER FOR 110% OF TOTAL INVOICE VALUE AGAINST WPA AND WAR RISK AS PER CIC CLAUSES DATED 1/1/1981. 请写出该条款的被保险人、被保险金额、险别和受约束的保险条款。

3.8.4 计算题

1. 我出口公司对外发盘，某商品每公吨 1 800 美元 CFR××港，现客户要求改报 CIF C2%价，要求投保一切险和战争险，查一切险费率为 1%，战争险费率为 0.03%，投保加成率为 10%。试计算在不影响我外汇净收入的前提下的 CIF C2%价。

2. 某公司对外商报价某商品每公吨 USD 1 200 CIF New York，外商要求改报 CFR New York，该商品投保加一成，投保一切险，保险费率为 1%。问应报价多少？

3.8.5 案例分析

1. 某货物从天津新港驶往新加坡，在航行途中船舶货舱起火，大火蔓延到机舱，船长为了船、货的共同安全，决定采取紧急措施，往舱中灌水灭火。火虽被扑灭，但由于主机受损，无法继续航行，于是船长决定雇用拖轮将货船拖回新港修理。检修后重新驶往新加坡。事后调查，这次事故造成的损失为：

① 1 000 箱货被火烧毁。

② 600 箱货由于灌水灭火受到损失。

③ 主机和部分甲板被烧毁。

④ 拖船费用。

⑤ 额外增加的燃料和船长、船员工资。

从上述各项损失性质来看，各属于 GA 还是 PA？

2. 一批货物已按 CIF 发票金额的 110% 投保了平安险。载货船舶在 5 月 8 日遇到暴风雨的袭击，致使一部分货物遭到水渍损失，价值达 23 万美元；该船在继续航行中，又于 5 月 12 日与一船舶发生了碰撞，致使另一部分货物受到损失，价值约 52 万美元。问保险公司对上述损失是否均给予赔偿？为什么？

第4章 贸易术语

【学习目标】

通过对本章的学习，要求能够了解贸易术语的概念、相关国际惯例及《INCOTERMS 2000》对贸易术语的解释，掌握六种常用贸易术语及其应用。

【本章重点】

1.《INCOTERMS 2000》及贸易术语

2. 六种常用贸易术语的应用

【本章难点】

六种常用贸易术语的应用

贸易术语直接关系到买卖双方的经济利益，而且它与其他各项交易条件都有密切关联。贸易术语所表示的贸易条件，具有两重性：其一，说明商品的价格构成。其二，确定交货条件。本章主要介绍贸易术语、相关国际惯例及《INCOTERMS 2000》对贸易术语的解释，并为学习第 5 章出口价格核算打下基础。

4.1 贸易术语概念及其国际贸易惯例

4.1.1 概念

贸易术语(trade terms)又称价格术语、价格条件，是指用一个简短的概念或外文缩写来表明商品的价格构成，买卖双方各自应负的责任、费用和风险的专门用语。贸易术语所表示的贸易条件，具有两重性：其一，说明商品的价格构成，即是否包括成本以外的主要从属费用，即运费和保险费等。其二，确定交货条件，即说明交货方式与交货地点，以及买卖双方在交接货物方面彼此所承担的责任、费用和风险。

国际贸易的买卖双方在确定价格条件时使用了贸易术语，既可节省交易磋商的时间和费用，又可简化交易磋商和买卖合同的内容，有利于交易的达成和履约中争议的解决。

4.1.2 有关贸易术语的国际贸易惯例

贸易术语是在长期的贸易实践中形成的习惯做法，经过某些国际组织对其加以编撰和解释，才称为有关贸易术语的国际贸易惯例。目前，在国际上有较大影响的有关贸易术语的惯例有以下三种。

1.《1932 年华沙-牛津规则》

《1932 年华沙-牛津规则》(Warsaw-Oxford rules 1932，W. O. rules 1932)由国际法协会制定，共 21 条，主要说明 CIF 买卖合同的性质，并具体规定了买卖双方所承担的费用、风险和责任，以及所有权转移的方式。

2.《1941年美国对外贸易定义修订本》

《1941年美国对外贸易定义修订本》是由美国九大商业团体制定的，对以下六种术语作了解释：

① EX(point of origin)——产地交货。

② FOB(free on board)——运输工具上交货，FOB又分为六种。其中第五种为装运港船上交货价——FOB vessel(named port of shipment)。

③ FAS(free along side)——在运输工具旁边交货。

④ C&F(cost and freight)——成本加运费。

⑤ CIF(cost，insurance and freight)——成本加保险费、运费。

⑥ Ex Dock(named port of importation)——目的港码头交货。

该惯例在北美国家影响较大，在与采用该惯例的国家贸易时，要特别注意与其他惯例的差别，买卖双方应在合同中明确规定贸易术语所依据的惯例。

《1941年美国对外贸易定义修订本》(revised American foreign trade definitions 1941)对FOB术语的特殊解释。《修订本》中将FOB分为六种，只有第五种FOB vessel是装运港船上交货，与《INCOTERMS 2000》的FOB相近。但该术语的出口报关的责任在买方而不在卖方，所以我国在与美国、加拿大等国家洽谈进口贸易使用FOB术语成交时，除在FOB后注明vessel外，还应明确由卖方"承担风险及费用，取得出口许可证及其他官方批准文件，并办理货物出口所必需的一切海关手续。"

3.《2010年国际贸易术语解释通则》(《INCOTERMS 2010》)

《国际贸易术语解释通则》原文为International rules for the interpretation of trade terms，简称INCOTERMS，是国际商会为了统一对各种贸易术语的解释而制定的。国际商会于1936年首次公布了一套解释贸易术语的国际惯例，名为《INCOTERMS 1936》，以后又于1953年、1967年、1976年、1980年、1990年、2000年和2010年做出补充与修订。随着国际贸易的迅速发展和国际贸易实践领域发生的新变化，国际商会对《INCOTERMS 2000》进行了修订，《INCOTERMS 2010》于2011年1月1日起生效。

《INCOTERMS 2010》考虑了无关税区的不断扩大，商业交易中的电子信息使用的增加，货物运输中对安全问题的进一步关注以及运输方式的变化，相比《INCOTERMS 2000》，《INCOTERMS 2010》具有以下新的特点：

第一，两个新增术语DAT和DAP取代了《INCOTERMS 2000》中的DAF、DES、DEQ和DDU。

第二，《INCOTERMS 2010》共有11个贸易术语，根据使用的运输方式不同分为两大类。具体内容如表4-1所示。

表4-1

《INCOTERMS 2010》贸易术语一览表

适用于任何运输方式或多种运输方式的术语		适用于海运及内河水运的术语	
EXW	工厂交货	FAS	船边交货
FCA	货交承运人	FOB	船上交货

（续表）

适用于任何运输方式或多种运输方式的术语		适用于海运及内河水运的术语	
CPT	运费付至	CFR	成本加运费
CIP	运费、保险费付至	CIF	成本、保险费加运费
DAT	运输终端交货		
DAP	目的地交货		
DDP	完税后交货		

第三，国际贸易术语不仅适用于国际货物买卖合同，而且也适用于国内货物买卖合同。

第四，《INCOTERMS 2010》在每个贸易术语前，均给出了该术语的使用说明。使用说明解释了每个贸易术语的基本点，比如什么时候适用，风险何时转移和买卖双方如何分摊费用，但其并不是《INCOTERMS 2010》的构成部分，以期能帮助使用者准确、高效地使用贸易术语。

第五，尽可能对地点和港口做出详细说明，更能凸显国际贸易术语的作用。准确的表述如：FCA 38 Cours Albert 1er，Paris，France Incoterms 2010。

第六，《INCOTERMS 2010》对买卖双方义务的规定有所变化。《INCOTERMS 2010》对买卖双方各 10 项义务，在编排上将卖方义务和买方义务分别以对应的方式列出，其中“A1 卖方一般义务”、“B1 买方一般义务”分别取代《INCOTERMS 2010》中的“A1 提供符合合同规定的货物”、“B1 支付货款”，其他 9 项义务描述同《INCOTERMS 2000》。在每条具体义务前，则分别加注“卖方必须……”和“买方必须……”（在 A2/B2 和 A10/B10 的具体义务前还另加了“如适用”）。具体内容如表 4-2 所示。

表 4-2

买卖双方义务对照表

A 卖 方 义 务	B 买 方 义 务
A1 卖方一般义务	B1 买方一般义务
A2 许可证、授权、安检通关和其他手续	B2 许可证、授权、安检通关和其他手续
A3 运输合同与保险合同	B3 运输合同与保险合同
A4 交货	B4 收取货物
A5 风险转移	B5 风险转移
A6 费用划分	B6 费用划分
A7 通知买方	B7 通知卖方
A8 交货凭证	B8 交货证据
A9 查对—包装—标记	B9 货物检验
A10 协助提供信息及相关费用	B10 协助提供信息及相关费用

4.2 适用于任何运输方式或多种运输方式的术语

4.2.1 EXW

EXW 全称为 Ex Works (insert named place of delivery)，即工厂交货(插入指定交货地点)。

EXW(插入指定交货地点)Incoterms 2010 指卖方在其商品的产地或储存地将货物交由买方处置，即完成了交货义务。买方则负责自行将货物装运，并承担其间的全部风险、责任和费用，包括货物可能出入境手续和费用。此术语是卖方承担义务最少的贸易术语，如买方无法直接或间接办理货物出境手续，则不宜采用这一术语。

4.2.2 FCA

FCA 全称为 Free Carrier (insert named place of delivery)，即货交承运人(插入指定交货地点)。

FCA(插入指定交货地点)Incoterms 2010 指卖方在指定地将经出口清关的货物交给买方指定的承运人，即完成了交货义务。

Incoterms 2010 关于 FCA 交货责任与地点的规定是，若卖方在其所在地交货，则卖方应负责装货，若卖方在任何其他地点交货，卖方不负责卸货。

1. 卖方的义务

① 在合同规定的装运期内与地点将货物交给买方指定的承运人，并及时通知买方。

② 承担货物交给承运人之前的一切费用和风险。

③ 如有需要，负责取得出口报关所需的各种证件，并负责办理出口手续。

④ 负责提供商业发票和通常的单证(可以是同等作用的电子记录或程序)。

2. 买方的义务

① 自费订立从指定地点承运货物的运输合同，并将承运人名称、交货地点和时间等通知卖方。

② 承担货物交给承运人之后的一切费用和风险。

③ 如有需要，自负风险和费用取得进口报关所需的各种证件，并办理货物进口或过境运输的相关手续。

④ 收取卖方按合同规定交付的货物和接受与合同相符的单据(可以是同等作用的电子记录或程序)，并按合同规定支付货款。

【案例 4-1】 误解 FCA 合同义务纠纷案

【案情】

新加坡 A 公司与中国 C 公司订立 CIF(上海)合同，销售白糖 500 吨，由 A 公司保一切险。为联系货源，A 公司与马来西亚 B 公司订立 FCA 合同，购买 500 吨白糖，合同约定提货地为 B 公司所在地。2003 年 7 月 3 日，A 公司派代理人到 B 公司提货，B 公司已将白糖装箱完毕并放置在临时敞篷中，A 公司代理人由于人手不够，要求 B 公司帮助装货，B 公司认为已履行完应尽义务，故拒绝帮助装货。A公司代理人无奈返回，3日后A公司再次到B公司所在地提走货物。但是，在货物堆放的3天里，因遇湿热台风天气，货物部分受损，造成10%的脏包。

【分析】

应明确在A公司与B公司之间的FCA合同中，有关货物10%的损失应由哪一方承担。《INCOTERMS 2000》重新规定了FCA术语下装货和卸货的义务：交货地在卖方所在地时，卖方负责装货；交货地在卖方所在地之外时，卖方不负责卸货。可见，在本案中，B公司将货物装箱并存放后，并未履行完交货义务，B公司应负责装货。A公司在3日后自行派人将货物装车并提走，可以视为放弃了要求B公司装货的权利，但在此之前的货物灭失或损坏的一切风险仍应由B公司承担。

4.2.3 CPT

CPT全称为Carriage Paid To (insert named place of destination)，即运费付至(插入指定目的地)。

CPT(插入指定目的地)Incoterms 2010指当货物已被交给由卖方指定的承运人时，卖方即完成了交货义务。卖方除了必须承担FCA术语下同样的义务外，还必须支付将货物运至指定目的地所需的运费。

4.2.4 CIP

CIP全称为Carriage And Insurance Paid To (insert named place of destination)，即运费，保险费付至(插入指定目的地)。

CIP(插入指定目的地)Incoterms 2010指卖方除了必须承担在CPT术语下同样的义务外，还须负责办理货物运输保险，并支付保险费。

4.2.5 DAT

DAT全称为Delivered At Terminal (insert named terminal at port or place of destination)，即运输终端交货(插入指定港口或目的地的运输终端)。

DAT(插入指定港口或目的地的运输终端)Incoterms 2010指当卖方在指定的装运港或目的地的指定运输终端将货物从抵达的卸货运输工具上卸下，交给买方处置时即完成交货。卖方承担将货物送至指定港口或目的地的运输终端并将其卸下期间的一切风险。卖方无义务办理进口清关的手续和承担相关的费用。

4.2.6 DAP

DAP全称为Delivered At Place (insert named place of destination)，即目的地交货(插入指定目的地)。

DAP(插入指定目的地)Incoterms 2010指当卖方在指定目的地将还在运抵的运输工具上可供卸载的货物交由买方处置时，即为交货。卖方负责承担将货物运送到指定地点前的一切风险。卖方无义务办理进口清关的手续和承担相关的费用。

4.2.7 DDP

DDP全称为Delivered Duty Paid (insert named place of destination)，即完税后交货(插

入指定目的地)。

DDP(插入指定目的地)Incoterms 2010 指卖方在指定目的地将仍处于抵达的运输工具上,但已经完成进口清关,且可供卸载的货物交由买方处置时,即交货。卖方还应承担交货前的一切风险、责任和费用,其中包括可能的货物进口报关的手续和费用,以及支付进口关税和其他捐税。

与 EXW 相反,DDP 是卖方所承担义务最多的贸易术语。

4.3 适用于海运和内河水运的术语

4.3.1 FAS

FAS 全称为 Free Alongside Ship (insert named port of shipment),即船边交货(插入指定装运港)。

FAS(插入指定装运港)Incoterms 2010 指卖方在指定的装运港将货物交到买方指定的船边(例如,置于码头或驳船上)时,即交货。货物灭失或损坏的风险在货物交到船边时发生转移,同时买方承担自那时起的一切费用。若买方所派船只不能靠岸,卖方应负责用驳船把货物运至船边,卖方在船边完成交货义务,风险责任同时转移。由买方负责装船手续和费用,由卖方办理出口报关手续。

4.3.2 FOB

FOB 全称为 Free On Board (insert named port of shipment),即装运港船上交货(插入指定装运港)。

FOB(插入指定装运港)Incoterms 2010 指卖方以在指定装运港将货物装上买方指定的船上或通过取得已交付至船上的方式交货。卖方承担货物交至船上前的一切风险和费用。

按照《INCOTERMS 2010》的解释,在 FOB 下,买卖双方的主要义务如下:

① 卖方的义务。必须在合同规定的装运期内,在指定的装运港将货物装上买方指定的船上或以取得已经在船上交付的货物,并承担货物在装运港装到指定船上之前的一切费用和风险;如有需要,负责取得出口报关所需的各种证件,并负责办理出口手续;负责提供商业发票和通常的单证(可以是同等作用的电子记录或程序),证明已完成交货装船的义务。

② 买方的义务。负责租船订舱;支付运费,并给予卖方关于船名、装船地点和要求交货时间的充分的通知;如有需要,自负风险和费用取得进口报关所需的各种证件,并办理货物进口或过境运输的相关手续;收取卖方按合同规定交付的货物和接受与合同相符的单据(可以是同等作用的电子记录或程序),并按合同规定支付货款。

【案例 4-2】 该选 FCA 还是 FOB?

【案情】

我国北京 A 公司向美国纽约 B 公司出口某商品 50 000 箱,B 公司提出按 FOB 新港条件成交,而 A 公司则提出采用 FCA 北京的条件。试分析 A 公司和 B 公司各自提出上述成交条件的原因。

【分析】

因为北京是内陆城市，FCA 北京可适用的运输方式较多，相对于 FOB 新港，卖方可节省内陆运输费用，风险也较少。

4.3.3 CFR

CFR 全称为 Cost And Freight (insert named port of destination)，即成本加运费(插入指定目的港)。

CFR 与 FOB 不同之处在于：其一，由卖方负责租船订舱并支付费用。按照《INCOTERMS 2010》的解释，卖方只需按通常条件租船订舱，经习惯航线运送货物；其二，关于运输单据，CFR 术语规定，应由卖方自行承担费用，除非另有约定，卖方应提交可以转让的海运提单或者可以使买方得以通知承运人的方式出售在途货物；而 FOB 则无此要求，可以提交海运提单，也可以提交不可转让的海运单。

CFR 在货物装船、风险转移、办理进出口手续和接单付款方面，买卖双方的义务和 FOB 是相同的。如果卖方按照运输合同在目的地交付点发生了卸货费用，则除非双方事先另有约定，卖方无权向买方要求补偿该项费用。

4.3.4 CIF

CIF 全称为 Cost, Insurance And Freight (insert named port of destination)，即成本加保险费加运费(插入指定目的港)。

CIF(插入指定目的港)Incoterms 2010 在货物装船、风险转移、卸货费用负担方面、办理进出口手续和接单付款方面，买卖双方的义务和 CFR 是相同的。卖方还要为买方在运输途中货物的灭失或损坏办理保险。卖方应在不迟于货物装上船时，办理货运保险。在合同无明示时，卖方可按保险条款中最低责任的险别投保，保险金额一般为 CIF 价格的 110％。

CIF 与 CFR 的不同之处在于，以 CIF 方式成交，卖方还承担为货物办理运输保险并支付保险费的义务。在 FOB 和 CFR 中，由于买方是为自己所承担的运输风险而办理保险，因而不构成一种义务。按照《INCOTERMS 2010》的解释，卖方应在不迟于货物装上船时，办理货运保险。在合同无明示时，卖方可按保险条款中最低责任的险别投保，保险金额一般为 CIF 价格的 110％。

【案例 4-3】 CIF 条件成交的合同是否该保证到货

【案情】

我某出口公司按 CIF 条件向欧洲某国进口商出口一批草编制品，向中国人民保险公司投保了一切险，并规定信用证方式支付。我出口公司在规定的期限、指定的我国某港口装船完毕，船公司签发了提单，然后去中国银行议付款项。第二天，出口公司接到客户来电，称装货的海轮在海上失火，草编制品全部烧毁，客户要求我公司出面向中国人民保险公司提出索赔，否则要求我公司退回全部货款。问：该批交易按 CIF 伦敦条件成交，对客户的要求我公司该如何处理？为什么？

【分析】

我方回复客户向保险公司索赔。因为 CIF 合同为装运合同，我方只要在规定的装运时间交货，无需保证到货。

4.4 对常用贸易术语的总结

4.4.1 最常见的三种贸易术语(FOB、CFR、CIF)的比较

① 相同点：适用于内河及海洋运输；交货在装运港；风险转移点在装运港船上；买卖双方分别办理进出口手续；均属于装运合同。

② 不同点：价格构成不同，买卖方所承担的责任与费用不同。FOB＝出口总成本，CFR＝FOB＋主运费，CFR＝CFR＋保险费。

4.4.2 货交装运港 FOB、CFR、CIF 与货交承运人(FCA、CPT、CIP)贸易术语的比较

① 相同点：买卖双方分别办理进出口手续；风险划分点前后的责任和风险分别由买卖方承担。从价格构成上，FCA＝FOB，CPT＝CFR，CIP＝CIF。

② 不同点：适用范围不同，前者适用于内河及海洋运输，后者适用于任何运输方式；交货地点不同，前者交货在装运港，后者交货在承运人所在地点；风险点不同，前者在装运港船上，后者在承运人所在地点。

【案例 4-4】 “空运方式”的 CIF 和 CIP 选择案

【案情】

我国 A 公司同新加坡的客户因价格条款发生了一些分歧，一直争执不下。A 公司和这个客户做的业务是空运方式进行运输，A 公司认为“CIF”只是用于“海运及陆运方式”而不是用于“空运方式”，所以坚持用“CIP”条款(并且银行方面也坚持按照国际惯例空运必须使用“CIP”)。可客户坚持要用“CIF”，他们认为“CIP”比“CIF”多一个费用。A 公司想问到底“CIP”和“CIF”在费用上有什么区别？A 公司的做法是不是正确？

【分析】

CIP 指卖方承担的费用为：运费、保险费付至事实上的目的地。CIF 指卖方承担的费用为：运费、保险费付至指定的目的港。

上述两条款在费用上的区别为：

① 如收货人指定的目的地为新加坡可直达或经转运可到达的国际空运港机场(IATA 规定)，如北京首都国际机场(Beijing Airport)、上海浦东国际机场(Shanghai Pudong Airport)、南京禄口国际机场(Nanjing Lukou Airport)等，则上述条款在费用方面无实质上的区别。因为，按国际惯例货物到达目的港机场后所产生的任何费用均由收货人即买方承担，如提货费、仓储费和劳务费等。

② 如收货人指定的目的地不是国际空港机场，而是国内内陆城市(如江苏无锡、浙江嘉兴)或收货人指定的工厂，就不能使用 CIF 条款而只能使用 CIP 条款。

CIF 是“港口到港口”条款，空运方式可套用空港到空港(airport to airport)。

CIP 条款是和任何运输方式的“多式联运”，发货人将承担到“事实上的目的地”的保险费

和运费。采用 CIP 条款航空公司一般无法接受，通常只有航空货运代理公司方可完成上述运输任务。

（注：根据《国际商报》钟宁一、陈哲所著的《空运方式到底是该用 CIF 还是 CIP》一文改编。）

4.5 小　结

在国际货物买卖中，买卖双方在交易磋商和合同订立过程中，一般都需要使用贸易术语来确定双方在交接货物方面的部分合同义务。在贸易业务中，由于贸易术语对买卖双方在交货、风险划分、费用负担、办理运输合同和保险合同等方面有较明确的规定，这在一定意义上就决定了合同的性质。

4.6 习　题

4.6.1 单项选择题

1. 在按下列术语成交的合同中，不属于装运合同的是（　　）。

A. FOB 上海　　B. FAS 天津

C. DES 厦门　　D. CIF 纽约

2. 按照《INCOTERMS 2010》的解释，采用 FOB 术语成交，买卖双方风险划分的界限是（　　）。

A. 运输工具上　　B. 装运港船边

C. 装运港船舷　　D. 装运港船上

3. 根据《INCOTERMS 2010》的解释，按 CFR 术语成交，卖方无义务（　　）。

A. 提交货运单据　　B. 租船订舱

C. 办理货运保险　　D. 取得出口许可证

4. 按照《INCOTERMS 2010》的解释，采用 CIF 术语成交时，货物装船时从吊钩脱落掉入海里造成的损失由（　　）。

A. 卖方负担　　B. 买方负担

C. 承运人负担　　D. 买卖双方共同负担

5. 按照《INCOTERMS 2010》的解释，CIF 与 CFR 的主要区别在于（　　）。

A. 办理租船订舱的责任方不同　　B. 办理货运保险的责任方不同

C. 风险划分的界限不同　　D. 办理出口手续的责任方不同

6. 我国出口公司向德国出口核桃 3000 公吨，一般应采用（　　）贸易术语为好。

A. FOB 汉堡《INCOTERMS 2010》　　B. FOB 青岛《INCOTERMS 2010》

C. FOB 北京机场《INCOTERMS 2010》　　D. CIF 汉堡《INCOTERMS 2010》

7. 在实际业务中，FOB 术语下，买方常委托卖方代为租船、订舱，其费用由买方负担。如到期订不到舱，租不到船，（　　）。

A. 卖方不承担责任，其风险由买方承担

B. 卖方承担责任，其风险也由卖方承担

C. 买卖双方共同承担责任、风险

D. 双方均不承担责任，合同停止履行

8. 根据《INCOTERMS 2010》的解释，FOB 术语和 CFR 术语下卖方均应负担（　　）。

A. 提交商业发票及海运提单

B. 租船订舱并支付运费

C. 货物于装运港越过船舷以前的一切风险

D. 货物进口清关手续

9. 根据《INCOTERMS 2010》C 组中包括（　　）种贸易术语。

A. 12　　B. 13

C. 11　　D. 10

10. 采用 CFA 术语成交，货物运输契约由（　　）。

A. 卖方订立　　B. 买方订立

C. 银行订立　　D. 保险公司订立

4.6.2 判断题

1. 如果买卖双方在合同中作出与国际惯例完全相反的约定，只要这些约定是合法的，将得到有关国家法律的承认和保护，并不因与惯例相抵触而失效。（　　）

2. FOB 术语按各国惯例的解释都是由卖方负责申请领取出口许可证和支付出口税。（　　）

3. 根据《INCOTERMS 2010》，CIF、CFR、CPT、CIP 由出口方负责签订运输合同。（　　）

4. 按 FOB、CFR、CIF 三种贸易术语成交，货物装上船后，风险即告转移。因此，当货物到达目的港后，买方如果发现到货品质、数量或包装有任何与合同规定不符的情况，卖方就不负责任。（　　）

5. 在 FOB 合同中，卖方可以接受买方委托，代理租船订舱手续。（　　）

6. 在 CFR 合同中，海运提单对运费的表示应为“运费到付”。（　　）

7. DAT 术语要求卖方办理进口清关手续。（　　）

8. CIF 术语由卖方承担装运港至目的港运输过程中的风险。（　　）

9. 与 FOB 相比，CFR 术语下卖方增加的责任是租船定舱。（　　）

10. 在 EXW 术语下，货物被禁止出口的风险由卖方负担。（　　）

4.6.3 简答题

1. 何谓贸易术语？有哪些相关国际惯例？

2. 相比《INCOTERMS 2000》，《INCOTERMS 2010》具有哪些新特点？

3. 简述 CIF、CFR、FOB 的异同点。

4. 简述 FOB、CFR、CIF 和 FCA、CPT、CIP 两类贸易术语的异同点。

5. 为什么 CIF 是一种典型的象征性交货？

4.6.4 案例分析

1. 某外贸公司按 CIF 术语向外商出售一批核桃仁，由于该商品季节性较强，双方在合同中规定:买方在 9 月底前开证,卖方保证货船不迟于 12 月 1 日达到目的港,否则,买方有权取消合同。若货款已收,卖方须退回货款,问这一合同性质是否还属于 CIF 合同? 为什么?

2. 我国北京 A 公司拟向美国纽约 B 公司出口某商品 50 000 箱,B 公司提出按 FOB 新港术语成交,而 A 公司则提出采用 FCA 北京的要求。试分析 A 公司和 B 公司各自提出按上述术语成交的原因。

第 5 章　出口价格核算及报价

【学习目标】

通过对本章的学习，要求能够了解出口价格的构成因素，掌握 FOB 价格的计算方法，掌握 FOB、FCR 和 CIF 价格(或 FCA、CPT 和 CIP)价格之间的换算，掌握佣金价和折扣价的计算，学会合同价格条款的签订。

【本章重点】

1. FOB 价格的计算
2. FOB、FCR 和 CIF(或 FCA、CPT 和 CIP)价格的换算
3. 佣金价和折扣价的计算

【本章难点】

1. FOB 价格的计算
2. 佣金价和折扣价的计算

出口价格核算及报价是进出口业务谈判中十分重要和关键的环节，不仅关系到买卖双方的经济利益，而且是能否顺利成交的关键条件。本章主要介绍出口价格核算基本方法、国际货物买卖合同中价格条款的基本内容及其在订立合同时应注意的事项。

5.1　出口价格核算

价格核算是进出口业务的关键环节，它直接关系到交易磋商的成败和买卖双方的利益，因此，只有了解并掌握出口价格的核算方法，才能保证其所报价格的准确与合理。

5.1.1　出口价格构成

出口商品价格的构成包括成本(cost)、费用(expenses/charges)和预期利润(expected profit)三部分。

1. 实际成本

出口商品的实际成本包括生产成本、加工成本和进货成本三种类型。我们对出口商品的实际成本的核算应当剔除增值税。

2. 费用

出口商品的费用包括国内费用和国外费用两部分。

国内费用项目较多，主要包括以下内容：

① 加工整理费。

② 包装费用。

③ 保管费用(包括仓储、火险等)。

④ 国内运输费用(仓库至码头、车站、空港、集装箱运输场、集装箱堆场)。

⑤ 拼箱费(如果货物构不成一整个集装箱)。

⑥ 证件费用(商检费、公证费、领事签证费、产地证费、许可证费、报关单费等)。

⑦ 银行费用(贴现、贷款利息、手续费等)。

⑧ 预计损耗(耗损、短损、漏损、破损、变质等)。

⑨ 港区港杂费(出口货物在装运前在港区码头所需支付的各种费用)。

⑩ 经营管理费(通讯费、交通费、交际费等费用)。

国外费用主要包括以下内容:

① 国外运费(自装运港至目的港的海上运输费用)。

② 国外保险费(海上货物运输保险)。

③ 如果有中间商,还应包括支付给中间商的佣金。

在出口交易中,预期利润对于出口商是极为重要的,因此它是价格构成中必不可少的,一般以成交额或成本为基数计算。

5.1.2 价格核算方法一:构成要素加总法

将实际成本、费用和预期利润三部分进行加总,就得出以下公式:

$$出口报价=实际成本+费用+预期利润$$

1. 实际成本核算:以出口贸易公司为例

对于从事出口的贸易公司来说,需要了解的主要是进货成本。一般是指国内供货商的报价,它包含了增值税。我们对出口商品的实际进货成本的核算应当剔除增值税。又由于我国尚未采取足额退税,就有必要掌握如何根据增值税以及实际退税率来计算出口商品的实际进货成本。计算公式为:

$$实际成本=含税成本-退税收入$$

$$退税收入=\frac{含税成本}{1+增值税率}\times 出口退税率$$

故:

$$\begin{aligned}实际成本&=含税成本-\frac{含税成本}{1+增值税率}\times 出口退税率\\&=含税成本\times\left(1-\frac{出口退税率}{1+增值税率}\right)\end{aligned}$$

2. 各种价格基本构成

国际货物买卖中常用贸易术语其价格的基本构成为:

FOB 价=实际成本+国内费用+预期利润

CFR 价=实际成本+国内费用+预期利润+国外运费

CIF 价=实际成本+国内费用+预期利润+国外运费+国外保险费

5.1.3 价格核算方法二:盈亏换汇比法

很显然,用上述各种构成要素加成可以计算出相应价格,但是国内费用具有不确定性,而且用这种方法比较麻烦，也不符合实际业务操作。下面介绍用“盈亏换汇比法”来计算出口价格(以 FOB 为例)。盈亏换汇比(Y)，即考虑退税条件下的盈亏平衡点时(外贸企业在一笔业务中不亏也不盈的时候)的出口换汇成本。

1. 盈亏换汇比的计算

(1) 外贸公司

例如，外贸公司出口某产品，其含税成本(含增值税)为 C 元人民币/只，该产品可以享受退税率为 A，增值税税率为 R，盈亏换汇比为 Y1，外贸公司盈亏换汇比(Y1)推导过程为：

产品出口时不亏也不盈的 FOB 价格为：

$$\text{FOB}=\text{C}/\text{Y1} \tag{5-1}$$

同时，考虑到出口退税，产品出口在盈亏平衡点时，即企业出口某单位产品的外汇收入折算成人民币加上退税额应等于某产品含税成本(含增值税)，所以可以得到以下公式：

$$\text{FOB价}\times\text{外汇买入价}+\text{C}\times\frac{\text{A}}{1+\text{R}}=\text{C} \tag{5-2}$$

将(5-1)式代入(5-2)式，并整理得出：

$$\text{Y1}=\frac{\text{外汇买入价}}{1-\frac{\text{A}}{1+\text{R}}} \tag{5-3}$$

如果某产品可以享受退税率(A)为 17%，增值税税率(R)为 17%，外汇买入价为 6.67 元人民币，计算得到：

$$\text{Y1}=7.8039$$

(2) 生产企业

目前生产企业自营出口多数实行出口货物全额征税、出口退税的办法，生产企业退税的计算方法与外贸公司的不同：

$$\text{生产企业的退税}=\text{FOB价格}\times\text{外汇买入价}\times\text{出口退税率}$$

$$\text{外贸公司退税收入}=\frac{\text{含税成本}}{1+\text{增值税税率}}\times\text{出口退税率}$$

对于生产企业而言，上述盈亏换汇比的公式就不再适用了，生产企业的盈亏换汇比(Y2)推导过程为：

例如，生产企业自营出口某产品，其含税成本(含增值税)为 B 元人民币/只，该产品可以享受出口退税率为 A，增值税税率为 R。

产品出口时不亏也不盈的 FOB 价格为：

$$\text{FOB}=\frac{\text{B}}{\text{Y2}} \tag{5-4}$$

同时，考虑到退税，产品出口在盈亏平衡点时，即企业出口某单位产品的外汇收入折算成人民币加上退税额应等于某产品含税成本(含增值税)，所以可以得到以下公式：

$$\text{FOB价}\times\text{买入价}+\text{FOB价}\times\text{外汇买入价}\times\text{退税率}=\text{B} \tag{5-5}$$

整理(5-5)式得出：

$$\text{FOB价}=\frac{\text{B}}{\text{外汇买入价}\times(1+\text{A})} \tag{5-6}$$

比较(5-4)式和(5-6)式，得出：

$$Y2=外汇买入价\times(1+A) \tag{5-7}$$

如果某产品可以享受退税率(A)为13%，增值税税率(R)为17%，外汇买入价为6.67元人民币，计算得到：

$$Y2=7.5371$$

(3) 两类企业的盈亏换汇比的比较

目前，经过多轮调整后的出口退税率基本分为17%、13%、11%、8%、5%五档。出口退税中的最主要税种是增值税，征税率分两档，即17%、13%，产品征税率为17%，退税率为17%或13%，产品征税率为13%，退税率为11%、8%和5%。假设银行外汇买入价为6.67，根据上述两类企业盈亏换汇比的计算公式，可以计算它们在不同征税率和退税率下的盈亏换汇比，如表5-1所示。

表5-1

两类企业盈亏换汇比(Y)对比一览表

项　目	征税率(%)	退税率(%)	Y1(外贸公司)	Y2(生产企业)	差距(Y2－Y1)
机械及设备、电器及电子产品、运输工具、仪器仪表四大类机电产品	17	17	7.8039	7.8039	0.0000
其他机电产品\服装和部分纺织品、钟表、鞋类、玩具等部分轻工产品和化工产品，其他征税率为17%的商品	17	13	7.5037	7.5371	0.0334
除农产品以外的征税率为13%的产品	13	11	7.3893	7.4037	0.0144
农产品1	13	8	7.1782	7.2036	0.0254
农产品2	13	5	6.9788	7.0035	0.0247

结论：计算结果表明，除退税率为17%外，其他退税率下的两类企业盈亏换汇比结果均略不同，生产企业的盈亏换汇比要比外贸企业来得大。

2. FOB价格的计算

$$外贸公司的FOB价=\frac{含税成本(C)\times(1+毛利润率)}{盈亏换汇比(Y1)} \tag{5-8}$$

$$生产企业的FOB价=\frac{含税成本(B)\times(1+毛利润率)}{盈亏换汇比(Y2)} \tag{5-9}$$

应用上述公式请注意以下两点：

① 毛利润率因企业定价决策而言，比如10%～30%，一般不是固定的数值。

② 在相同条件下，生产企业的盈亏换汇比在数值上比外贸企业的来得大。在不考虑产品人民币价格的不同(实际上是生产企业的比外贸公司的要低一些)，生产企业直接对外报价格相对低一些，更有竞争力，尤其在差额大的情况下更是如此。

5.2 其他价格换算公式

5.2.1 FOB价换算其他价

$$\text{CFR 价}=\text{FOB 价}+\text{国外运费} \tag{5-10}$$

例如，FOB价格为USD 4.77，主运费为USD 0.40，那么CFR为USD 5.17。已知：

$$\text{CIF 价}=\text{FOB 价}+\text{主运费}+\text{保险费率}$$

而保险费是以CIF价格为基础计算的，即：

$$\text{CIF 价}=\text{FOB 价}+\text{国外运费}+\text{CIF 价}\times\text{保险加成}\times\text{保险费率}$$

由此可推导出：

$$\text{CIF 价}=\frac{\text{FOB 价}+\text{主运费}}{1-\text{保险加成}\times\text{保险费率}} \tag{5-11}$$

注：公式(5-11)中的保险加成＝1＋投保加成率，下同。

例如，FOB价格为USD 4.77，主运费为USD 0.40，投保加成率为10%，保险费率为1%，那么CIF价为多少？

$$\text{CIF 价}=\frac{\text{FOB 价}+\text{主运费}}{1-\text{保险加成}\times\text{保险费率}}=\frac{4.77+0.40}{1-(1+10\%)\times1\%}=\text{USD }5.23$$

5.2.2 CFR价换算其他价

$$\text{FOB 价}=\text{CFR 价}-\text{国外运费}$$

$$\text{CIF 价}=\frac{\text{CFR 价}}{1-\text{保险加成}\times\text{保险费率}}$$

5.2.3 CIF价换算其他价

$$\text{FOB 价}=\text{CIF 价}\times(1-\text{保险加成}\times\text{保险费率})-\text{国外运费}$$

$$\text{CFR 价}=\text{CIF 价}\times(1-\text{保险加成}\times\text{保险费率})$$

同理，我们可以计算FCA、CPT和CIP三种价格之间的换算。从价格构成上看，FCA＝FOB，CPT＝CFR，CIP＝CIF。

5.3 佣金和折扣

5.3.1 佣金

佣金(commission)又称手续费(brokerage)，是买方(如由他委托中间商采购)或卖方(由他委托中间商推销)付给中间商的报酬。佣金分"明佣"和"暗佣"两种，在价格中体现佣金的为明佣，在价格中看不出含佣，但实际上含佣的为暗佣，两者通称为含佣价。暗佣表面上与净价没有区别，为了明确起见，一般在净价的贸易术语后加"Net"字样。

在实际业务中，一般按成交额为计算佣金的基数，用公式表示为：

$$佣金额=含佣价\times佣金率$$

$$含佣价=净价+佣金额$$

或者：

$$含佣价=\frac{净价}{1-佣金率}$$

具体到某一贸易术语为：

$$FOB含佣价=\frac{FOB净价}{1-佣金率}$$

$$CFR含佣价=\frac{CFR净价}{1-佣金率}$$

$$CIF含佣价=\frac{CIF净价}{1-佣金率}$$

例如，某商品的CIF New York净价为USD 9.50，若客户要求改报CIF C5% New York，应如何报价，佣金额为多少？

$$CIF\ C5\%\ New\ York=9.50\div(1-5\%)=USD\ 10.00$$

$$佣金额=含佣价\times佣金率=10.00\times5\%=USD\ 0.05$$

在实际业务中，有时外商因情况变化，要求将一种贸易术语改报成另一种贸易术语，或将净价改报成含佣价，或调整含佣价的佣金率，只要不影响我方净收入，都可以接受。至于调整或改报的结果均可通过以上公式计算并获得。

5.3.2 折扣

折扣(discount)是指卖方按原价给予买方一定百分比的减让，一般由卖方在付款时预先扣除。

国际贸易中常用的折扣有品质折扣、数量折扣、季节折扣、现金折扣、特别折扣等。折扣的表示方法及计算方式有很多种，但最常用的计算方法为：

$$折扣=成交金额\times折扣率$$

$$折实售价=原价\times(1-折扣率)$$

例如，某商品的CIF New York原价为USD 8.00，若客户要求给予3%折扣，应如何报价？

$$折实售价=原价\times(1-折扣率)=8.00\times(1-3\%)=USD\ 7.76$$

5.4 合同中的价格条款

国际货物买卖合同中的价格条款主要包括单价(unit price)和总值(total amount)两项内容，单价主要由计价货币、单位价格金额、计量单位和贸易术语四部分组成。此外，单价中还可以包括佣金或折扣等。总值是单价和数量的乘积。

5.4.1 价格条款的基本要素

1. 计量单位

单价条款中的计量单位应与数量条款中的计量单位相一致。若数量条款中的计量单位为“M/T”，则单价条款中的计量单位也应用“M/T”，而不应用“L/T”或“S/T”。

2. 单价金额

在填写书面合同时，要将双方协商的价格准确无误地写在单价条款中，参照国际贸易的习惯做法，注意佣金和折扣的运用。若企业在出口合同中误填的金额低于商定的，或在进口合同中误填的金额高于商定的金额，就极可能造成不必要的损失。

单价中涉及的计价数量单位、计价货币、装卸地名称等必须书写正确、清楚，以便于合同的履行。

3. 计价货币

尽量使用可以自由兑换、汇率比较稳定的货币，而且出口时争取使用汇率向上浮的货币，即“硬币”；进口时争取使用汇率呈下浮趋势的货币，即“软币”。在必要时加订汇率保值条款。

4. 选用适当的贸易术语

在考虑有利于本国经济发展及企业的经营意图的情况下，一般情况下，出口尽量使用 CIF（或 CIP）价，进口使用 FOB（或 FCA）价。贸易属术语后面均需加注装运地或目的地，若装运地或目的地在世界上有相同名称的，应在装运地或目的地后面加注国别或地区名称。

5. 机动幅度

如果货物品质和数量约定有一定的机动幅度，则对机动部分的作价也应一并规定。

5.4.2 价格条款例证

例子：

- CIF London 每公吨 200 美元。

CIF London USD 200.00 per M/T.

- FOB Shanghai 每公吨 200 美元。

FOB Shanghai USD 200.00 per Metric Ton.

- CFR C3% New York 每打 100 美元。

CFR C3% New York USD 100.00 per doz .

5.5 小　　结

① 在出口业务中，确定价格的基本原则是，在坚持平等互利的基础上，以国内价格为基础，参考国际市场价格，按照国别政策，利用各种差价并结合购销意图制定适当的价格。

② 价格核算是报价的前提和基础，FOB 价格的计算以及其他价格的推算显得十分重要。

③ 佣金和折扣在对外贸易报价常被用到，应熟练运用。

5.6 习　　题

5.6.1 单项选择题

1. 价格条款的正确写法是（　　）。

A. 每件 3.50 元 CIF 香港　　B. 每件 3.50 美元 CIF

C. 每件 3.50 元 CIFC 伦敦　　D. 每件 3.50 美元 CIF C2%伦敦

2. 我方某公司对外报为 CIF 价 1 000 美元，外商要求改报 FOB 价，假设保险费率为 0.85%，投保加成率为 10%，运费为 60 美元，则我方应报价是(　　)美元。

A. 930.65　　B. 990.65

C. 903.65　　D. 935

3. 我某公司对外报价为 CIF150 美元，外商要求改报 CIF C5%，我方应报价为(　　)美元。

A. 157.0　　B. 157.4

C. 157.8　　D. 157.9

4. 如果用 FOB 成交，则成交价格就是(　　)。

A. 出口总成本　　B. 出口成本价格

C. 出口外汇净收入　　D. 出口换汇成本

5. CIF 价格包括(　　)。

A. 出口总成本　　B. 出口总成本＋主运费

C. 出口总成本＋主运费＋保险费　　D. 主运费＋保险费

6. 出口时应争取使用(　　)。

A. 软币　　B. 硬币

C. 软币或硬币，视具体情况而定　　D. 以上都对

7. 我某公司对外报价为 CIF100 美元，外商要求给予 3%的折扣，我方应报价为(　　)美元。

A. 93　　B. 103

C. 97　　D. 107

8. 我某公司对外报价为 CIF10 美元，外商要求改报 CIF C5%，我方应支付的佣金为(　　)美元。

A. 0.53　　B. 0.05

C. 0.55　　D. 0.75

9. 与 CFR 相比，CIF 价格中应多包含(　　)。

A. 主运费　　B. 保险费

C. 国内费用　　D. 以上都多

10. 与 FOB 相比，CFR 价格中应多包含(　　)。

A. 主运费　　B. 保险费

C. 国内费用　　D. 以上都多

5.6.2 判断题

1. 以下的价格表示法是否正确：USD 75.00CIF Hamburg。(　　)

2. 使用固定价格，在合同中明确规定之后，均按合同确定的价格结算货款，任何一方不得擅自变更原价格。(　　)

3. 凡是价格中不含佣金的称为净价。(　　)

4. 价格条款包括计量单位、单位价格金额、计价货币和价格术语。(　　)

5. 佣金和折扣都是在收到全部货款之后再支付的。(　　)

6. 计价货币和支付货币可以采用进口国或出口国的货币，也可以采用第三国货币。（　　）

7. 从价格构成上看，FCA＝FOB，CPT＝CFR，CIP＝CIF。（　　）

8. 含佣价的计算公式为：含佣价＝净价×（1＋佣金率）。（　　）

9. 进口时争取使用汇率呈下浮趋势的货币，即“软币”。（　　）

10. 如果货物品质和数量约定有一定的机动幅度，则对机动部分的作价也应一并规定。（　　）

5.6.3 简答题

1. 简述 FOB、CFR、CIF 价格的基本构成要素。
2. 何谓盈亏换汇比？分别以外贸公司与生产企业为例写出其计算公式。
3. 什么是佣金和含佣价？写出含佣价的计算方式。
4. 什么是折扣和折扣价？写出折扣价的计算方式。
5. 简述价格条款的基本要素。

5.6.4 计算题

1. 某外贸企业与英商达成一笔交易，合同规定我方出口某商品 500 公吨，每公吨 450 美元 CFR C2%利物浦，海运运费每公吨 29 美元，出口收汇后出口企业向该英商汇付佣金。计算：

① 该出口企业应支付佣金多少美元？

② 该出口企业的外汇净收入（FOB 净价）为多少美元？

2. 进出口贸易公司出口某产品，增值税税率为 17%，其退税率为 13%，外汇买入价为 100 美元＝667 元人民币，请计算盈亏换汇比。

3. 某进出口贸易公司出口警灯，根据以下资料，计算 FOB WENZHOU、CFR DUBAI、CIF DUBAI 价格，具体资料如表 5-2 所示。

表 5-2

警灯出口的产品资料

名　称	货　号	只/纸箱	每个纸箱毛重(KGS)	每个纸箱净重(KGS)
警灯	ZL-313	12	15	13
纸箱尺码(cm)	含税价格(元)	增值税率	退税率	银行买入价
58×39.5×58.5	40	17%	17%	1美元＝6.67元人民币
订货数量	保一切险，费率	投保加成率	WENZHOU 到达运费	毛利润率
1×20’集装箱($28m^3$)	1%	10%	1×20’集装箱为 USD 1 000.00	15%

第 6 章　国际货款的收付

【学习目标】

通过本章的学习，要求能够理解支付工具和支付方式的相关基本概念，掌握国际货款收付的基本种类、风险及控制，熟练掌握合同中的支付条款的表述及应用。

【本章重点】

1. 票据（支付工具）的分类及内容
2. 汇付、托收、信用证的含义、种类、程序、特点、应用及风险防范

【本章难点】

1. 汇付与托收程序
2. 信用证程序和特点
3. 汇付、托收和信用证的应用及风险防范

国际货款的收付是贸易合同中十分重要的条款之一，它不仅直接关系到进出口双方的资金融通和周转，而且影响到进出口双方的商业风险。一笔没有信用的销售对企业而言，是没有意义的销售。所以进出口双方都非常关注支付条款，该条款往往在谈判中成为焦点。本章拟从支付工具（票据）、支付方式以及选用等内容进行介绍。

6.1　支付工具

国际贸易货款的收付，采用现金结算的较少，大多使用非现金结算，即采用各类金融票据来进行支付。金融票据（financial document）指可以流通转让的债权凭证，是国际上通行的结算和信贷工具。金融票据主要有汇票（bill of exchange）、本票（promissory note）和支票（check or cheque），其中汇票最为常见。

6.1.1　汇票

1. 汇票的含义

根据 1995 年 5 月 10 日公布的《中华人民共和国票据法》第 19 条规定：汇票是出票人签发的，委托付款人在见票时或在指定日期无条件支付确定的金额给收款人或持票人的票据。按照各国广泛引用或参照的《英国票据法》的规定，汇票是由一个人向另一个人签发的，要求即期、定期或在可以确定的将来时间，对某人或其指定人或持票人支付一定金额的无条件书面支付命令。从上面的定义看，汇票有三个当事人，即出票人（drawer）、受票人（drawee）或付款人（payer）和收款人（payee）。

2. 基本内容

各国票据法对汇票内容的规定不同，一般认为应包括下列基本内容：

① 注明“汇票”字样。

② 无条件的支付命令。

③ 汇票金额。

④ 出票日期和地点。

⑤ 收款人姓名和商号。

⑥ 付款地点。

⑦ 付款期限。

⑧ 付款人姓名和商号。

⑨ 出票人签字。

汇票样本如表 6-1 所示。

表 6-1

BILL OF EXCHANGE

No. ______________________________

For ______________________________　　　　______________________________

(amount in figure)　　　　(place and date of issue)

At ______________________________ sight of this FIRST Bill of Exchange(SECOND being unpaid)

pay to ______________________________ or order the sum of

____

(amount in words)

Value received for ______________________________ of ______________________________

(quantity)　　　　(name of commodity)

Drawn under ______________________________

L/C No. ______________________________ dated ______________________________

To:______________________________　　　　For and on behalf of

______________________________　　　　______________________________

______________________________　　　　(Signature)

3. 汇票的种类

① 汇票按出票人的不同，可分为银行汇票(banking bill)和商业汇票(commercial bill)。出票人为银行，即为银行汇票；出票人为企业，即为商业汇票。

② 汇票按有无附商业单据，可分为光票(clean bill)和跟单汇票(documentary bill)。汇票在使用过程中，如没附商业单据，为光票；如附商业单据，则为跟单汇票。

③ 汇票按付款时间的不同，可分为即期汇票(sight draft)和远期汇票(time bill or usance bill)。如果付款人见到汇票后立即付款，为即期汇票；如果付款人见到汇票后在一定期限或特定日期付款，为远期汇票。

远期汇票的付款时间一般有以下四种规定方式：

① 见(汇)票后××天付款(at ×× days after sight)。

② 出(汇)票后××天付款(at ×× days after date of issue)。

③ 提单日期后××天付款(at ×× days after date of B/L)。

④ 指定日期(fixed date)。

要注意上述第 ① 至第 ③ 种情况下付款时间的不同,第 ③ 种情况付款时间最早,第 ② 种情况付款时间其次,第 ① 种情况付款时间最迟,因为在通常情况下,提单日期最早,汇票日期不得早于提单日期,而见票日期即在国外收到汇票时的日期,从出票日期到见票需要一个邮程。

4. 汇票的使用程序

(1) 出票

出票(issue)是指出票人在汇票上填写付款人、付款金额、付款日期和地点及收款人等项目,经签字交给受票人的行为。收款人(即汇票抬头)有三种写法:

① 限制性抬头(non-negotiable),如 Pay to ×× Co.,限定了汇票的收款人,该汇票在市场上不能转让和流通。

② 指示性抬头(endorsable),如 Pay to order 或 Pay to the order of ×× Co. or ×× bank,该汇票通过持票人在背面签字(背书),即可转让给他人。该写法在国际贸易结算中比较常用。

③ 持票人或来人抬头(marketable),如 Pay to the bearer. 该汇票无须持票人背书就可以转让给他人。

(2) 提示

提示(presentation)是指持票人将汇票提交付款人要求承兑或付款的行为。付款人见到汇票叫见票(sight)。提示可以分付款提示和承兑提示。如果是即期汇票,付款人应做出付款提示;如是远期汇票,先做出承兑提示,到期时付款。

(3) 承兑

承兑(acceptance)是指付款人对远期汇票表示承担到期付款责任的行为。即期汇票不需要该程序。

(4) 付款

付款(payment)是指受票人(付款人)对即期汇票在见票后立即履行支付责任或对已经承兑的汇票在到期时履行支付责任的行为。

(5) 背书

汇票是一种流通工具(negotiable instrument),可以在票据市场上流通转让。背书(endorsement)是指转让汇票权利的一种法定手续,就是由汇票持有人在汇票的背面签上自己的名字或再加上受让人的名字,并把汇票交给受让人的行为。

(6) 拒付

持票人提示汇票要求承兑时,遭到拒绝承兑(dishonor by non-acceptance),或持票人提示汇票要求付款时,遭到拒绝付款(dishonor by non-payment),均称为拒付(dishonor),也称为退票。

(7) 追索

追索(recourse)是指票据持票人在依照票据法的规定请求付款人承兑或者付款而被拒绝后向他的前手要求偿还票据金额、利息和相关费用的行为。当持票人遭到拒付就可向出票人或汇票背书人行使追索权。汇票的善意持有人有权向所有“前手”追索,一直可追索到出票人。持票人为了行使追索权,通常要及时作成拒绝证书。持票人请公证机构作拒绝证书是为了证明持票人已按规定行使票据权利但未获结果。由此,持票人得以行使追索权。汇票拒付时,持票人应立即将票据交当地公证人由其再向付款人提示，若付款人仍拒付，则公证人将立即作成书面证明交持票人。为了避免承担被追索的责任，出票人或出让人在出票或背书时可加注“不受追索”（without recourse）字样。但是列明这种记载的汇票，一般不易在市场上被转让和流通。

6.1.2 本票

1. 本票的定义

《英国票据法》关于本票的定义是，本票是由一人向另一人签发的约定在见票时或在指定的或可以确定的将来时间向特定的人或其指定的人或持票人无条件支付一定金额的书面承诺。

2. 本票的必要项目

① 注明“本票”字样。

② 无条件的支付承诺。

③ 确定的金额。

④ 收款人姓名和商号。

⑤ 出票日期。

⑥ 出票人签字。

本票样本如表 6-2 所示。

表 6-2

USD 50 000.00　　New York，March 12，20××
One month after date I promise to pay ××（收款人）or order the sum of U. S. DOLLARS FIFTY THOUSAND for value received.
××（签名）

3. 本票的种类

按出票人的不同，本票可分为商业本票（commercial note）和银行本票（banking note）。企业和个人签发的本票为商业本票；银行签发的本票为银行本票。

商业本票按付款日期不同，可分为定日付款本票、签票日后定期付款本票、见票后定期付款本票和见票即付本票。银行本票则都是即期的。《中华人民共和国票据法》第 73 条规定：“本票是出票人签发的，承诺自己在见票时无条件支付确定的金额给收款人或者持票人的票据。本法所称本票，是指银行本票。”由此可见，《中华人民共和国票据法》所指的本票为银行即期本票，而对商业本票未作规定，这主要是从我国目前实际情况考虑的。银行本票，因是银行信用，较为常用。

6.1.3 支票

1. 支票的定义

支票是银行存款户对银行签发的要求银行对特定的人或其指定人或持票人在见票时无条件支付一定金额的书面命令。签发支票是以存款者在银行存款账户上有足够数额存款或事先同银行洽订有一定的透支额度作为前提条件的。实际上，支票是以银行为付款人的即期汇票。

2. 支票的必要项目

① 注明“支票”字样。

② 无条件的支付委托。

③ 确定的金额。

④ 付款人姓名和商号。

⑤ 出票日期。

⑥ 出票人签字。

支票样本如表 6-3 所示。

表 6-3

Cheque for USD 50 000.00　　New York, March 12, 2006
Pay to the order of ××(收款人)
The sum of U.S. DOLLARS FIFTY THOUSAND
To: ×× Bank, New York
×××(签名)

3. 支票的种类

按照《中华人民共和国票据法》，支票可分为现金支票和转账支票，现金支票可以向银行提取现金，转账支票通过银行将票款收入账户。转账支票也叫划线支票，是在支票正面划两道平行线，划线支票只能通过银行收款入账。使用划线支票的目的是为了在支票遗失，被人冒领时，还有可能通过银行代收的线索追回票款。

按有的国家票据法规定，支票可以由银行加"保付"(certified to pay)而成为保付支票(certified check)。支票一经保付，付款责任即由银行承担，出票人、背书人都可免予追索。付款银行对支票保付后，即将票款从出票人的账户转入一个专户，以备付款，所以保付支票提示时，不会退票。

在我国出口贸易中，如国外进口商交来支票作为支付凭证，为防止对方开立空头支票，除可要求对方出具"保付支票"外，还可在收到对方支票后，立刻委托我国内银行凭该支票向国外付款行收款，待支票面额收妥后方可发货，以防上当受骗。

6.2 汇付和托收

汇付和托收是国际贸易结算中两种常见的方式，均属于商业信用，即货款的成功收付与否关键在于买卖双方的信用，不存在银行信用担保问题。

6.2.1 汇付

汇付(remittance)又称汇款，即付款人主动通过银行或其他途径将款项汇交收款人。

1. 汇付的当事人

① 汇款人(remitter)，一般为进口方。

② 收款人(payee)，一般为出口方。

③ 汇出行(remitting bank)，也称进口地银行(importer's bank)。

④ 汇入行(paying bank)，也称出口地银行(exporter's bank)。

2. 汇付的种类

(1) 信汇

信汇(mail transfer, M/T)是指汇出行应汇款人的申请将信汇委托书寄给汇入行，授权解付一定金额的款项给收款人的一种汇款方式。信汇委托书须由汇出行签字，经汇入行核对签字无误，证实信汇真实性后，方能解汇。信汇的优点是费用低廉，但收款人收到汇款的时间较迟。

（2）电汇

电汇（telegraphic transfer，T/T）是指汇出行应汇款人的申请拍发加押电报、电传或SWIFT（"环球银行电讯协会"的简称）给汇入行，授权解付一定金额的款项给收款人的一种汇款方式。在电报或电传上，汇出行应加注双方约定的"密押"，以使汇入行核对金额和证实电报的真实性。电汇的优点是收款人收到汇款的时间迅速，但费用较高。信汇和电汇业务程序如图 6-1 所示。

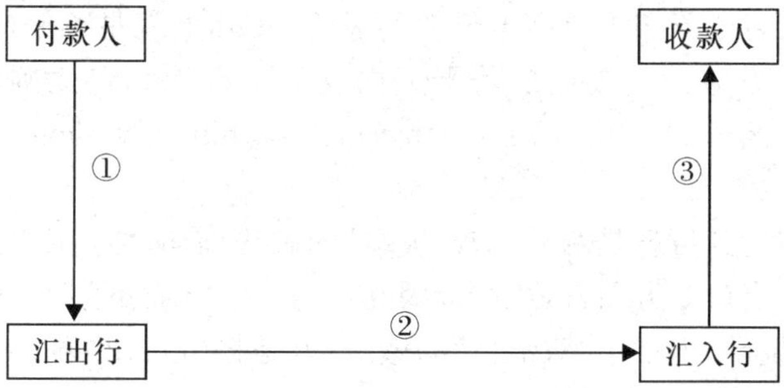

图 6-1　信汇和电汇业务程序图

注：

① 汇款人向汇出行申请汇款。

② 汇出行以信函（信汇）或电报（电汇）授权汇入行解付一定金额给收款人。

③ 汇入行解付金额给收款人。

（3）票汇

票汇（remittance by banker's draft，D/D）是指汇出银行应汇款人的申请，代汇款人开立以其分行或代理行为解付行的即期汇票，支付一定金额给收款人的另一种汇款方式。票汇业务程序如图 6-2 所示。

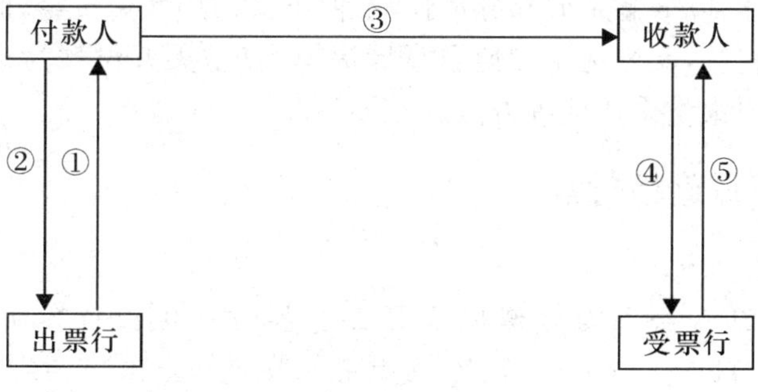

图 6-2　票汇业务程序图

注：

① 汇款人向汇出行申请汇款。

② 出票行出具汇票交向汇款人。

③ 汇款人将汇票寄交收款人。

④ 收款人将汇票提示给指定受票行。

⑤ 受票行对汇票付款或承兑。

3. 汇付在国际贸易中的应用

(1) 预付货款

预付货款(pay in advance)是进口商先将货款的一部分或全部汇交出口商,出口商收到货款后,立即或在一定时间内发运货物的结算方式。预付货款有利于出口商,而不利于进口商。一般地,合同中规定买方应在装船前××天支付全部或一定比例的货款给卖方(buyer should pay total or ××% amount to seller by T/T within ××days before shipment)。

(2) 货到付款

出口商先发货,进口商后付款的结算方式。与预付货款相反,货到付款有利于进口商,而不利于出口商,因为后者要承担进口商不付款的风险,实际上就是赊销(open account,O/A)。一般地,合同中规定买方应该在装船后若干天内支付全部或一定比例的货款给卖方(buyer should pay total or ××% amount to seller by T/T within ×× days after shipment)。

(3) 双汇付

显然,预付货款与货到付款是两种比较"极端"的做法,有时会造成进出口双方利益的不平衡,对于初次交易的进出口双方而言,往往会因互不信任对方而不愿意采用上述(1)、(2)方式。随着国际贸易实践的发展,出现了"双汇付"的做法,就是将(1)、(2)方式有机地结合使用,正好可以缓解以上矛盾。

一般地,贸易合同中规定,买方应在合同签订后若干天内预付××%(一般为20%~30%,下同)作为订金,若卖方不能如期装船,应将订金双倍退还买方;卖方在货物装船后1~2天内将正本海运提单(B/L)传真给买方,买方收到后在×天(期限长短应考虑航线,若为近洋航线,×大约为1~2天;若为远洋航线,×可以适当延长)内电汇(T/T)剩余货款给卖方,并将电汇收据(T/T Receipt)传真给卖方,卖方收到后即将正本B/L快递或电报放货(telex release)给买方。买卖双方应及时分别审核B/L和T/T receipt的真实性,以保证上述条款的正常实现。

该做法对出口商来说,可以大大降低收汇风险,因出口商已收取订金,而且在装船后到货款落实前仍掌握海运提单;对进口商来说,如果出口商未按期装船,可要求退还双倍订金,而且在确定出口商装船后才T/T剩余大部分货款,不但不会占用大量资金,而且能保证收到货物。如果出现买方不及时付款,卖方无论如何要掌握提单,直至买方付款为止。实践证明,我国企业与东南亚客户交易时大量采用此种方法。

【案例 6-1】 汇付遭拒付案

【案情】

某年11月底,我国A公司与台湾地区B公司签订一份出口各式打火机合同,总价值10 118.00美元,数量为111 000只(为1×20'集装箱),规定从上海运往基隆港(Kelung),到港时间不得晚于12月17日,支付方式为B公司收到目的港的代理的接货通知书后48小时内将全部货款办理电汇(T/T)给A公司。由于装运期较为迫切,A公司立即准备货物,并预定了12月10日船期(预计整个航程共需7天)。货物如期装船后,正本提单寄B公司。但因货物途经高雄时多停靠了2天,于12月19日才抵达目的港,客户于次日提货后,提出暂时拒付全部货款,待货物销完后再付,原因是货物未能如期到港,致使这批货物无法赶上当地圣诞节的销售高潮,其部分客户已纷纷取消订单,造成此批货物大量积压,给他带来巨大经济损失。A公司多次电告B公司,告知货物未能如期到港(延误2天),A公司是无法预料与控制的,再者,因备货时间短,A公司方已尽力将货物装上最早船期。A公司多次要求B公司办理付款,B公司均不予理睬。2个月后,A公司只好请我国台湾地区某一友好客户C公司与B公司协商,B公司才开始有所松口,条件是要求我方降价30%后才同意给予付款(客户称约有价值30%货物积压仓库)。经A公司一再努力与之协商,最终才以A公司降价15%告终,此案中A公司直接损失1 500多美元。

【分析】

此案虽已了结,却给我们留下深刻的教训:

① 在签订合同时是否接受客户提出的特殊条款,应以我方能否保证这一条款的实现为前提,切不可掉以轻心,盲目接受。所谓特殊条款,一般是指非我方销售确认书(S/C)上原有或应有的,而是对方在签约时提出的对我方带有限制性的条款。本案中客户要求A公司保证货物不得晚于某年12月17日到达目的港,应属于客户的特殊条款。根据国际贸易海洋运输惯例,船方(或船代)可向托运人提供大约到港日(即为ETA),但并不负有法律责任,仅供托运人参考,因为货物在整个运输过程中受到各种自然和社会因素影响,船方(或船代)对整个航程是无法准确预计的,更何况作为托运人的A公司。另外,本案中交货时间很紧,签约后仅十来天,A公司又无法提前装运,更是无法保证这一条款的实现。在实际业务中,客户经常会对质量、运输、检验和支付方式等问题提出特殊条款,我方应谨慎对待,切勿盲目接受。

② 要谨慎选择支付方式。在本案中,我方接受了货物到港后对方付款(电汇),实属赊销(O/A),是我方收汇风险最大的一种方式,因我方已先行发货,且正本提单已寄客户,完全丧失物权,客户若借故拒付,是相当容易的。因此,可以这样说,我方选择了这一方式,为客户的日后拒付创造了条件。所以,在不了解对方资信或大宗交易的情况下,尽量避免用赊销方式,最好采用预付款(即先收款后发货)、信用证、或两者并用,这样在一定程度上都可避免收汇风险。

6.2.2 托收

1. 含义

根据国际商会《托收统一规则》(URC522,1995年公布并于1996年生效)规定:托收(collection)是指由收到托收指示的银行根据所收到的指示处理金融票据(支付工具)和商业单据(装运单据)以便取得付款或承兑。通俗地说,也即托收是债权人(出口人)出具债权凭证(支付工具)委托银行向债务人(进口人)收取货款的一种支付方式。

2. 当事人及其关系

根据《URC522》的规定,托收一般有以下几个当事人:

① 委托人(principal),委托银行向国外付款人收款的出票人,通常为出口方。

② 托收行(remitting bank),接受委托人的委托,办理托收业务的银行,通常为出口方银行。

③ 代收行(collecting bank),接受托收行的委托向付款人收取票款的进口地银行,通常为托收行的国外分行或代理行。

④ 提示行(presenting bank),向付款人作出提示汇票和单据的银行,可以是代收行委托与付款人有未来账户关系的银行,也可以由代收行自己兼提示行。

⑤ 付款人(payer),汇票的受票人,通常为进口方。

3. 种类及程序

按托收过程汇票是否随附商业单据来划分,可以分为光票托收(clean collection)和跟单托收

(documentary collection)。前者在托收过程中,汇票没有随附发票、提单等商业单据而单独使用,在国际贸易中不常用;后者在托收过程中,汇票随附发票、提单等商业单据使用,国际贸易中货款的收取大都采用后者。在跟单托收的情况下,按照向进口人交单的条件不同,可分为付款交单(documents against payment,D/P)和承兑交单(documents against acceptance,D/A)。

(1) 付款交单

付款交单是指代收行在付款人(进口商)付款后才将全套托收单据交(放)给付款人,即以付款为条件的交单。按付款人付款期限的不同,付款交单分为即期(D/P at sight)和远期(D/P after ×× days' sight)。

① 即期 D/P:即在付款人(进口商)在见票后即期付款后,代收行才将全套托收单据交(放)给付款人,以即期付款为条件的交单。

② 远期 D/P:即在付款人(进口商)在见票后先承兑到期付款后,代收行才将全套托收单据交(放)给付款人,以远期付款为条件的交单。

D/P 业务程序如图 6-3 所示。

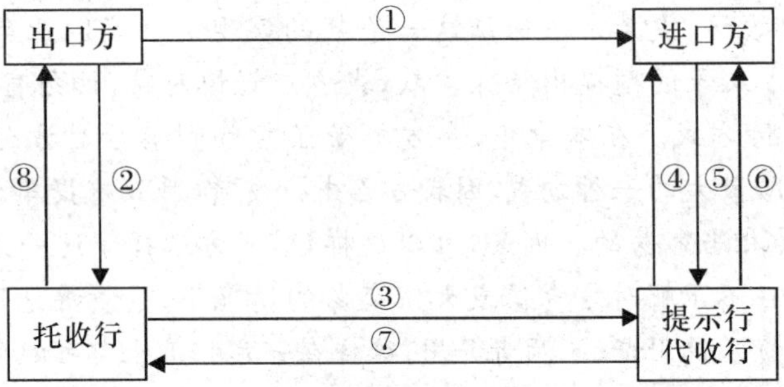

图 6-3 D/P 业务程序图

注:

① 委托人(出口方)向付款人(进口方)发货物。

② 出口方整理好全套单据(含汇票、发票、提单等)交给托收行。

③ 托收行将全套单据寄交代收行。

④ 提示行向进口方提示汇票。

⑤ 进口方见票后立即(或远期)履行付款责任。

⑥ 进口方取得全套单据。

⑦ 托收行将金额如数拨划给托收行。

⑧ 托收行将金额如数拨划给出口方。

付款交单的最本质特点是,不管是即期 D/P 还是远期 D/P,代收行均以进口方付款为条件才将全套托收单据(发票、提单等)交给进口方。因此如果进口方没有付款,银行通常情况下不会将单据交予进口方,所以其最大风险是进口方因市场发生不利变动等因素拒绝付款,但货物仍归出口方所有。

在远期 D/P 中,如果货物到达目的港日期早于付款日期,这样就会出现进口方不能及时提货的问题。为了不耽误提货,进口方可以要求代收行允许其借出单据。其具体做法是,进口方向代收行出具信托收据(trust receipt,T/R),是进口方凭以借出运输单据,以便提货出售,取得货款再偿还代收银行的保函。这种做法对出口方或代收行来说有一定风险。因此,借出单据前对进口方的资信调查十分重要。按惯例,如果是出口方授权代收银行凭 T/R 借单给进口人，如果出现进口方没有按期偿还货款的情况，后果由出口方负责；若是代收银行自主决定凭信托收据借单，如果出现进口方没有按期偿还货款的情况，后果由代收银行负责，要赔偿出口方货款。

【案例6-2】 D/P导致损失案

【案情】

某外贸公司与某美籍华人客商做了几笔顺利的小额交易后，付款方式为预付。后来客人称销路已经打开，要求增加数量，可是，由于数量太多，资金一时周转不开，最好将付款方式改为D/P at sight。当时我方考虑到采用D/P at sight的情况下，如果对方不去付款赎单，就拿不到单据，货物的所有权归我方所有。结果，未对客户的资信进行全面调查，就发出了一个40'货柜的货物，金额为3万美元。事情发展极为不顺。货物到达目的港后，客户借口资金紧张，迟迟不去赎单。10天后，各种费用相继发生。考虑到这批货物的花色品种为客户特别指定，运回来也是库存，便被迫改为D/A 30天。可是，客户将货提出之后，就再也没有音信。到涉外法律服务处与讨债公司一问才知道，到美国打官司费用极高，于是只好作罢。

【分析】

出口公司要从中吸取教训：

① 以下现象应引起注意，客户在开始时往往付款及时，后来突然增加数量，要求出口方给予优惠的付款条件如D/P、D/A或O/A(open account)。如果出口公司答应客户条件，可能为以后的纠纷埋下了隐患。

② 出口公司在接受客户D/P条件后，客户没有付款赎单，反而提出D/A 30天。出口应考虑到D/A的风险和后果。

(注：根据《国际商报》刊载金湮所著的《我的不幸遭遇》一文改编。)

(2) 承兑交单

承兑交单(D/A)是指代收行在付款人(进口商)承兑汇票后才将全套托收单据交(放)给付款人，即以承兑为条件的交单。付款交单的最本质特点是，在D/A条件下，代收行均以进口方承兑为条件就将全套单据(发票、提单等)交给进口方。进口方获得单据后可以先行提货，其最大风险是进口方因市场发生不利变动等因素到期拒绝付款，但货物已经被提走，出口方落得货款两空。承兑交单(D/A)程序如图6-4所示。

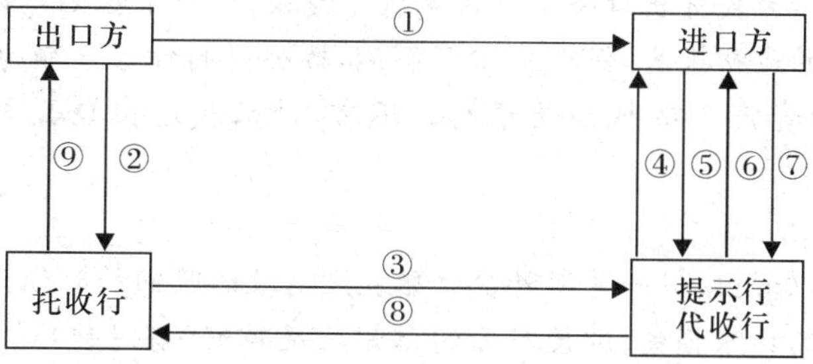

图6-4 D/A业务程序图

注：

① 委托人(出口方)向付款人(进口方)发货物。

② 出口方整理好全套单据(含汇票、发票、提单等)交给托收行。

③ 托收行将全套单据寄交代收行。

④ 提示行向进口方提示汇票。

⑤ 进口方见票后履行承兑责任。

⑥ 进口方取得全套单据。

⑦ 进口方到期履行付款责任。

⑧ 托收行将金额如数拨划给托收行。

⑨ 托收行将金额如数拨划给出口方。

【案例6-3】 承兑交单(D/A)项下导致拖欠案

【案情】

我国沿海一家进出口集团公司与澳大利亚B公司有3年多的合作历史，双方一直保持着良好的贸易关系。合作初期，B公司的订单数量不大，但是该公司的订货也很稳定，且付款情况也较好。后来，随着双方之间的相互了解和熟悉，我进出口公司为B公司提供了优惠付款条件，由最初的信用证即期、D/P即期、D/A60天到D/A90天，而双方的贸易额也由每年的6万～7万增加到70万～80万美元。

某年9月，B公司又给我进出口公司下放了一批订单，货物总值25万美元，价格条件为CIF墨尔本，而我进出口公司在未对该客户进行严格信用审核的情况下，同意给予对方D/A180天的信用条件。当年11月，全部货物如期出运，我进出口公司也及时向银行议付了单据。

第二年5月，汇票承兑日到期时，B公司以市场行情不好，大部分货物未卖出为由，要求延迟付款。之后，我进出口公司不断给B公司发传真、E-mail等，要求该公司付款或退货。B公司对延迟付款表示抱歉，并答应尽快偿付。第二年11月，B公司以资金困难为由，暂时只能偿付我进出口公司3万美元。我进出口公司表示同意，并要求马上汇款。即使这样，B公司一会儿说其财务人员有病，一会儿又称其主要负责人休假，继续拖欠付款。

第三年1月，B公司总经理K先生辞职，在此之前，我进出口公司与B公司的所有交易都是经由K先生达成的。以后，B公司对我进出口公司的所有函件没有任何答复。到第三年3月，我进出口公司与B公司失去联系。

第三年5月，东方国际保理中心受理此案，通过调查得知，B公司已于第三年3月申请破产。东方国际保理中心为我进出口公司及时申请了债权，尽力争取把其损失降到最低。但是，根据当地清算委员会的最初报告，保理中心了解到，B公司的债务总额为其资产总额的3倍，且该公司90%以上的资产已经抵押给银行。不言而喻，我进出口公司将蒙受巨大的坏账损失。

【分析】

通过以上案例可以看出，当一笔海外应收账款没有及时收回的时候，企业最大的风险莫过于因对方破产而带来的坏账损失，即使对方的信用状况较好，有时候，遭受这种风险的可能也在所难免。通过对大量的拖欠案例的分析，客户在破产前会有一些迹象，请进出口企业注意观察以下征兆，必要时，应及时采取测试加以防范：

① 客户突然要求大量增加订单数量。

② 客户改变惯用的付款方式。

③ 客户财务状况不好，资金不足，周转困难。

④ 客户不断地变换拖延、拒付货款理由。

⑤ 客户长时间不答复债权人的函电。

⑥ 客户不提供书面的还款计划，或承诺付款声明。

⑦ 客户公司的管理层内部发生重大变化。

（注：根据《国际商报》刊载桑滨洁所著的《因客户破产而产生的坏账风险和损失》一文改编。）

4. 托收在国际贸易中的应用

托收属于商业信用，采用托收作为支付方式时，卖方须先行发货，才能办理有关收汇业务，因而对卖方具有相对较大的风险。所以卖方选用时，应先了解托收的性质、风险和合同条款的签订。

（1）托收的性质

托收业务过程中虽然有多家银行的参与，但付款人是否对汇票付款或承兑纯粹看付款人的信用，银行在业务过程中，不管单据的审核、不管货物也不管货款，即所谓的“三不管”原则，因此托收属于商业信用。

（2）托收的风险

不管是付款交单和承兑交单两种方式，均要求卖方先行发货，然后通过银行向买方收款，对买方相对有利，对卖方相对不利，而后者风险更大。在国际贸易中，卖方应谨慎选用。归纳起来，托收的风险主要体现在以下三个方面：

① 在D/P即期票据提示时，买方或者以他手头资金短缺，要求改用其他延期付款的方式；或者以市场疲软，要求降低价格为借口，拒付单据。

② 卖方将货物发运后，买方明确向卖方提出，因为卖方以前发运的货物存在着所谓严重的质量问题，使他蒙受巨大的损失。这一次，他必须先看货物在市场上的销售情况而后确定以前的补偿和此批货款的支付等问题。如果卖方不同意这样做，他将拒收此批货物。

③ 在D/A方式下，买方提走货物以后，在单据的付款期限到期后却迟迟不到银行支付货款。

【案例6-4】 出口商防范采用D/P的风险案

【案情】

20××年5月份，D公司开始与一美商开展贸易活动，并在6月份成交一笔生意：美商进口一个20’柜的台面板，条款为L/C at sight。现在，美商对该期货物质量反映良好，并发函预定另一个20’柜的台面板，条件为D/P at sight，原因是做D/P比做L/C省钱。

D公司因历来没做过D/P at sight，怕有风险。请问有哪些预防措施可防患于未然？

【分析】

第一，几个要注意的问题（刘清）。

D/P at sight与L/C at sight相比，缺少了银行信用的重要保证，银行虽参与其间，只是提供服务，并无非收妥不可的保证，这对委托人而言，是致命的弱点，因此在D/P at sight结算方式中，付款人的信誉是最重要的。只有在对付款人做充分调查，认可付款人的信誉的基础上，

才能以 D/P at sight 结算。在结算过程中,委托人还应注意以下几个问题:

① 与买方签订合同时,对于结算方式、单据名称、详细分类及份数、托收费用由谁负责等条款必须清楚注明。

② 在委托银行办理托收时,未经银行事先同意,货物不能直接发至银行,也不能作成以银行为收货人的记名提单。根据 URC522(托收同意规则),倘若货物直接发至银行,或者作成以银行为收货人的记名提单,然后由银行凭以付款或承兑,或其他条件,将货物交给付款人,而没有事先征得该银行的同意,则银行没有提货的义务,货物的风险和责任由发货人承担。

③ 委托人到银行办理托收,在托收申请书上必须清楚地表明付款人名称、地址和开户行名称、地址,应尽可能详细,避免出现代收行找不到付款人的现象。

④ 委托人可以在托收委托书上标明如遇拒付时应采取的必要措施,如要求作成拒绝证书、货物抵港时要求代收行办理存仓保险等工作。如果国外银行声明不办理,那么当委托人遭拒付时,代收行就应设法代办,并将办妥结果告知托收行。

第二,与其他支付方式相结合(吕真健)。

对出口商而言,做 D/P 的最大风险是什么呢?那就是由于进口商的信誉有问题,货物到达目的地后,他不去银行赎单,乘机要求降价或因为市场变化,拒收货物。那么,出口商就要在当地贱卖或将货物退运回来。在本案例中,我认为出现拒收货物的可能性很小,因为台面板是个通用产品,市场变化应该不会起伏很大,因此此案例的最大风险在于进口商可能要求降价,当然,我的分析是基于遇到不良商人的。

如果考虑再三,要增加出口保险系数的话,那只能同其他支付方式相结合了,如可以要求客商先 T/T 部分货款,余额作 D/P,这样一来,即可以节省下银行费用,又可以降低风险。因为只要市场不出现剧烈变动,客商一般是不会宁可损失预付款而不去银行赎单的。

第三,在细节上的把握(张川)。

① 选择较有信誉的客户。

② 在出 B/L 时一定要出:TO SHIPER'S ORDER;TO THE ORDER OF ×× BANK 为抬头的 B/L。

③ 在 B/L 的 NOTIFY PART 栏也以通知代付行为佳。

④ 千万不要在市价走低时采用。

⑤ 考虑在 CIF 或 CIP 成交时,投保"买方出口收汇险",增加风险防范手段。

⑥ 同时,在收款期间多与客户联系,了解市场情况,一旦市场走低,即采取果断措施制止出货。

(注:根据《国际商报》刊载陈哲、刘清、吕真健、张川所著的《采用 D/P at sight 如何防范风险》一文改编。)

(3) 合同的条款

① 付款交单(D/P at sight)例子:

买方应凭卖方开具的即期跟单汇票于见票时立即付款,付款后交单。

Upon first presentation the buyer shall pay against documentary draft drawn by the sellers at sight. The shipping documents are to be delivered against payment only.

② 承兑交单(D/A at after days' sight)例子:

买方应对卖方开具的远期跟单汇票于第一次提示时应立即承兑，并于到期日付款，承兑后交单。

Upon first presentation the buyer shall accept against documentary draft drawn by the sellers at ×× days' sight. The shipping documents are to be delivered against acceptance only.

6.3 信 用 证

长期以来，信用证作为银行信用的支付方式，一直处于主导地位。虽然20世纪90年代以后，信用证在世界贸易中的使用率迅速下降，但是我国对外贸易结算仍以信用证为主(约占出口总额的80%)。信用证仍是我国出口企业首选的支付方式。在介绍信用证有关内容之前，有必要对《UCP600》做简要介绍。在2006年10月召开的国际商会(ICC)巴黎年会上，顺利通过了《UCP600》(2007修订版)，新版本于2007年7月1日起实施。《UCP600》(2007修订版)是在《UCP500》(1993年修订版)的基础上修订，是对《UCP500》的不断完善。《UCP600》第1条规定了统一惯例的适用范围，即"适用于所有在信用证正文中表明按本惯例办理的跟单信用证(包括本惯例适用范围内的备用信用证)。除非信用证中另有明文规定，本惯例对一切当事人均有约束力"。《UCP600》的内容包括六大部分，即总则与定义、信用证的形式与通知、责任与义务、单据、杂项规定和可转让信用证，已成为当事人保证信用证得以正常运作必须遵循的国际惯例。下面介绍的内容都在《UCP600》的框架之内。

6.3.1 含义

根据《UCP600》的规定，信用证是指由银行(开证行)依照客户(申请人)的要求和指示或自己主动开立的，在符合信用证条款的条件下凭规定单据承诺付款的书面文件。这个定义中隐含三层意思：

① 信用证是由银行开立的，属于银行信用。

② 卖方(受益人)需要向银行出示单据。

③ 出示的单据必须符合信用证条款。

6.3.2 信用证的当事人

信用证涉及的当事人较多，一般有以下六个基本当事人：

① 申请人(applicant or opener)，即向银行申请开立信用证的人(进口方或实际买主)。

② 受益人(beneficiary)，即信用证上指定的有权使用信用证的人(出口方或实际供货人)。

③ 开证行(issuing bank)，即接受委托开立信用证并承担保证付款的银行，一般为进口方银行。

④ 付款行(paying bank or drawee bank)，即开证行指定的对信用证项下付款或充当汇票付款人的银行，可以由开证行自己承担，也可为进口方银行授权的银行。

⑤ 通知行(advising bank)，即受开证行的委托，将信用证转交给受益人的银行，一般为开证行的往来行或出口方指定银行。

⑥ 议付行(negotiating bank)，即开证行的授权买入或贴现受益人提交的符合信用证规定

的汇票和单据的银行，一般为出口方银行或开证行指定的银行。

6.3.3 信用证的业务程序

信用证业务程序比较复杂，环节较多，L/C业务程序如图6-5所示（以即期信用证为例）。

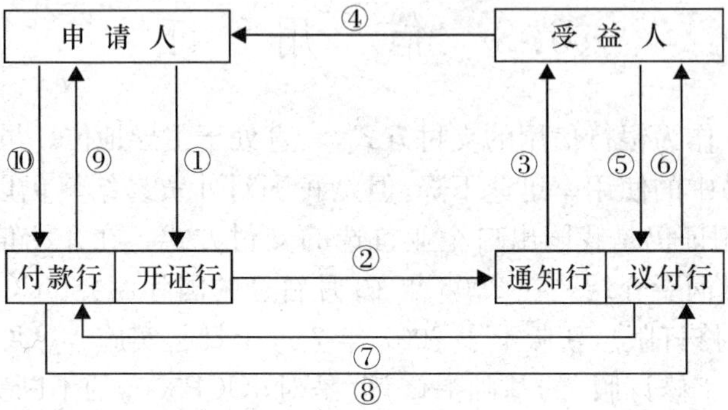

图6-5 L/C业务程序图

注：

① 申请人向开证行申请开立信用证。

② 开证行开出信用证。

③ 通知行将信用证通知给受益人。

④ 受益人向申请人装运货物。

⑤ 受益人将全套单据交给议付行。

⑥ 议付行审核单据确定无误后办理议付（垫付）给受益人。

⑦ 议付行向付款行寄出单据。

⑧ 付款行付款或承兑。

⑨ 付款行向申请人提示单据。

⑩ 申请人付款。

6.3.4 信用证的主要内容

信用证内容繁简不一，但概括起来一般都包含以下六个方面的内容：

① 关于L/C本身的条款（about L/C）：包括号码、种类、金额、开证日期、当事人等条款。

② 关于汇票的条款（about draft）：包括汇票的当事人、金额、期限和主要条款等。

③ 关于货物的条款（about goods）：包括商品品名、数量、价格和包装等条款。

④ 关于装运的条款（about shipment）：包括装运港、目的港和转运港、是否允许分批和转运、装运日期等条款。

⑤ 关于单据的条款（about documents）：包括要求受益人提交的单据种类、份数以及要求等条款，是跟单信用证的核心条款。

⑥ 其他条款。其他条款主要包括以下内容：

- 关于特殊条款（about additional conditions）。对于较为复杂的信用证，一般均有这个条款，如对装运、单据等的特殊要求。
- 开证行保证付款的文句。

● 关于给议付行的指示(about banking instructions)。

附：信用证样本

××NATIONAL BANK OF SAN FRANCISCO

CALIFORNIA U. S. A.

IRREVOCABLE DOCUMENTARY CREDIT	L/C NUMBER:XYZ123 DATE OF ISSUE: 30TH MAY, 20×× SAN FRANCISCO
EXPIRY DATE AND PLACE: JULY 30TH,20×× SHANGHAI	APPLICANT: ×× IMP AND EXP COMPANY ××,CA94104 U. S. A.
BENEFICIARY: ×× CO. ,LTD. ××,SHANGHAI CHINA	AMOUNT: USD10 000. 00 (U. S. DOLLARS TEN THOUSAND ONLY) AVAILABLE BY: BENEFICIARY'S DRAFTS AT SIGHT DRAWN ON US
(注：以上均为关于 L/C 本身的条款)	
SHIPMENT DETAILS: FROM SHANGHAI TO SAN FRANCISCO LATEST ON 30 JUN,20×× CIF SAN FRANCISCO U. S. A. PARTIAL SHIPMENTS: NOT ALLOWED TRANSHIPMENT: ALLOWED (注:以上为关于装运的条款)	

DESCRIPTION OF GOODS: 3 ITEMS OF SUNGLASSES AS PER SALES CONFIRMATION NO. TL—0201 DATED MARCH 15, 20××

(注:以上为关于货物的条款)

+DOCUMENTS REQUIRED:

SIGNED COMMERCIAL INVOICE IN TRIPLICATE INDICATING SEPERATELY FOB VALUE, FREIGHT CHARGES, INSURANCE PREMIUM AND L/C NUMBER

FULL SET ORIGINAL CLEAN ON BOARD OCEAN BILLS OF LADING MADE OUT TO SHIPPER'S ORDER, ENDORSED TO THE ORDER OF ×× NATIONAL BANK OF SAN FRANCISCO, MARKED FREIGHT PREPAID AND NOTIFY APPLICANT MENTIONING THIS L/C NUMBER

MARINE INSURANCE POLICY OR CERTIFICATE FOR FULL CIF VALUE PLUS 10% COVERING CIC ALL RISKS AND WAR RISKS.

PACKING LIST IN TRIPLICATE

CERTIFICATE OF ORIGIN

(注：以上为关于单据的条款)

+DETAILS OF CHARGES: ALL BANKING CHARGES AT YOUR END ARE FOR ACCOUNT OF BENEFICIARY

+PERIOD FOR PRESENTATION:DOCUMENTS TO BE PRESENTED WITHIN 10 DAYS AFTER THE B/L DATE

+ INSTRUCTION TO PRESENTING BANK: DOCUMENTS ARE TO BE DESPATCHED BY REGISTERED AIRMAIL IN ONE COVER

+THIS CREDIT IS SUBJECT TO UCP600

（注：以上为其他条款）

中文：

开证行：××国家银行，旧金山，加利福尼亚，美国

不可撤销信用证	信用证号码：XYZ123 开证时间：30-05-20××，旧金山
到期日期与地点：30-07-2003，上海	申请人：××进出口公司 地址
受益人：××有限公司 地址	金额：USD10 000.00
凭受益人开给我方的即期汇票得到支付	
装运细节： 从 SHANGHAI 到 SAN FRANCISCO，不得晚于 30-06-20×× 贸易术语：CIF SAN FRANCISCO U. S. A. 分批装运不允许，转运允许	

货物描述：3 个型号的太阳镜，根据销售合同号码：TL-0201，日期 15-03-20××

单据要求：

已签字的商业发票，一式三份，分别注明 FOB 价值、运费、保险费和信用证号码。

全套的正本清洁已装船海运提单，做成凭托运人指示，背书成凭××国家银行（旧金山）指示，注明运费已付和通知申请人，并注明信用证号码。

海运保险单或证明书，被保险金额为 CIF 价值加 10%，投中国保险条款的一切险和战争险。

装箱单，一式三份。

原产地证书。

银行费用：所有发生在您方的费用，均由受益人支付。

提交单据的期限：所有单据在提单日期后 10 天内提交。

给提示银行的指示：所有单据一次性通过挂号航空方式寄出。

本信用证受到 UCP600（跟单信用证统一惯例 600 出版物）约束。

6.3.5 信用证的特点

1. 信用证是银行信用

《UCP600》第 15 条规定“相符交单”，a. 当开证行确定交单相符时，必须承付；b. 当保兑行确定交单相符时，必须承付或者议付，并将单据转递给开证行；c. 当指定银行确定交单相符并承付或议付时，必须将单据转递给保兑行或开证行。从这个意义上讲，开证行在信用证中做出承诺，在单据符合信用证条件的情况下，开证行（及相关银行）要负首要的付款责任。

2. 信用证是自足文件

《UCP600》第 4 条阐明了信用证与合同的关系，信用证按其性质与凭以开立的信用证的销售合同或其他合同，均属不同的业务。虽然信用证是在合同的基础上开立的，但信用证一旦开立，就成为独立自足的文件。在这个意义上，银行在审核单据时往往只需对照信用证，而不是

合同或者两者兼顾，所以受益人按信用证条款的要求操作，而不是按合同条款要求操作。

【案例 6-5】 信用证与合同矛盾纠纷案

【案情】

A 公司与美国拜耳中国有限公司（HK）签订一进口合同，进口 BPA500M/T。合同要求拜耳方在 20××年 7 月装船。A 公司 7 月 5 日开出信用证，信用证规定最迟的装船期是 7 月 28 日。A 公司于 7 月 5 日将 L/C 副本传真给拜耳方面。但拜耳公司在没有征得 A 公司同意，又没有要求修改信用证的情况下，擅自在 7 月 31 日装船，违反了信用证的条款，造成迟装。A 公司提出拒付并退单给拜耳，妥否？为什么？

【分析】

关于 A 公司向美国拜耳中国有限公司（HK）购买货物之案例，由于对方装运期迟于信用证的规定，按照《UCP600》的规定，A 公司完全可以提出此不符点，随之拒付单据和退单。

当然，如果 A 公司和对方签订的合同关于装运期的规定是和信用证的规定一样或者还早于信用证，对方就没有任何理由就这一点和 A 公司撇开信用证的单据买卖，就商品的实际买卖继续交涉辩论。如果合同装运期迟于信用证装运期，那么，虽然通过银行拒付单据是完全可以的，但是对方会利用并没有违反合同，和 A 公司就实际买卖的交货问题和 A 公司继续交涉。同时应该注意的是，A 公司的开证行提出单据中的不符点的时候，必须在收到单据的 7 个工作日以内，并必须一次完成。

在回答买方的做法是否妥当之前，笔者认为应首先明确国际贸易中买卖合同和信用证的关系。

从法律上看，买卖合同与信用证是两个完全独立的法律文件，买卖合同是买方与卖方之间商定的买卖货物的契约，是约束和规范买卖双方的权利和义务的法律文件；而信用证则是约束受益人和开证行的法律文件，规范开证行与受益人的权利和义务，开证行只对信用证负责，与合同无关，也不受其约束。《UCP600》第 4 条对两者的关系做了精辟的解释："就其性质而言，信用证与可能作为其依据的销售合同或其他合同是相互独立的交易，即使信用证中含有对此类合同的任何援引，银行业与该合同毫不相关，并不受其约束。"由此可见，虽然信用证是以买卖合同为基础开立的，买卖双方要受合同的约束，但信用证一经开立，在法律上就与买卖合同相互分离而各自独立，各方当事人的权利和义务是以信用证为准的，只要受益人在信用证规定的有效期内提交了与信用证相符的单据，开证行就会履行其付款的责任。

买方通过银行开立的信用证规定的最迟装船期是 7 月 28 日，卖方却在 7 月 31 日装船，严重违反了信用条款，造成迟装，开证行完全可以以"单证不符"为由提出拒付。但这并不意味着买方也同样可以提出拒付并退单给卖方美国拜耳中国有限公司。理由如下：买卖双方合同规定的装船期是 20××年 7 月，根据《联合国国际货物买卖合同公约》对交货时间的规定"如果合同中规定有一段交货的时间，除情况表明应有买方在此期间内选定具体日期外，卖方可以在这段时间内的任何时间交货。"卖方拜耳公司可以在 7 月的任何一天交货都不为错，因而它在 7 月 31 日装船并不违反合同的规定。而买方在开出的信用证中将最迟期定为 7 月 28 日，违反了合同的约定。由于信用证是在原买卖合同订立后开出的，因此信用证规定的装运期限与买卖合同不符，应作为买方不履约的责任，风险由买方承担，而不能作为新的要约，信用证条款与合同条款不符，并不意味着合同条款要相应修改。在现代国际货物买卖中，买方开出信用证的义务和卖方装船的义务成为两大基本义务。本案中，买方没有指示银行开立符合合同要求的信用证，从而使卖方无法完整履行义务，构成根本性违约，卖方完全有权提出索赔请求。基于此，买方在没有与卖方联系的情况下，直接退单给买方拜耳，笔者认为此做法不妥。根据银行的工作惯例，开证行在通知卖方拒付的同时，一般要与申请人联系，征求申请人的意见。笔者认为，此时买方应谨慎处理。在没有影响销售量和预期收益的情况下，买方最好赎单付款；即使行情有变，买方也要及时联系客户，通过友好协商解决纠纷，切忌不计后果盲目退单。

本案中，作为卖方的美国拜耳中国有限公司犯了两个大错：一是在收到买方开来的信用证与合同不一致时，没有及时发现问题；二是混淆信用证和合同的关系，在信用证条款与销售合同不一致时，擅自按销售合同办理，最终导致单证不符而遭拒付。

（注：根据《国际商报》刊载黄文华所著的《信用证与合同矛盾如何处理》一文改编。）

3. 信用证是单据交易

信用证如果出现信用证条款与合同的不符，一旦受益人接受了，就要按信用证办事。因为《UCP600》第 5 条规定了单据与货物/服务/履约行为的关系，在信用证业务中，有关各方所处理的是单据，而不是与单据有关的货物/服务/履约行为；《UCP600》第 34 条阐明了当事人对单据的真伪性不负责任，“银行对任何单据的格式、完整性、正确性、真实性、伪造或法律效力、或单据上规定的或附加的一般/及或特殊条件，概不负责……”在这个意义上，有关银行只管单据而不管货物、服务、履约行为，只要受益人提交的单据与信用证条款一致，银行就要履行付款责任。否则，银行就可以不履行付款责任，哪怕货物、服务、履约行为是符合基础合同要求的。

【案例 6-6】 单证不符拒付案

【案情】

某 A 公司在 20××年 11 月与阿联酋迪拜某 B 公司签订了一份出口合同，货物为 1×20’集装箱一次性打火机。不久 B 公司即开来一份不可撤销即期信用证，来证规定装船期限为第二年 1 月 31 日，要求提供“Full set original clean on board ocean Bill of Lading…”（全套正本清洁已装船海运提单）。由于装船期太紧，A 公司便要求 B 公司展期，装船期限改为第二年 3 月 31 日。B 公司接受了 A 公司的要求修改了信用证。收到信用证并经全面审查后未发现问题，A 公司在 3 月 30 日办理了货物装船，4 月 13 日向议付行交单议付。

4 月 27 日，接到收到议付行转来的开证行的拒付通知：“你第××号信用证项下的单据经我行审查，发现如下不符点：提单上缺少”已装船“批注。以上不符点已经与申请人联系，亦不同意接受。单据暂代保管，听候你方的处理意见。”

A 公司的有关人员立即复查了提单，同时与议付行一起翻阅与研究了《UCP600》的有关规定，证实了开证行的拒付是合理的。A 公司立即电洽申请人说明，提单缺少“已装船”批注是我方业务人员的疏忽所致，货物确实是被如期装船的，而且货物将在 5 月 3 日左右如期到达目的港，我方同意他在收到目的港船代的提货通知书后再向开证行付款赎单。B 公司回复由于当地市场上一次性打火机的售价大幅下降，只有在我方降价 30%后方可向开证行赎单。我方考虑到自己理亏在先，同时通过国内同行与其他客户又了解到，进口国当地市场价格确实已大幅下降，我方处于十分被动地位，只好同意降价 30%，了结此案。

【分析】

此案的案情并不复杂，却给我方带来巨大的损失，不得不引起人们的深思。我们应该从中吸取以下教训：

① 应尽早办理装运。A公司虽然在信用证规定的装船期限内办理了装运，满足了信用证的要求，但距B公司开证时间已过了4个多月了。在这段时间内，由于货物本身的消费特征以及国际市场供求情况的变化，货物的当地市场价格有可能大幅下降，为避免价格下降给我方带来的损失(其实也是为避免我方的损失)，我方应尽快办理装运。在此案中，B公司曾多次来电要求我方尽早装运，但我方认为装运期仍未到，没有很合理地安排生产进度，以致在装船期即将临近时才办理装运，货物到港时距B公司开证时间已过了5个多月，又恰逢当地市场价格下降，其实已为客户拒付货款埋下了伏笔。

② 应严格按照信用证与《UCP600》的要求制作与审核单据。信用证要求提供"已装船"提单，我方应提供相应的提单，以便做到"单证相符"。根据《UCP600》第23条a款第2项规定，除非信用证另有规定，提单应注明货物已装船或已装具名船只，可由提单上印就的"货物已装上具名船只"或"货物已装运具名船只"的词语来表示，在此情况下，提单的出具日期即视为装船日期与装运日期。在所有其他情况下，装上具名船只，必须以提单上注明货物装船日期的批注来证实，在此情况下，装船批注日期即视为装运日期。案中的提单(提单上没有印就上述词语)则属于后一种情况，只要在提单上注明货物装船日期的批注就行了。如果我方业务人员能按照信用证的要求制作托运单(在托运单上注明要求提供"已装船"提单)，承运人或其代理能根据托运单内容与《UCP600》的规定制作并签发提单，银行能根据信用证与《UCP600》来审核A公司交来的议付单据，那么上述案例也许就不会发生了。

6.3.6 信用证的种类

根据《UCP600》的规定，为保障受益人利益，信用证都是不可撤销的(《UCP500》曾规定过，信用证可以分为不可撤销信用证与可撤销信用证)。信用证按不同标准，可以划分为以下几种类型。

1. 跟单信用证与光票信用证

根据业务流程中使用的汇票种类的不同，信用证可以分为跟单信用证(documentary credit)与光票信用证(clean credit)。

① 跟单信用证，如信用证业务流程中使用的是跟单汇票，即跟单信用证，在信用证条款中就会有"单据要求"(document required)。

② 跟票信用证，如果信用证业务流程中使用的是光票(汇票)的信用证，在信用证条款中就没有"单据要求"。在国际贸易中使用比较广泛的是跟单信用证。

2. 即期信用证与远期信用证

根据信用证付款期限的长短，可以分为即期信用证(sight credit)与远期信用证(usance credit)。

① 即期信用证，信用证业务流程中使用即期汇票的信用证，在信用证条款中会有"即期汇票"的条款(draft at sight)。

② 远期信用证，信用证业务流程中使用即期汇票的信用证，在信用证条款中就会有"远期汇票"的条款(draft at ×× days' sight)。对受益人而言，前者收款时间快，而后者慢。

3. 转让信用证与不可转让信用证

根据信用证是否可以转让，可以分为转让信用证(transferable credit)与不可转让信用证(non-transferable credit)。

① 可转让信用证，按《UCP600》第38条的解释，系指第一受益人可以要求授权付款，承担延期付款责任，承兑或议付的银行("转让银行")，或在自由议付信用证的情况下，在信用证中特别授权转让的银行，将该信用证全部或部分转让给一个或数个受益人(第二受益人)使用的信用证。开证行对信用证的"可转让"的要求既明确又严格，即只有开证行在信用证中明确注明"可转让"的信用证才能转让。诸如"可分割"(divisible)、"可分开"(fractionable)、"可转移"(transmissible)等用语并不能使信用证可转让。因此，如果信用证中使用了这些用语，银行可不予理睬。

② 不可转让信用证，如果L/C中没有规定"可转让信用证"或"不可转让信用证"，应视为不可转让信用证。

伴随着转口贸易的出现，在跟单信用证结算业务中也派生出一种转让信用证的结算方式。以我国香港地区转让信用证为例进行讨论。在这类转让信用证业务中，我国香港地区的商人(第一受益人)一般只充当中间商的角色，国内的进出口公司(第二受益人)为实际的供货商。第一受益人在收到进口商的信用证以后，通过当地的银行(转让银行)将其转让给国内的第二受益人，由第二受益人发货并向银行提交单据。待转让银行从原始信用证的开证行收到货款后，在向国内第二受益人付款。转让信用证的第一受益人为赚取商品的差价利润，一般会降低商品的价格，并缩短装船期和信用证有效期等项目以为其换单留出相应的时间。因此，转让信用证是一份经过"缩水"的信用证。

4. 保兑信用证与不保兑信用证

① 保兑信用证(confirmed credit)，由开证银行开出的信用证经另一家银行加以保证兑付，称保兑信用证。凡在信用证上载文，愿意承担保兑者称为保兑银行(confirming bank)，保兑银行通常是由通知银行担任。

② 不保兑信用证(unconfirmed credit)，由开证银行开出的信用证未经另一家银行加以保证兑付，称不保兑信用证。

在国际贸易实践中采用保兑信用证，那么这种信用证对于受益人而言，就同时取得了两家银行的付款保证。《UCP600》第8条规定了保兑行的责任，归纳起来，保兑信用证已明确的是保兑银行须直接向受益人负责，保兑银行议付时承担第一付款人角色，即保兑行应该按照开证行的授权或要求办理信用证的有关事项，独立对受益人负责。换言之，保兑银行充当和承担第一付款人，而不是受益人向开证银行要求付款，被开证银行拒绝以后，才能向保兑银行要求偿付。也不是仅在开证行由于某种原因倒闭致使无法向受益人付款的情况下才由保兑行向受益人履行付款义务。保兑行受开证行的委托，以自己的名义从事收单付款的行为，并对其行为负法律责任，承担与开证行相同的付款义务。

5. 循环信用证

循环信用证(revolving credit)是指信用证被受益人全部或部分使用后，又恢复到原金额，再被受益人继续使用，直至用完规定的使用次数或累计总金额时为止的信用证。

它与一般信用证的不同之处在于它可以多次循环使用，而一般信用证在使用后即告失效。循环信用证主要用于长期或较长期内分批均匀交货的供货合同。使用这种信用证，买方可节省开证押金和逐单开证的手续及费用，卖方也避免了等证、催证、审证的麻烦，因而有利于买卖双方业务的开展。

循环信用证按运用的方式，分为按时间循环和按金额循环两种：

① 按时间循环信用证，是指受益人在一定时间内可多次支取信用证规定金额的信用证。

② 按金额循环信用证，是指受益人按信用证规定金额议付后仍恢复原金额再继续使用，直至用完规定的循环次数或总金额时为止。在该项下，恢复到原金额的做法有三种：

● 自动式循环：信用证规定的每次金额用完后，无须等待开证行通知，即可自动恢复到原金额，再次使用。

● 半自动循环：信用证规定的每次金额用完后的若干天内，开证行未发出停止循环使用的通知，即可自动恢复到原金额，继续使用。

● 非自动循环：信用证规定的每次金额用完后，必须待开证行的通知到达后，方能恢复到原金额，继续使用。

6. 背对信用证

背对信用证（back to back credit），又称背对背信用证或从属信用证（subsidiary or secondary credit），是适应中间商经营进出口业务的需要而产生的一种信用证。它是指出口人（中间商）收到进口人开来的信用证（称为母证）后，要求该证的通知行或其他银行以原证为基础，另开一张内容近似的新证（称为子证）给另一受益人（实际供货人）。这另开的新证就是背对信用证。可转让信用证与背对信用证通常应用在转口贸易中。

新证开立后，原证仍有效，由新证开证行代原受益人（中间商）保管。原证的开证行与开证人同新证毫无关联，原因在于新证开证人是原证的受益人，而不是原证的开证人与开证行。因此，新证的开证行在对其受益人（供货人）付款后，便立即要求原证受益人（中间商）提供符合原证条款的商业发票与汇票，以便同新证受益人提供的商业发票与汇票进行调换，然后附上货运单据寄原证的开证行收汇。不过，新证交货期要短于原证交货期，其单价要低于原证，其金额也小于原证，以使原证受益人（中间商）提前办理交单议付，并使其有利可图。这里要注意，新证的内容除开证人、受益人、金额、单价、保险金额、装运期限、有效期限等可有变动外，其他条款一般与原证相同。只是新证条款的修改比较困难，所需时间也较长，原因在于新证条款如要修改，新证开证人须征得原证开证人的同意。

7. 对开信用证

对开信用证（reciprocal credit）是买卖双方各自开立的以对方为受益人的信用证，即在对等贸易中，交易双方互为买卖双方，双方各为自己的进口部分互为对方开立信用证，这两张互开的信用证便是对开信用证。

对开信用证从生效时间看，有两种做法：一是同时生效的对开信用证，即一方开出的信用证，虽已为对方所接受，但暂不生效，等另一方开来回头信用证被该证受益人接受时，再通知对方银行两证同时生效；二是分别生效的对开信用证，即一方开出的信用证被受益人接受后随即生效，无须等待另一方开来回头信用证。

这种信用证在易货贸易、补偿贸易、来料加工、来件装配业务中的使用居多。

8. 预支信用证

预支信用证（anticipatory L/C）是指开证行允许受益人在货物装运前，可凭汇票或其他有关证件向指定付款行（通常为通知行）提前支取货款的信用证。它与远期信用证刚好相反，是开证人付款在先，受益人交单在后。预支信用证分为全部预支和部分预支两种信用证：

① 全部预支信用证，是指仅凭受益人提交的光票预支全部货款，实际上等于预付货款，也有的要求受益人在凭光票预取货款时，须附交一份负责补交货运单据的声明书。

② 部分预支信用证，是指凭受益人提交的光票和以后补交装运单据的声明书预支部分货款，待货物装运货运单据交到银行后再付清余款。预支货款要扣除利息。

为醒目起见，预支信用证的预支条款常用红字打出，习惯上称其为红条款信用证（red clauses credit）。不过，现在使用的预支信用证的预支条款，并非都用红字打出，即使用黑字打出，同样能起红条款信用证的作用。

9. 备用信用证

备用信用证（standby letter of credit）又称商业票据信用证（commercial letter of credit）、担保信用证或保证信用证（guarantee letter of credit），是指开证行根据开证人的请求开立的对受益人承诺某项义务的凭证，或者开证行对开证人不履行合同义务予以一般性付款担保的信用凭证。例如，开证行为开证人不履行合同义务而对受益人做出下列承诺担保：偿还开证人的借款或预支给开证人的款项；支付由开证人所承担的负债；当开证人不履约时承担付款责任。

可见，备用信用证实质上就是保函，是在开证人（债务人）不履约或违反约定时才使用的，因而也称为担保信用证。在一般情况下，备用信用证并不被使用，具有备用性质，这就是常说的"备而不用"。

《UCP600》仍把备用信用证列入信用证范围，明确规定该惯例的条文适用于备用信用证。备用信用证之所以被称为信用证，是基于采用备用信用证时，开证行的付款是以单证相符为条件的，但它与跟单信用证也有不同。

① 备用信用证可适用于除货物买卖之外的其他多种交易，如劳务贸易、工程项目承包等，其目的是为了融通资金或保证付款。跟单信用证则不同，它一般只适用于货物买卖，以清偿货款为目的。

② 备用信用证具有保函性质，即受益人只有在开证人未能履行合同义务时才能行使信用证规定的权利，从开证行索偿，如果开证人履行了合同义务，受益人则无此权利，因此，它往往是备而不用的文件。跟单信用证则不具有保函性质，即只要受益人履行了信用证规定的条件，开证行必须付款。

③ 在备用信用证项下，受益人可凭其出具的汇票或证明开证人违约的证明书，向开证行索偿债款。在跟单信用证项下，受益人向开证行索偿，要以其提交符合信用证规定的货运单据为依据。

但要注意，一笔业务采用备用信用证时，如果在该证中作了"根据《跟单信用证统一惯例》（第 600 号出版物）开立"的限定，那么它的各方当事人的权利与义务就要依据该惯例的条文加以解释，而不能以"备用信用证实质上是银行保证函为由"，同时加列"根据《合约保证书统一规则》（第 325 号出版物）开立"的文句，因为国际商会的这两种文件的立意及遵循的准则不同。

6.3.7 合同中的信用证条款

合同中应规定信用证种类、有效期、开证期限等内容。

① 即期信用证，常表示为"By irrevocable letter of credit available by seller's documentary draft at sight to be valid for negotiation in China until 15 days after date of shipment. The L/C must reach the sellers before ××."(通过不可撤销信用证,凭卖方的跟单汇票见票即获得支付,该证在装运后15天内在中国议付有效,该证必须在××前到达卖方)

② 远期信用证,则表示为"By irrevocable letter of credit available by seller's documentary draft at xx days' sight to be valid for negotiation in China until 15 days after date of shipment. The L/C must reach the sellers before ××."(通过不可撤销信用证,凭卖方的跟单汇票见票后××天获得支付,该证在装运后15天内在中国议付有效,该证必须在××前到达卖方)

6.4 其他支付方式

6.4.1 银行保函

1. 定义

银行保函(banker's Letter of Guarantee,L/G)是指银行应客户的申请向受益人开立的有担保性质的书面承诺文件,一旦申请人未按其与受益人签订合同的约定偿还债务或履行约定义务时,由银行履行担保责任。

按照与基础合同关系的性质不同,银行保函可以分为见索即付保函(独立性保函)和从属性保函。见索即付保函是一种与基础交易的执行情况相脱离,虽根据基础交易的需要而出具,但一旦开立后其本身的效力不依附于基础交易合约,其付款责任仅以自身的条款为准的担保,它与基础交易合同之间是一种相互独立,各自具有法律效力的平行法律关系。担保人(银行)付款的唯一依据是单据,而不是某一事实。担保人(银行)与保函所可能依据的合约无关,也不受其约束。其有关的国际惯例是由国际商会制定并修订的《见索即付保函统一规则》,即国际商会第458号出版物,简称《UDG458》,目前国际结算中主要使用的就是见索即付保函。从属性保函是将担保责任置于基础交易合同的从属性地位,担保人(银行)在保函项下所承担的付款责任成立与否将只能依照基础合同的实际执行情况加以确定,主合同无效,从合同也无效,国内的银行做国内业务时大多采用的是从属性保函。

从担保银行所承担的付款责任看,可分为承担第一性付款责任的保函和承担第二性付款责任的保函。对于承担第一性付款责任的保函,其受益人无须事先向申请人追索,当保函项下担保责任未能履行时,可直接向担保银行追索,由担保银行履行担保责任。对于承担第二性付款责任的保函,当申请人没有完成基础合同所规定的责任时,受益人应先向申请人追索,当申请人未能履行责任时,再向担保人追索。

2. 办理手续

一般情况下,银行保函的办理手续为:

① 申请人须填写开立保函申请书并签章。

② 提交保函的背景资料,包括合同、相关部门的批准文件等。

③ 提供相关的保函格式并加盖公章。

④ 提供企业近期财务报表和其他有关证明文件。

⑤ 落实银行接受的担保,包括缴纳保证金、质押、抵押、第三者信用担保或以物业抵押或

其他方式作担保，授信开立等。

⑥ 由银行审核申请人资信情况、履约能力、项目可行性、保函条款及担保、质押或抵押情况后，可对外开出保函。

3. 银行保函与跟单信用证的比较

(1) 适用范围

跟单信用证适用于国际货物的买卖，而银行保函不但适用于国际货物的买卖，还适用于需要作担保的场合以及国际经济交往中货物买卖以外的其他各种交易方式。银行保函的种类主要包括借款保函、融资租赁保函、补偿贸易保函、投标保函、履约保函、预付款保函、付款保函以及来料或来件加工保函、质量保函、预留金保函、延期付款保函、票据或费用保付保函、提货担保、保释金保函及海关免税保函等等。

(2) 与交易合同的关系

跟单信用证和银行保函都以交易合同为依据开立。如果保函是独立性的，则与跟单信用证一样，一旦开立，法律效力不依附于交易合同。如果保函为从属性的，则属于交易合同的从属合同，其法律效力随交易合同的存在而存在，随交易合同的消失而消失。

(3) 银行作用

跟单信用证以银行信用代替商业信用，而银行保函是商业信用的一种补充，即提供了一种银行信用的担保。两者银行都有付款责任。跟单信用证下，银行为第一性的付款责任。如保函为独立性的，申请人未履行义务时，银行也是主债务人，受益人直接向其追索；如保函是从属性的，则受益人应先直接向申请人索偿，只有当申请人被法律强制执行仍无力履约时，受益人才可凭保函向担保银行索偿。

(4) 支付依据

在银行支付款项时，独立性保函和跟单信用证处理的是单据，单据符合信用证或保函的要求即付款，而如果保函是从属性的，则还要联系到合同的履约事实后考虑是否支付。

6.4.2 保理

保理业务是一项集贸易融资、商业资信调查、应收账款管理及信用风险担保于一体的新兴综合性金融服务。近年来随着国际贸易竞争的日益激烈，国际贸易买方市场逐渐形成，赊销日益盛行，由于保理业务能够很好地解决赊销中出口商面临的资金占压和进口商信用风险的问题，因而在欧美、东南亚等地日益流行并在世界各地迅速发展。据统计，2004 年，全球保理业务量已经达到了约 8 600 亿欧元，其中国内保理业务量达 7 900 亿欧元，国际保理业务量超过 680 亿欧元。而同期，作为贸易大国的中国，保理业务量为约 43 亿欧元（其中国内保理业务量为 35.6 亿欧元，国际保理业务量为 7.6 亿欧元），仅为全球保理业务量的 0.5%。可见，保理业务在中国具有较大的发展空间。

1. 定义

保理（factoring）即保付代理的简称，根据国际统一司法协会《国际保理公约》的定义，保理是指卖方、供应商或出口商与保理商间存在一种契约关系。根据该契约，卖方、供应商或出口商将其现在或将来的基于其与买方（债务人）订立的货物销售或服务合同所产生的应收账款转让给保理商，由保理商为其提供下列服务中的至少两项：贸易融资、销售分户账管理、应收账款的催收、信用风险控制与坏账担保。

2. 国际保理业务流程

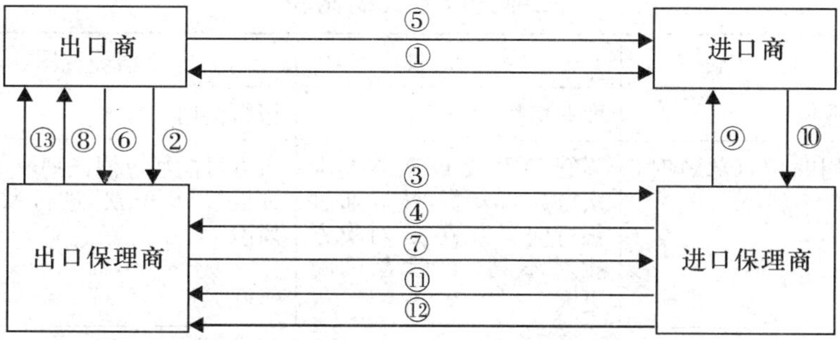

图 6-6 国际保理业务流程图

注：

① 出口商寻找有合作前途的进口商。

② 出口商向出口保理商提出叙做保理的需求并要求为进口商核准信用额度。

③ 出口保理商要求进口保理商对进口商进行信用评估。

④ 如进口商信用良好，进口保理商将为其核准信用额度。

⑤ 如果进口商同意购买出口商的商品或服务，出口商开始供货，并将附有转让条款的发票寄送进口商。

⑥ 出口商将发票副本交出口保理商。

⑦ 出口保理商通知进口保理商有关发票详情。

⑧ 如出口商有融资需求，出口保理商付给出口商不超过发票金额的 80％的融资款。

⑨ 进口保理商于发票到期日前若干天开始向进口商催收。

⑩ 进口商于发票到期日向进口保理商付款。

⑪ 进口保理商将款项付出口保理商。

⑫ 如果进口商在发票到期日 90 天后仍未付款，进口保理商做担保付款。

⑬ 出口保理商扣除融资本息（如有）及费用，将余额付出口商。

6.5 各种支付方式的结合使用

6.5.1 三种方式的比较

汇付、托收与信用证这三种支付方式的特点与性质是不同的，在选用的时候要认识到各种方式对买卖双方的风险，主要体现在：

（1）汇付与托收。汇付主要应用在预付款与赊销中，前者卖方先收款后发货，对卖方十分有利，对买方十分不利；而后者则刚好相反，托收有付款交单（D/P）和承兑交单（D/A）两种方式，均要求卖方先行发货，然后通过银行向买方收款，对买方相对有利，对卖方相对不利，而后者风险更大。

（2）信用证。信用证体现的是“独立性原则、凭单付款原则”，原本这种运行机制是非常有效的，但这种机制本身也存在漏洞，使得不法商人有机可乘，利用假证、“软条款”、假单、假货等进行信用证欺诈，这种欺诈行为已屡见不鲜。比如，邓白氏国际信息咨询公司发现，他们所接的案例更多的是在信用证项下发生的，从而使得信用证的有效性大打折扣。总之，三种支付方式的比较如表 6-1 所示。

表 6-1

三种支付方式的比较

方　式	汇　　付	托　　收	信　　用　　证
性质	商业信用	商业信用	银行信用
卖方风险	采用赊销(O/A)时，十分不利	不管 D/P 或 D/A 均要求卖方先行发货，然后通过银行向买方收款，对卖方相对不利，而后者风险更大	买方可能通过假证骗取货物，通过在信用证设置"软条款"进行欺诈，使卖方遭遇风险
买方风险	采用预付款时，十分不利	对买方相对有利	卖方可能通过提供假单、假货进行欺诈

6.5.2 各种方式的搭配使用

基于上面的分析，进出口商在选择支付方式时常会出现矛盾，选择单一支付方式有时不免显得过于绝对。在国际贸易中经常出现各种方式结合使用的情况，大致有下面三种情况。

1. 汇付与信用证结合

出口贸易中信用证与汇付结合使用，是指一笔出口合同金额的一部分由信用证支付，另一部分通过汇付(一般采用电汇，即 T/T)支付。在实际操作中有以下三种情况。

(1) 信用证与装船前汇付相结合

合同中支付方式规定，X%(一般为 70%～80%，下同)货款由信用证支付，剩余 Y%(一般为 20%～30%，下同)货款应由买方(即进口商，下同)在不晚于货物装船前若干天通过汇付方式支付给卖方(即出口商，下同)。一般情况下，会先开来信用证，然后在货物装船前若干天办理汇付，卖方收到货款或汇出行出具的汇付收据后将货物按时装船，然后向银行递交全套单据办理议付。这种方式对买方来说有时较为有利，国际市场价格变化对其不利时，买方可能会提出先检验装船前样品，然后借故拒付汇付部分的货款，卖方将无法按时发货，导致信用证过期失效，已生产完毕的货物积压，从而使卖方遭受重大经济损失。因此，对卖方来说，较为不利。

(2) 信用证与预付款相结合

合同规定的付款方式为买方在合同签订后先汇付 Y%的货款作为预付款(订金)，剩余 X%的货款由信用证支付。卖方在收到预付款和信用证后开始备货。通常情况下，卖方的收汇是相当安全的。买方一般不会苛刻要求开证行以单据中的"不符点"来拒付信用证项下的货款，否则，订金将无法收回。

(3) 信用证与装船后汇付

合同规定的付款方式为 X%货款由信用证支付，剩余 Y%货款待货物装船后或货到目的地后若干天内买方通过汇付方式支付给卖方。这里的"若干天"的期限视具体业务，由双方协商决定。卖方按合同与信用证要求将货物装船后，提交全套单据向银行议付。倘若对方并未在规定的期限内办理剩余部分货款的汇付，那么将会给卖方带来很大的损失。上述三种方式在中东客户中使用较为广泛，如 30%为 L/C，70%为 T/T，是普遍的做法。

2. 付款交单(D/P)与预付款相结合

合同中规定的支付方式为买方签订合同后先预付 Y%的订金，剩余 X%采用付款交单

(D/P)方式。买方已支付20%～30%的订金，一般不会拒付托收项下的货款，否则，订金将无法收回，因此，卖方的收汇风险将大大降低，即使买方拒付，仍可以将货物返运回国，订金将用于支付往返运费。但若进口国是巴基斯坦、叙利亚、约旦和孟加拉等国，情况就不一样了。这些国家的海关规定如货物返运回国，必须要向其提交买方出具的书面退货声明并经进口国银行书面证实后，海关才能办理退关及退货手续，否则不予办理有关手续，有了上述规定，如果买方在拒付D/P后不愿出具书面退货声明，卖方将不能将货物返运回国。因此，这种情况下，买方拒付D/P的可能性大大提高，并在拒付之后往往提出降价等苛刻要求。因此，与上述国家的客商交易时，要慎重考虑。这种方式被较多地应用在与欧洲客户的交易中。

3. 跟单托收与信用证结合

即部分货款采用信用证支付，部分采用跟单托收支付。一般做法是，在出口合同中支付条款作如下规定："买方须在装运月份前若干天送达卖方不可撤销信用证，规定$X\%$（一般为40%～80%）发票金额凭即期光票支付，其余$Y\%$金额以跟单托收方式付款交单（即期或远期）。全套货运单据附于托收项下，在买方付清发票的全部金额后交单。如买方不能付清全部发票金额，则货运单据须由开证行掌握，凭卖方指示处理。"关键是使用光票信用证和跟单托收的结合。

4. O/A、D/A和国际保理或出口信用险相结合

对卖方风险最大的挂账（O/A）、承兑交单（D/A）方式可以与国际保理或出口信用险结合使用。这里重点介绍一下国际保理。所谓国际保理（international factoring）又称保付代理业务，是指出口商以挂账（O/A）、承兑交单（D/A）等方式销售货物时，保理商买进出口商的应收账款，并向其提供资金融通、进口商资信评估、销售账户管理、信用风险担保、账款催收等一系列服务的综合金融服务方式。通过以上方式，出口商将挂账（O/A）、承兑交单（D/A）的收汇风险转移给相关机构，专心从事生产和收购等商务活动。随着国际贸易的不断开展，这种结合使用方式已经在我国越来越受到重视和应用。

6.5.3 结合使用的优点

① 买方希望控制货物质量及装运，如采用信用证与装船前汇付结合方式；买方在信用证中规定了卖方难以办到的条款（如软条款），卖方要求买方先支付部分订金，既可防范收汇风险又可融通资金，或者买方急需该批货物，可以采用信用证与预付款结合使用；如果买方希望货物到达目的地经检验确定其品质或数量后（其实很多情况下为了约束卖方）再进行结算余额，就可以采用信用证与装船后汇付结合方式。上述三种方式下，买方（尤其在进口关税较高时）可以达到逃避进口关税的目的，因为卖方将出具两张不同比例的发票，其中信用证项下的发票将会被买方提交给进口国海关用以办理进口清关。

② 采用付款交单（D/P）与预付款结合方式，对买方而言，只支付少部分订金，便可以获得较为优惠的支付条件（以付款交单取代信用证，节省了开证押金和费用），如前所述，可以少支付一定数额的进口关税；对卖方而言，收汇风险可大大降低，因通常情况下买方已支付订金后一般不会轻易拒付托收项下的货款。

③ 信用证与托收结合方式，对买方而言，可以减少开证押金，少垫资金；对卖方而言，因有部分信用证的保证，且信用证规定货运单据随附托收汇票，开证行在买方付清发票的全部金额后交单，所以收汇比较安全。

6.6 实 验 教 学

6.6.1 目的

通过认识 L/C 实例，帮助学生加深对理论知识的理解和巩固。

6.6.2 要求

根据以下 L/C 实例完成操作，基本看懂 L/C 的主要条款，找出信用证五大方面的条款。

(1) 关于 L/C 本身（号码、开证日期、当事人、金额等）

(2) 关于货物的说明

(3) 关于装运

(4) 关于单据

(5) 其他条款

① 关于特殊条款。

② 开证行保证付款的文句。

③ 关于给议付行的指示。

TOKOYO NATIONAL BANK

IRREVOCABLE DOCUMENTARY CREDIT	L/C NUMBER：TNB 002 DATE OF ISSUE：15TH FEB.，20×× NOGOYA
EXPIRY DATE AND PLACE： MAY 15TH，20×× SHANGHAI	APPLICANT： YAKAHA CO.，LTD.
BENEFICIARY： SHANGHAI ×× TRADING CO. LTD. ××，SHANGHAI CHINA	AMOUNT： USD 25 000.00（U. S. DOLLARS TWENTY-FIVE THOUSAND ONLY）
SHIPMENT DETAILS： FROM SHANGHAI TO NAGOYA LATEST ON 30TH APR.，20×× PARTIAL SHIPMENTS：NOT ALLOWED TRANSHIPMENT：ALLOWED	AVAILABLE BY：BENEFICIARY'S DRAFTS AT SIGHT DRAWN ON US.

+DOCUMENTS REQUIRED：

SIGNED COMMERCIAL INVOICE IN TRIPLICATE INDICATING L/C NUMBER

FULL SET ORIGINAL CLEAN ON BOARD OCEAN BILLS OF LADING MADE OUT TO SHIPPER'S ORDER，ENDORSED TO OUR ORDER，MARKED FREIGHT PREPAID AND NOTIFY APPLICANT MENTIONING THIS L/C NUMBER

MARINE INSURANCE POLICY OR CERTIFICATE FOR FULL CIF VALUE PLUS 10% COVERING CIC ALL RISKS AND WAR RISK

PACKING LIST IN TRIPLICATE

GSP CERTIFICATE FORMA

+DESCRIPTION OF GOODS：2 ITEMS OF "HOKO" BRAND OF LIGHTERS AS PER SALES S/C

NO. YL-030201-1 DATED FEB. 01,20××

CIF NAGOYA

SHIPPING MARKS:

YKH

YL-030201-1

NAGOYA

C/NO. 1～40

+DETAILS OF CHARGES: ALL BANKING CHARGES AT YOUR END ARE FOR ACCOUNT OF BENEFICIARY

+PERIOD FOR PRESENTATION: DOCUMENTS TO BE PRESENTED WITHIN 10 DAYS AFTER THE B/L DATE

+INSTRUCTION TO PRESENTING BANK: DOCUMENTS ARE TO BE DESPATCHED BY REGISTERED AIRMAIL IN ONE COVER

+THIS CREDIT IS SUBJECT TO UCP 600

6.7 小　结

① 国际货款的收付，大多使用非现金结算，即采用各类金融票据来进行支付，应用于国际结算的金融票据主要有汇票、本票和支票。

② 国际货款收付的主要方式有汇付、托收和信用证。前两者属于商业信用，后者属于银行信用，本章分别介绍其定义、种类、业务程序以及合同中的条款。

③ 汇付因其手续简单、费用低等优点而日益受到进出口商的青睐，尤其在发达国家之间越来越得到广泛应用；信用证利用银行信用，能相对保证进出口商的利益，不过其手续繁杂、费用高昂。

④ 为规避风险和降低商务成本，各种方式的结合使用逐渐受到人们的关注，同时也是进出口商支付方式的理性选择的一种表现。

6.8 习　　题

6.8.1 单项选择题

1. 银行汇票的出票人是（　　）。

A. 银行　　B. 企业

C. 银行或企业　　D. 以上均有可能

2. 商业汇票的出票人是（　　）。

A. 银行　　B. 企业

C. 银行或企业　　D. 以上均有可能

3. 国际货物买卖使用托收方式，委托并通过银行收取货款，使用的汇票是（　　）。

A. 商业汇票，属于商业信用　　B. 银行汇票，属于银行信用

C. 商业汇票，属于银行信用　　D. 银行汇票，属于商业信用

4. 票汇业务,大多数情况下使用的汇票是(　　)。

A. 商业汇票,属于商业信用　　B. 银行汇票,属于银行信用

C. 商业汇票,属于银行信用　　D. 银行汇票,属于商业信用

5. 使用L/C、D/P、D/A三种支付方式结算货款,就卖方的收汇风险而言,从小到大依次排序为(　　)。

A. D/P、D/A、L/C　　B. D/A、D/P、L/C

C. L/C、D/P、D/A　　D. L/C、D/A、D/P

6. 当信用证条款与买卖合同规定不一致时,受益人可以要求(　　)。

A. 开证行修改　　B. 申请人修改

C. 通知行修改　　D. 议付行修改

7. 在下列支付方式中,最有利于进口方的是(　　)。

A. 信用证　　B. D/P即期

C. 预付款　　D. D/A30天

8. 既然信用证是依据买卖合同开立的,出口商要保证安全收汇,必须做到(　　)。

A. 提交的单据,必须与买卖合同规定相符

B. 提交的单据,必须与信用证规定相符

C. 当信用证与买卖合同不一致时,提交的单据,应以买卖合同规定为主,也要适当参照信用证有关规定

D. 以上均有可能,视具体情况而定

9. 多用于易货交易、来料加工和补偿贸易业务的是(　　)。

A. 循环信用证　　B. 对背信用证

C. 对开信用证　　D. 备用信用证

10. 如果信用证的有效期规定为3个月或6个月,但未列明从何时起算,按照《UCP600》的规定,其有效期应从(　　)。

A. 合同签订之日起算　　B. 货物装船之日起算

C. 信用证的开证日起算　　D. 货物到达目的地之日起算

6.8.2 判断题

1. 汇票经过背书后,可以转让。(　　)

2. 对银行而言,汇票是光票,商业汇票是跟单汇票。(　　)

3. 银行汇票是一种商业汇票,所以属于商业信用。(　　)

4. 对卖方而言,在汇付、托收和信用证三种支付方式中,汇付的风险最大。(　　)

5. 票汇是汇付的一种方式,属于商业信用,故使用商业汇票。(　　)

6. L/C、D/P、D/A三种支付方式中,买方最容易接受D/A方式,因为有助于达成交易,扩大出口,所以我方应增加对D/A的使用。(　　)

7. 信用证是银行应进口商的申请,向出口商开出的保证付款凭证,因此,进口商应承担第一付款人的责任。(　　)

8. 托收是商业信用,信用证是银行信用。(　　)

9.《UCP600》规定,不规定有效期的信用证无效。(　　)

10.《UCP600》规定信用证有效期为 3 个月，应从装运日开始起算。 （ ）

6.8.3 简答题

1. 汇付在国际贸易中应用主要有哪几种方式？请简要说明之。

2. D/P AT 30 DAYS AFTER SIGHT 和 D/A AT 30 DAYS AFTER SIGHT 有何区别？各有什么风险？

3. 简述信用证支付的特点。

4. 何谓循环信用证？一般应用于哪些交易？

5. 何谓可转让信用证？一般应用于哪些交易？

6.8.4 案例分析

1. 我某公司出口一批红枣，合同与信用证均写明三级品，发货时已知三级红枣库存不足，便以部分二级红枣顶替，并在发票上注明："二级红枣仍以三级计价"，问这种以好顶次的做法是否妥当？为什么？

2. 我某公司向外国 A 商出口货物一批。A 商按时开来不可撤销信用证，我公司按时装船并向议付银行交单（单证严格相符）。不久后我方接到议付银行通知，称该开证行因经营不善已宣布破产，故其不再承担付款责任，开证行建议我方直接向 A 商索取货款。对此，我公司应如何处理？为什么？

第7章 商品检验

【学习目标】

通过本章的学习，要求能够了解进出口商品检验作用与意义，理解商品检验权及商品检验机构，掌握装船前检验以及合同中检验条款。

【本章重点】

1. 商品检验权
2. 商品检验与装船前检验

【本章难点】

装船前检验基本做法

商品检验在本章中主要是指进出口货物的检验。随着国际贸易的发展，对进出口货物检验已经成为货物买卖的重要环节和买卖合同的一项重要内容。明确买卖双方对于商品的检验权利和必须履行的相关义务，保证进出口商品的品质和数量，是国际贸易顺利进行不可或缺的重要环节之一。

7.1 商品检验概述

7.1.1 商品检验的作用与意义

在国际贸易中，进出口商品检验是必不可少和十分必要的。作为买卖双方，进行必要的商品检验，可以保证货物的品质符合合同的要求，从而使合同得到正常有序的履行。同时，通过商品检验，卖方可以有效监控产品质量，提高自身的商业信誉，而买方可以及时发现商品品质问题，保障自身的合法权益。

此外，除买卖双方外，作为商品的进出口国，为了维护社会公共利益和进出口贸易有关各方的合法权益，促进对外经济贸易关系的顺利发展，对进出口商品品质进行管理，一般都制定了有关商品检验的法律或政府法令。在我国，1989年8月1日起施行《中华人民共和国进出口商品检验法》，在2002年4月28日我国第九届全国人民代表大会常务委员会第二十七次会议上通过了《全国人民代表大会常务委员会关于修改〈中华人民共和国进出口商品检验法〉的决定》，对该法予以了修正。

7.1.2 检验权与检验机构

1. 检验权

在国际贸易中，货物买卖双方交接货物，通常要经过卖方生产、卖方检验、交付、买方检验、接受或拒收货物等环节。其中,买方检验是重点内容。实践中,对于买方检验环节,买卖双方通常在合同中予以了规定或者已形成一定的惯例。同时,对于买方的检验权,多数国家也以法规做出了规定,例如,《中华人民共和国合同法》第 157 条规定:“买受人收到标的物时应当在约定的检验期间内检验。没有约定检验期间的,应当及时检验。”第 158 条规定:“当事人约定检验期间的,买受人应当在检验期间内将标的物的数量或者质量不符合约定的情形通知出卖人……当事人没有约定检验期间的,买受人应当在发现或者应当发现标的物的数量或者质量不符合约定的合理期间内通知出卖人……”此外,对于买方的检验权在国际惯例或公约中也有所体现,例如,《公约》第 38 条规定:“(1) 买方必须在按情况实际可行的最短时间内检验货物或由他人检验货物。(2) 如果合同涉及货物的运输,检验可推迟到货物到达目的地后进行。(3) 如果货物在运输途中改运或买方须再发运货物,没有合理机会加以检验,而卖方在订立合同时已知道或理应知道这种改运或再发运的可能性,检验可推迟到货物到达新目的地后进行。”第 58 条第(3)款规定:“买方在未有机会检验货物前,无义务支付价款,除非这种机会与双方当事人议定的交货或支付程序相抵触。”

从以上规定可以看出,除双方另有约定外,买方有权对自己所购买的货物进行检验。但是,值得注意的是,买方对货物的检验并不一定是接受货物的前提条件,买方对收到的货物可以检验,也可以不进行检验,假如买方没有利用合理机会对货物进行检验,就是放弃了检验权,当然,也就丧失了拒收货物的权利。

此外,除了买卖双方对货物检验做出规定外,货物的进出口国通常还通过立法形式,规定某些商品在进口或出口时必须由法律规定的检验机构进行检验,并且检验合格后方可以放行。

2. 法定检验

(1) 概念

进出口商品法定检验,是指进出口国的出入境检验检疫部门根据该国法律法规规定,对规定的进出口商品或有关的检验检疫事项实施强制性的检验检疫,未经检验检疫或经检验检疫不符合法律法规规定要求的,不准输入输出。法定检验的目的是为了保证进出口商品、动植物(或产品)及其运输设备的安全、卫生符合该国有关法律法规规定和国际上的有关规定;防止次劣有害商品、动植物(或产品)以及危害人类和环境的病虫害和传染病源输入或输出,保障生产建设安全和人类健康。例如,《中华人民共和国进出口商品检验法》第 4 条规定:“进出口商品检验应当根据保护人类健康和安全、保护动物或者植物的生命和健康、保护环境、防止欺诈行为、维护国家安全的原则,由国家商检部门制定、调整必须实施检验的进出口商品目录并公布实施。”

(2) 检验机构

由于进出口商品的法定检验是由该国通过立法形式规定的,所以检验机构通常是由官方组织担任。例如《中华人民共和国进出口商品检验法》第 2 条规定:“国务院设立进出口商品检验部门(以下简称国家商检部门),主管全国进出口商品检验工作。国家商检部门设在各地的进出口商品检验机构(以下简称商检机构)管理所辖地区的进出口商品检验工作。”我国的进出口商品法定检验机构主要为“中华人民共和国国家出入境检验检疫局”。该局为 1998 年年初由原国家进出口商品检验局、原卫生部卫生检疫局和原农业部动植物检疫局共同组建而成,归口国家海关总署领导,它的成立标志着我国出入境检验检疫事业进入了一个新的发展时期。回顾中国“三检”的历史沿革,“三检”分兵把口造成的交叉重复查验的现象较为严重,对口岸运作限制过多，对进出口贸易限制过多，大大削弱我国口岸能力的发挥，直接影响我国投资环境和对外贸易的持续发展，毫无疑问，“三检合一”，具有十分重要的现实意义：一是有利于消除口岸查验政出多门所带来的重复管理、重复检验检疫、重复收费、通关效率低、企业负担重等一系列弊端，使“一次报验、一次取(采)样、一次检验检疫、一次卫生除害处理、一次收费、一次发证放行”(即“六个一”)的工作规程具有现实可能性；二是更便于履行和实现国家统一意志和主权，也便于国务院统一管理和地方政府的监督；三是有利于减轻财政负担。过去“三检”均自成体系，而每一个体系都需要国家及地方投资建设，因此不论是建立机构，配备人员，还是装备检验、检疫仪器设备，都存在“大而全”、“小而全”的重复建设问题。“三检合一”后，这种由于重复建设带来的人力、财力、物资浪费问题便可迎刃而解。这样就更加方便了与国际检验检疫同行的技术交流活动，加快了国际上先进管理经验及检测技术成果的引进与吸收，使在短时间内迅速提高自身的竞争能力成为可能。

按照国务院批准的国家出入境检验检疫局方案规定，“三检合一”后的中华人民共和国国家出入境检验检疫局是主管出入境卫生检疫、动植物检疫、商品检验、鉴定、认证和监督管理的行政执法机构，其主要职责是：

① 研究拟定有关出入境卫生检疫、动植物检疫及进出口商品检验法律、法规和政策规定的实施细则、办法及工作规程，督促检查出入境检验检疫机构贯彻执行。

② 组织实施出入境检验检疫、鉴定和监督管理；负责国家实行进口许可制度的民用商品入境验证管理；组织进出口商品检验检疫的前期监督和后续管理。

③ 组织实施出入境卫生检疫、传染病监测和卫生监督；组织实施出入境动植物检疫和监督管理；负责进出口食品卫生、质量的检验、监督和管理工作。

④ 组织实施进出口商品法定检验；组织管理进出口商品鉴定和外商投资财产鉴定；审查批准法定检验商品的免验和组织办理复验。

⑤ 组织对进出口食品及其生产单位的卫生注册登记及对外注册管理；管理出入境检验检疫标志、进口安全质量许可、出口质量许可并负责监督检查；管理和组织实施与进出口有关的质量认证认可工作。

⑥ 负责涉外检验检疫和鉴定机构(含中外合资、合作的检验、鉴定机构)的审核认可并依法进行监督。

⑦ 负责商品普惠制原产地证和一般原产地证的签证管理；负责管理出入境检验检疫业务的统计工作和国外疫情的收集和分析并提供信息指导和咨询。

⑧ 拟定出入境检验检疫科技发展规划；组织有关科研和技术引进工作；收集和提供检验检疫技术情报。

⑨ 垂直管理出入境检验检疫机构；开展有关出入境检验检疫方面的国际合作与技术交流；按规定承担技术性贸易壁垒和检疫协议的实施工作；执行有关协议。

⑩ 承办国务院及海关总署交办的其他事项。

综上所述，国家出入境检验检疫局的职责主要分为法定检验检疫、鉴定工作和监督管理三大方面。此外，进出口药品的监督检验、计量器具的量值检验、船舶和集装箱的规范检验、飞机(包括飞机发动机、机载设备)的适航检验、锅炉和压力容器的安全检验、核承压设备的安全检验等，分别由国家各有关主管部门归口实施法定检验和监督管理。上述产品的进出口，须依法向各专职检验部门申请办理，取得合格检验鉴定文件后，才能进口或出口。

(3) 检验范围

法定检验的范围由国家法律做出规定，通常是由该国商检部门制定出必须实施检验的进出口商品目录。也就是说，必须实施检验的进出口商品目录内的进出口商品，属于法定检验的范围。我国法定检验的商品主要有：

① 列入《出入境检验检疫机构实施检验检疫的进出境商品目录》(简称《检验检疫商品目录》)的商品。

②《中华人民共和国食品卫生法(试行)》规定，应实施卫生检验检疫的进出口食品。

③ 危险货物的包装容器、危险货物运输设备和工具的安全技术条件的性能和使用鉴定。

④ 装运易腐烂变质食品、冷冻品的船舱、货仓、车厢和集装箱等运载工具。

⑤ 国家其他有关法律、法规规定须经出入境检验检疫机构检验的进出口商品、物品、动植物等。

值得注意的是，对于法定检验以外的进出口商品，国家的商检机构并非不进行任何监督管理，通常对法律规定必须经商检机构检验的进出口商品以外的进出口商品，根据国家规定实施抽查检验。

(4) 检验标准及方法

法定检验进出口商品，通常按照该国家技术规范的强制性要求进行检验；如果尚未制定技术规范的强制性要求的，可以按照相关的国际通用标准或外国有关标准进行检验。法定检验的方法一般由商检机构决定，我国通常采用抽查。

(5) 关于免验

在我国，列入必须实施检验的进出口商品目录的进出口商品，由收货人、发货人或者其生产企业提出申请，经国家质量监督检验检疫总局审核批准，可以免予检验(以下简称免验)。免验有效期一般为3年。免验商品免验应当符合以下条件：

① 申请免验的进出口商品质量应当长期稳定，在国际市场上有良好的质量信誉，无属于生产企业责任而引起的质量异议、索赔和退货，检验检疫机构检验合格率连续3年达到100%。

② 申请人申请免验的商品应当有自己的品牌，在相关国家或者地区同行业中，产品档次、产品质量处于领先地位。

③ 申请免验的进出口商品，其生产企业的质量管理体系应当符合ISO9000质量管理体系标准或者与申请免验商品特点相应的管理体系标准要求，并获得权威认证机构认证。

④ 为满足工作需要和保证产品质量，申请免验的进出口商品的生产企业应当具有一定的检测能力。

⑤ 申请免验的进出口商品的生产企业应当符合进出口商品免验审查条件的要求。

此外，下列进出口商品不予受理免验申请：

① 食品、动植物及其产品。

② 危险品及危险品包装。

③ 品质波动大或者散装运输的商品。

④ 须出具检验检疫证书或者依据检验检疫证书所列重量、数量、品质等计价结汇的商品。

3. 约定检验

(1) 概念

约定检验是指货物买卖双方在交易中按形成的惯例进行检验或在合同中对检验的内容、

方法、检验方等做出规定并按规定执行。

(2) 机构

约定检验的机构一般由买卖双方在合同中予以规定。按照是否由政府设立，检验机构可以分为官方检验机构和独立检验机构。官方检验机构是由政府设立的监督检验机构，主要依照法律和行政法规的规定，对有关进出口商品进行严格的检验管理，如中华人民共和国国家出入境检验检疫局、美国食品药品管理局(简称 FDA)等。独立检验机构是指由商会、协会、同业公会或私人设立的半官方或民间商品检验机构，担负着国际贸易货物的检验和鉴定工作。由于独立检验机构承担的民事责任有别于官方商品检验机构承担的行政责任，所以在国际贸易中更易被买卖双方接受。独立检验机构根据委托人的要求，以自己的技术、信誉及对国际贸易的熟悉，为贸易当事人提供灵活、及时、公正的检验鉴定服务，受到对外贸易关系人的共同信任，已经成为检测市场的主流力量。在我国，按法律规定，经国家商检部门许可的检验机构，可以接受对外贸易关系人或者外国检验机构的委托，办理进出口商品检验鉴定业务。国际上著名的独立检验机构有美国担保人实验室(UL)、瑞士日内瓦通用鉴定公司(Societe Generale De Surveillance S. A., SGS)、美国材料与试验协会(ASTM)等等。值得注意的是，约定检验不一定都由专业检验机构担当，在交易惯例或合同中也较常出现由买卖双方自行担任检验人的约定。

(3) 检验范围、标准及方式

约定检验的范围、标准和方式通常按照合同的规定或交易惯例。

7.1.3 检验证书及其作用

1. 概念

检验证书(inspection certificate)是由商检机构签发的证明商品检验结果的书面证明文件。此外，经过买卖双方同意，也可采用由出口商品的制造商、出口商、进口商或者进口商的代理出具证明的办法。

2. 种类

进出口商品的检验证书种类较多，在我国，常见的各种证书有：

① 品质检验证书。品质检验证书证明进出口商品的品质、规格、等级、成分、性能等实际情况。是出口商品交货结汇，进口商品结算索赔，进出口商品报关、输出输入和仲裁诉讼的合法凭证。

② 重量、数量检验证书。重量、数量检验证书是证明进出口商品的重量，如毛重、净重和皮重等，出口商品交货结汇、签发提单和进口商品结算、索赔的有效凭证。出口商品的重量证书，也是国外报关征税和计算运费、装卸费用的证件。

③ 兽医检验证书。兽医检验证书是证明出口动物产品或食品已经过检疫合格的证件，主要适用于出口冻品(冻畜肉、冻禽)、禽畜肉、罐头、皮张、毛类、绒类、猪鬃、肠衣等商品，是对外交货、银行结汇和进口国通关输入的重要证件。此外，出口食品包装箱上和罐头上的兽医验讫证明标志，具有商检证书同等效用的官方兽医证明的作用。

④ 卫生/健康证书。卫生/健康证书是证明可供人类食用的出口动物产品、食品等经过卫生检验或检疫合格的证件，适用于罐头、冻鱼、冻虾、食品、蛋品、乳制品、蜂蜜等，是对外交货、银行结汇和通关验放的有效证件。

⑤ 消毒检验证书。消毒检验证书是证明出口动物产品经过消毒处理，保证安全卫生的证件，适用于猪鬃、马尾、皮张、山羊毛、羽毛、人发等商品，是对外交货、银行结汇和国外通关验放的有效凭证。

⑥ 熏蒸证书。熏蒸证书是用于证明出口粮谷、油籽、豆类、皮张等商品，以及包装用木材与植物性填充物等，已经过熏蒸灭虫的证书。

⑦ 残损检验证书。残损检验证书是证明进口商品残损情况的证件，适用于进口商品发生残、短、渍、毁等情况，可作为收货人向发货人或承运人或保险人等有关责任方索赔的有效证件。

⑧ 积载鉴定证书。积载鉴定证书是证明船方和集装箱装货部门正确配载积载货物，作为证明履行运输契约义务的证件。可供货物交接或发生货损时处理争议之用。

⑨ 产地证明书。产地证明书是出口商品在进口国通关输入和享受减免关税优惠待遇和证明商品产地的凭证，包括一般产地证、普惠制产地证等。

⑩ 价值证明书。价值证明书作为进口国管理外汇和征收关税的凭证。在发票上签盖商检机构的价值证明章与价值证明书具有同等效力。

此外，还有证明其他检验、鉴定工作的检验证书，如证明承运出口商品的船舱清洁、密固、冷藏效能及其他技术条件是否符合保护承载商品的质量和数量完整与安全要求的验舱等证书等。

不同的检验机构出具的检验证书格式一般略有不同，但一般都要包括发货人、收货人、商品、唛头、数量、重量和检验结果等内容。

表 7-1

国家出入境检验检疫局检验证书

1. NAME OF CONSIGNOR:

NAME OF CONSIGNEE:

2. INSPECTION CERTIFICATE

3. NO.:

4. DATE:

5. COMMODITY:

6. SHIPPING MARKS:

7. QUANTITY:

8. WEIGHT:

9. RESULTS OF INSPECTION:

10. SIGNATURE

ENTRY-EXIT INSPECTION AND QUARANTINE OF PEOPLE'S REPUBLIC OF CHINA

3. 作用

在国际贸易中,商品检验证书的作用是:

① 海关放行的依据。对于法定检验的产品,如果没有经过国家检验机构的检验并检验合格,将无法出口或进口。

② 议付货款的依据。如果合同中规定交货时需要提供检验证明,那么如果未提交符合要求的检验证明,买方可以拒绝付款。

③ 货物符合合同的依据。检验证书可以作为证明交货的品质、数量、包装以及其他条件等是否符合合同规定的依据。

④ 索赔和理赔的依据。买卖双方对交货品质、数量、包装以及卫生条件与合同规定是否相符发生争议时,买卖双方可以凭检验证书作为拒收、索赔或理赔的依据。

7.1.4 关于装船前检验

1. 概念

装船前检验是指委托独立的专业公司来检验海外订购货物的装载情况,主要是检验价格、数量和质量。这个做法被许多发展中国家所采用,其目的在于防止资本外流、商业欺诈以及逃避海关关税等情况的发生,保护国内财政利益和弥补行政管理机构的不足。这些发展中国家的政府部门颁布法令,实施“进口货物全面监管计划”(简称 CISS),该计划的主要内容就是装船前检验,即指定国际公证检验机构对进口货物在出口国进行检验,检验合格后出具清洁报告书并允许进口,如果检验结果不合格,将拒绝进口。而通常这些国际公证检验机构主要有 SGS(瑞士通用公证行)、IITS(英国英之杰检验集团)、BV(法国船级社)、OMIC(日本海外货物检查株式会社)等。国际上实施 CISS 的国家主要包括:安哥拉、阿根廷、玻利维亚、布基那法索、布隆迪、柬埔寨、喀麦隆、中非、刚果共和国、象牙海岸、厄瓜多尔、几内亚、肯尼亚、马拉维、马里、毛里塔尼亚、墨西哥、巴拉圭、秘鲁、菲律宾、卢旺达、塞内加尔、刚果民主共和国、赞比亚等。

2. 程序

以在中国办理装船前检验,由 SGS 检验为例,检验通常按以下程序进行:

① 出口成交。出口商按正常的贸易程序与进口商达成出口交易,进口商把有关这笔交易的情况通知本国的 SGS 联络办公室,同时通知出口商须请 SGS—CSTC 通标公司①验货。SGS—CSTC 收到进口国 SGS 联络办公室的通知(检验编号)后,传真(邮寄)给出口商一份注明“SGS 检验编号”(I. O. NO.)和 SGS—CSTC“ICN”编号的空白验货申请表(RFI),通知出口商提交单据,安排验货。

② 申请检验。为安排检验,出口商须填写带有 SGS 检验编号的验货申请表(RFI),连同相关单据一起传真(寄)给离验货地点最近的 SGS—CSTC 分公司。一般出口商须在检验日期的 3 个工作日前,把 RFI 和相关单据交给 SGS—CSTC 分公司。

③ SGS—CSTC 进行检验。SGS—CSTC 的检验员将对照出口商的形式文件,检验货物的规格、名称、数量、外观质量,必要时要抽取样品。

---

① SGS—CSTC 通标公司,系瑞士通用公证行(SGS)与中国标准技术开发公司(CSTC)共同组建的合资公司,成立于 1991 年,截至 2004 年,已在中国包括上海、天津、大连、青岛、广州、厦门、深圳、宁波、秦皇岛、南京等地设有 17 家分支机构。

④ SGS—CSTC 出具所要求的最终文件。

此外，如果出口商收到的信用证上要求“在出口商的发票上贴 SGS 安全标签(security label)”，出口商可提交一份最终出口发票给最近的 SGS—CSTC 分公司，并去领取安全标签，或要求 SGS—CSTC 将安全标签邮寄给出口商。值得注意的是，只有在完成以上第(1)至第(4)的程序后，SGS—CSTC 才会签发安全标签。

7.2 进出口商品检验的程序

7.2.1 进出口商品约定检验的时间和地点

在约定检验中，关于检验时间和地点的规定主要包括：

① 在出口国产地检验。货物发货前，由卖方会同买方检验人员对货物进行检验，卖方只对商品离开产地前的品质负责，货物离产地后运输途中品质的变化，由买方负责。

② 在装运港(地)检验。货物在装运前或装运时由双方按约定方式检验，并出具检验证明，作为确认交货品质和数量的依据，这种规定，称为以“离岸品质和离岸数量”为准。

③ 目的港(地)检验。货物在目的港(地)卸货后，由双方按约定方式检验，并出具检验证明，作为确认交货品质和数量的依据，这种规定，称为以“到岸品质和到岸数量”为准。

④ 买方营业处所或用户所在地检验。对于那些密封包装、精密复杂、不宜在使用前拆包检验或需要安装调试后才能检验的产品，可将检验推迟至用户所在地，由双方按约定方式检验并出具证明。

⑤ 出口国检验，进口国复检。这种方法，最为方便而且合理，在国际贸易实践中多采用这一做法。需要指出的是，买方复验，是指买方收到货物后有复验权，而复验期限的长短，应视商品的性质和港口情况而定。再有，复验方、复验地点应在合同中予以规定。

7.2.2 我国进出口商品的法定检验程序

在我国，进出口商品的法定检验程序如图 7-1 所示。

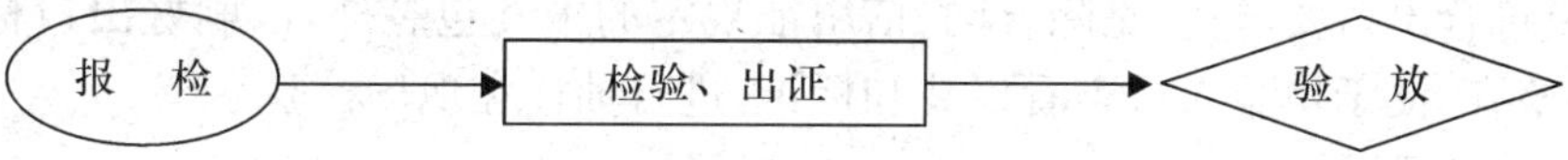

图 7-1 我国进出口商品的法定检验程序

1. 进口商品

(1) 报检

关于法定检验进口商品的报检，《中华人民共和国进出口商品检验法》规定：“本法规定必须经商检机构检验的进口商品的收货人或者其代理人，应当向报关地的商检机构报检。”这一规定包含以下几层含义：其一报检也称为报验。法定检验进口商品的报检时间是要在必须经商检机构检验的进口商品到货后，如果上述商品还未到货，则不能向商检机构报检。其二法定检验的进口商品的报检主体为收货人或者其代理人。同时，《中华人民共和国进出口商品检验法》还对进口货物的收货人的代理人报检的要求做出了规定，即为进口货物的收货人办理报检手续的代理人应当在商检机构进行注册登记，办理报检手续时应当向商检机构提交授权委托书。其三报检地点是报关地的商检机构。

(2) 检验及出证

根据《中华人民共和国进出口商品检验法实施条例》的规定:"对外贸易合同或者运输合同约定商品检验地点的,在约定的地点进行检验;未约定检验地点的,在卸货口岸、到达站或者商检机构指定的地点进行检验。大宗散装商品、易腐烂变质商品,以及卸货时发现残损或者数量、重量短缺的商品,必须在卸货口岸或者到达站进行检验。需要结合安装调试进行检验的成套设备、机电仪器产品,以及在口岸开件检验后难以恢复包装的商品,可以在收货人所在地进行检验。"向商检机构报验的期限,由于进口商品的不同,索赔有效期和品质保证期不同,因而,规定的报检时间也不同。一般商品应在到达报验地点3天内,向所在地区的商检机构报验。如果索赔期已近,来不及完成检验出证时,收货人要事先向国外办理延长索赔期的手续。但对口岸卸货时发现有残损、短少的进口商品,应当立即报验,以便在卸货地检验,确定残损缺少状况,判明原因和责任归属。商检机构应当在国家商检部门统一规定的期限内检验完毕,并出具检验证单。

(3) 验放

海关凭商检机构签发的货物通关证明验放,即海关对法定检验的进口商品只能凭商检机构签发的出入境货物通关单验放。

2. 出口商品

(1) 报检

法定检验的出口商品的报检主体为发货人或者其代理人。为出口货物的发货人办理报检手续的代理人应当在商检机构进行注册登记,办理报检手续时应当向商检机构提交授权委托书。报检的地点和期限应当按照商检机构的规定。商检机构规定的地点,是指货物装运口岸和商品集中的产地或储存地点。报检的期限根据有关规定,出境货物最迟应于报关或装运前7天报检,对于个别检验检疫周期较长的货物,应留有相应的检验检疫时间。发货人向商检机构报检时,应当填写出境货物报检单并提供对外贸易合同(售货确认书或函电)、信用证、发票、装箱单等必要的单证,商检机构经审查后接受报检。商检机构对出口商品进行检验应具备下列条件:一是对外贸易关系人已对外签订销售合同,凭信用证支付货款的、或已收到国外开来的信用证,并明确了装运条件和检验依据;二是出口货物已备齐,除散装货、裸装货外,已包装完毕,外包装符合出口要求;三是除合同、信用证规定的中性包装外,已刷好出口标记;四是整批商品堆放整齐,便于检验人员查看包装和标记,进行抽样和现场检验。

(2) 检验、出证

关于法定检验出口商品检验证单的出具,商检机构在国家商检部门统一规定的期限内检验完毕,并出具检验证单。商检机构在对出口商品检验后,对检验合格的商品,按照对外合同、信用证、有关国际规定或者申请人的要求,可出具各类商检证书,主要包括:品质证书、数量或重量证书、熏蒸证书等。同时,商检机构为了便于出口商品在国内有关部门办理手续或商检机构之间沟通情况,简化检验程序,可签发有关商检单证,主要包括:一是预验结果单,即出口商品经商检机构预先检验合格后对内签发,用于商品出口时向当地商检机构换证用;二是出口商品检验换证凭单,即出口商品经发运地的商检机构检验合格后对内签发,用于商品出口时申请人凭此向口岸商检机构申请出口检验换证用;三是出口商品放行单,即法定检验商品经检验合格后对内签发,海关凭此对法定检验商品验放出口;四是不合格通知单,即出口商品经商检机构检验不合格时对内签发,此单签发后出口商品不能放行出口;五是海运出口危险货物包装容器性能检验结果单,即商检机构对出口危险货物的包装容器性能鉴定合格后对内签发，使用危险货物包装容器的单位向商检机构申请包装容器使用鉴定时需要提供该单；六是海运出口危险货物包装容器使用鉴定结果单，即海运危险货物有包装容器经商检机构进行使用鉴定合格后对内签发，供外贸经营单位装运出口危险货物和办理出口装运等手续用；七是委托检验结果单，即商检机构接受有关单位委托申请，对商品进行检验后对内签发，供申请人了解委托样品情况用。

(3) 验放

为加强对出口商品的通关管理，我国建立了“先报检、后报关”的通关机制，要求企业先向商检机构报检，经审核后，由商检机构出具统一的采用防伪技术的通关单，海关对法定检验的出口商品只能凭商检机构签发的出入境货物通关单验放，即海关凭商检机构签发的货物通关证明验放，也就是说，海关对法定检验的出口商品只能凭商检机构签发的出入境货物通关单验放。

7.3 合同中商品检验条款

7.3.1 检验条款的意义

在国际贸易中，进出口商如果能结合自己的企业、进出口商品的总体情况，灵活选用检验方式，制定出切实可行的检验条款，那么，检验条款的签订可以帮助出口商提高履行合同的质量，帮助进口商保障自己的权益。

7.3.2 常见检验条款

1. 主要内容

商检条款主要内容一般包括检验方式、检验内容、检验机构和检验费用等方面，所以，在签订出口合同中，需要“科学、明确、具体、合理”地确定这些内容。具体而言，包括以下内容：

① 确定检验方式。具体检验方式可分为自行检验、共同检验、产地检验、出口商品内地检验与口岸查验、出口商品到岸复验等多种方式。所以双方签订合同时，事先应该明确具体采取哪种方式检验，出口时，如果争取到自行检验形式，可以省去很多麻烦，但这需要出口企业提高自己产品的信誉度，只有在企业生产规范、产品质量稳定时才可能做到。另外，出口情况下，如果客户要求由某家检验机构对出口商品检验，而出口商对该家机构并不熟悉，那么出口商应该要求客户提供该机构的详细介绍，并在签约前与其联系，询问清楚该机构检验的具体要求，如方式、时限、费用等等。

② 确定检验内容。确定检验内容是商检条款的核心内容之一。在确定检验内容的时候，规定商品的品质指标要科学、合理，并要结合行业或技术上的需要。值得注意的是，理论上讲，检验的内容包括检验的项目、类别、所用的标准、检验的方法等方面。不同的标准或不同检验的方法对同一种商品将会检验出不同结果。对于金额大、交货周期长的出口合同，将这些内容清清楚楚地写在合同上肯定是明智之举。

③ 选定检验机构。国际贸易领域的各类商品检验、鉴定机构很多，不同的商检机构的服务态度、工作作风和质量、收费标准千差万别。“公正性”、“公认性”很重要，这应是选择商检机构的首要条件。另外，选择检验机构可以选择国际一流的公证行，它们在世界各地、特别是在中国内地的分支机构、办事处多，联系方便，申请检验和出证时间短，收费也比较规范。

④ 明确检验费用由谁承担。进出口业务中，出口时商检费用一般由出口商自己承担，到岸后的检验费用一般由进口商承担。不过，在出口时，当买家提出额外的商检要求时，出口商就得考虑费用该由谁承担的问题了，当然还要考虑额外的工作所占用的时间和对整个出口流程的影响。

2. 示例

货到目的港7天内经××商品检验局复检，如发现品质或数量或重量与本合同规定不符，买方凭××商品检验局出具的检验证明，向卖方提出退货或索赔，所有因退货或索赔引起的一切费用及损失均由卖方负担，属保险公司或船运公司负责者除外。

In case the quality, quantity or weight of goods be found not in conformity with those stipulated in the contract after reinspection by the ×× Commodity Inspection Bureau within 7 days after arrival of the goods at the port of destination, the Buyers have right to return the goods or lodge claims against the Sellers for compensation of losses upon the strength of Inspection Certificate issued by the said Bureau, with the exception of those claims for which the insurers or the carriers are liable.

【案例7-1】 未保留货样以致无法正常应对索赔案

【案情】

中国A公司与国外B公司签订合同，出口一批茶巾。双方在商讨合同时，对于有关检验的权利和义务作了仔细讨论，最后达成了一致。货物到达B处后，不久，B来电表示据其客户反映该批茶巾出现较为严重的褪色现象，提出要求A退回部分货款作为补偿。A立刻着手处理该项索赔，但却发现由于出货时过于匆忙，忘记了留存大货样，所以对客户提出的问题无法予以验证，而此时客户又多次来电催促结果，A公司十分被动。幸亏此时A公司恰好有业务员出差至B处，于是委托该业务员上门处理，结果发现是客户使用不当导致的褪色，和客户解释协调后，圆满解决了此次索赔。

【分析】

只在合同签订时注意把握文字条款在业务中是远远不够的，除了书面文字的合理外，对于货物检验问题，还要特别注意实践中的种种细节，A公司面临的这次索赔就形象地说明了这个道理，如果不是恰好有业务员出差至B处，A公司将处于一个非常尴尬的境地。

7.4 小 结

① 商品检验涉及较多的概念，如检验权、检验机构、检验证书、装船前检验等。

② 商品检验的基本程序十分重要，对实践具有指导作用，装船前检验尤其应引起重视。

③ 把握好合同中检验条款的基本要素。

7.5 习 题

7.5.1 单项选择题

1. 目前，中国进出口商品法定检验的主要机构是(　　)。

A. 进出口商检局　　B. 出口地海关
C. 各出口商自行检验　　D. 中华人民共和国国家出入境检验检疫局

2. 中华人民共和国国家出入境检验检疫局是由原国家三个部门合并组建而成的,其中不包括(　　)。
A. 国家进出口商品检验局　　B. 卫生检疫局
C. 动植物检疫局　　D. 食品药物检验局

3. 在中国,以下出口商品中不可以申请免验的是(　　)。
A. 食品　　B. 皮鞋
C. 电视机　　D. 服装

4. 在中国,出口商品报检的主体是(　　)。
A. 发货人或其代理人　　B. 生产人
C. 运输人　　D. 进口商

5. 在法定检验中,通常不包括(　　)步骤。
A. 报验　　B. 检验出证
C. 验放　　D. 港口复验

6. 对于约定检验,最通行的方法是(　　)。
A. 在出口国产地检验　　B. 目的港(地)检验
C. 买方营业处所或用户所在地检验　　D. 出口国检验,进口国复检

7. 以下属于民间商品检验机构的是(　　)。
A. 中华人民共和国国家出入境检验检疫局
B. 瑞士日内瓦通用鉴定公司
C. 美国食品药品管理局
D. 中国船舶检验局

8. 在中国,规范进出口商品检验的法律是(　　)。
A.《中华人民共和国进出口商品检验法》
B.《联合国国际货物销售合同公约》
C.《中华人民共和国合同法》
D.《中华人民共和国对外贸易法》

9. 在中国,检验证书中产地证明不包括(　　)。
A. 一般产地证　　B. 普惠制证书
C. 积载鉴定证书　　D. 以上均不对

10. 在中国,进口商品的报检主体是(　　)。
A. 发货人或其代理人　　B. 生产人
C. 运输人　　D. 进口商品的收货人或者其代理人

7.5.2 判断题

1. 国际贸易中买方是否具有检验权,通常是由双方签订的合同所确定的,合同未确定,则无检验权。　　(　　)

2. 在我国法定检验的检验方法一般由商检机构决定,通常采用抽查。　　(　　)

3. 对于约定检验而言，检验机构选择各国一般为通过立法确定。 ( )

4. 在我国，产地检验证书的出具一般不需要经过检验部门的现场查验。 ( )

5. 在中国，SGS—CSTC 通标公司是进行装船前检验的主要机构。 ( )

6. 一般来说，出口商品的法定检验需要提前一定时间申请办理，否则可能会耽误货物的正常运输。 ( )

7. 在合同的检验条款中，如果出口商对进口商要求的检验机构不熟悉，那么出口商应该要求客户提供该机构的详细介绍，并在签约前与其联系，询问清楚该机构检验的具体要求，如方式、时限、费用等。 ( )

8. 若买卖双方规定装运前或装运时在装运港检验，以离岸质量、重量为准，则货物运抵目的港后，买方再对货物进行复验时，即使发现问题，也无权再表示拒收或提出异议和索赔。 ( )

9.《公约》规定，买方对收到的货物可以进行检验，也可以不进行检验，假如买方没有利用合理的机会对货物进行检验，就是放弃了检验权，但是他还有机会对货物提出拒收。 ( )

10. 在中国，对于法定检验以外的进出口商品，国家的商检机构不再进行监督管理，而由生产商自行控制。 ( )

7.5.3 简答题

1. 简述进出口商品检验对买卖双方的作用。
2. 简述进出口商品法定检验的含义。
3. 简述约定检验的含义。
4. 简述检验证书的作用。
5. 简述装船前检验的含义。

7.5.4 案例分析

1. 某年，我国 A 公司与我国香港 B 公司签订了一份进口香烟生产线合同。设备是二手货，共 18 条生产线，由 C 国某公司出售，价值 100 多万美元。合同规定，出售商保证设备在拆卸之前均在正常运转，否则更换或退货。设备运抵目的地后发现，这些设备在拆运前早已停止使用，在目的地装配后也因设备损坏、缺件，根本无法马上投产使用。但是，由于合同规定如要索赔需商检部门在“货到现场后 14 天内”出证，而实际上货物运抵工厂并进行装配就已经超过 14 天，无法在这个期限内向外索赔。这样，工厂只能依靠自己的力量进行加工维修。经过半年多时间，花了大量人力物力，也只开出了 4 套生产线。请就这一案例做出分析。

2. 我国 A 出口公司与国外 B 公司签订一份外销合同，合同规定货物出口前由 B 指定人员到生产厂家进行检验，由于该指定人员临时有事，无法按时到达厂家，致使货物无法出运，而合同中对于发生此种情况又无具体规定。请问如果你是具体经办人员，该如何处理？

第8章　索赔、仲裁与不可抗力

【学习目标】

通过本章的学习，要求能够理解争议与索赔的相关基本概念，掌握合同中的索赔、仲裁、不可抗力等基本条款内容。

【本章重点】

1. 解决争议的基本方式和选择
2. 仲裁协议的基本内容
3. 不可抗力的范围与法律后果

【本章难点】

解决争议的基本方式和选择

在国际贸易中，争议时有发生，如何处理争议是一个非常重要的问题，妥善处理一项争议，对于买卖双方维护自己的合法权益，同时保障贸易的顺利进行和发展至关重要。而妥善处理争议，必然需要了解包括争议解决方法等在内的与索赔和理赔相关的事宜。此外，国际贸易中，发生不可抗力导致合同无法正常履行的情况也时有发生，如何正确对待出现的不可抗力事件，也是国际贸易合同履行中的一项重要内容。

8.1　索　　赔

8.1.1　索赔与理赔的概念

索赔是指国际贸易业务的一方违反合同的规定，直接或间接地给另一方造成损害，受损方向违约方提出损害赔偿要求；理赔是指违约方受理受损方提出的赔偿要求。可见，索赔和理赔是同一个问题的两个方面。在实际业务中，索赔条款通常与商检条款订立在一起。

8.1.2　违约责任与索赔权利

在国际贸易中，一方违反合同的规定，直接或间接地给另一方造成损害，受损方有权向违约方提出损害赔偿要求，但索赔并非可以无限制的，必须和违约方违约责任相对应。例如，《公约》第74条规定："一方当事人违反合同应负的损害赔偿额，应与另一方当事人因他违反合同而遭受的包括利润在内的损失额相等。这种损害赔偿不得超过违反合同一方在订立合同时，依照他当时已知道或理应知道的事实和情况，对违反合同预料到或理应预料到的可能损失。"此外，《公约》第77条还规定："声称另一方违反合同的一方，必须按情况采取合理措施，减轻由于该另一方违反合同而引起的损失，包括利润方面的损失。如果他不采取这种措施，违反合同一方可以要求从损害赔偿中扣除原可以减轻的损失数额。”

此外，在违约情况下，受损害一方提出的赔偿损失的方式也是与对方的违约责任相联系的，例如，《公约》第 25 条规定：“一方当事人违反合同的结果，如使另一方当事人蒙受损害，以至于实际上剥夺了他根据合同规定有权期待得到的东西，即为根本违反合同。”第 46 条：“……(2)如果货物不符合同，买方只有在此种不符合同情形构成根本违反合同时，才可以要求交付替代货物……”第 51 条：“……(2)买方只有在完全不交付货物或不按照合同规定交付货物等于根本违反合同时，才可以宣告整个合同无效”。可见，受损害一方由于对方违约造成了损失后，要求采取的赔偿方式是受到违约方违约行为的严重性限制的，在违约方的违约行为不构成根本违反合同时，宣布合同无效、要求交付替代货物等法律救济方式就无法采用，而只能选择损害赔偿、对货物进行修理等救济方式。当然，双方协商所采用的解决方式不受限制。又如，英国的《货物买卖法》将违约分为违反要件和违反担保两种。违反要件是指违反合同的主要条款，即违反与商品有关的品质、数量、交货期等要件，在合同的一方当事人违反要件的情况下，另一方当事人即受损方有权解除合同，并有权提出损害赔偿；违反担保是指违反合同的次要条款，在违反担保的情况下，受损方只能提出损害赔偿，而不能解除合同。至于在每份具体合同中，哪个属于要件，哪个属于担保，该法并无明确具体的解释，只是根据“合同所作的解释进行判断”。

所以，买卖合同是对缔约双方具有约束力的法律文件。任何一方违反了合同义务；就应承担违约的法律后果，受损方有权提出损害补偿要求。但是，各国的法律或国际组织的文件对于违约方的违约行为及由此产生的法律后果、对该后果的处理有不同的规定和解释。对此，在处理索赔时，应该有所了解。

【案例 8-1】 冻火鸡迟装导致索赔案

【案情】

美国 A 公司与国外 B 公司签订合同进口一批冻火鸡，合同规定 B 公司必须在 9 月底以前装船，但是 B 公司由于种种原因直至 10 月 7 日才将货物装船。A 公司表示将拒收货物，并提出撤销合同和赔偿损失要求。B 公司认为虽然装船迟于合同规定时间，但火鸡的品质完全符合要求，只同意赔偿部分损失，不同意撤销合同，请分析 A 公司的做法是否合理。

【分析】

A 公司的做法是否合理，关键要从这批货物的具体用途考虑，如果 A 公司购买火鸡，只是用于一般日常的商业销售用途，通常不可以撤销合同。如果购买这批火鸡是有特殊用途，对时间有严格要求(例如：为美国 11 月的第四个星期四的感恩节做准备)，则迟装会导致货物滞销甚至无法销售，在这种情况下，A 表示将拒收货物，并提出撤销合同和赔偿损失的要求就是合理的。

8.1.3 索赔条款的内容

合同中的索赔条款，主要应该包括索赔依据、索赔期限和索赔办法等内容。

① 索赔依据：合同当事人在索赔时，必须提出充分的依据，包括事实依据、法律依据或者权威机构的证明文件等，如果缺乏相应的依据，都可能遭到对方的拒赔。

② 索赔期限：索赔期限指索赔的有效期限，通常的索赔期限有两种：一种是约定期限，另

一种是法定期限。

③ 索赔办法:在现实业务中,对于索赔办法包括金额一般只作笼统规定,因为实际业务中造成对方的损失原因很多,签订合同时难以预计,而发生违约事实时,补救办法又是多样的,所以难以在合同订立时准确加以规定。

8.1.4 罚金或违约金条款

为保证合同履行,当事人双方可以事先在合同中约定一方违约时,应向对方支付的金钱,称为违约金或罚金。该条款一般适用于迟延交货、延期接货、拖延开立L/C、拖延付款等,并不以造成损失为前提,数额以约定为主,分惩罚性和补偿性两种。而且,如果是履行迟延造成违约方支付违约金,通常不能免除违约方继续按照合同履行义务的责任。不过值得注意的是,在英美法系的国家,惩罚性的违约金是不受法律承认的,即使在合同中将有惩罚性质的违约金称为补偿性违约金也是不受法律承认的。

8.1.5 定金的含义

为保证合同履行,当事人双方可以事先在合同中约定一定数额作为定金,定金与预付款不同,是对合同履行的担保,买方违约,定金不得收回;卖方违约,定金双倍返还。定金的实践意义在于提高合同的履约率。但值得注意的是,其一是定金条款不能与预付款条款混同使用。其二是定金规定明确具体,通常在合同顺利履行后,定金转为合同价款的一部分。其三是合同中同时存在违约金和定金时,一方违约,只能作为违约金或者定金使用。

8.2 仲　　裁

8.2.1 概述

在国际货物买卖中,当发生争议时,通常采取的解决争议的方式有友好协商、调解、仲裁、诉讼等。一旦发生争议,首先应通过友好协商的方式解决,以利于保护商业秘密和企业声誉,在协商不成的情况下,则当事人可按照合同约定或争议的情况采用调解、仲裁或诉讼方式解决争议。

① 调解(conciliation)。由双方当事人自愿将争议提交选定的调解机构(法院、仲裁机构或专门的调解机构),由该机构按调解程序进行调解。若调解成功,双方应签订和解协议,作为一种新的契约予以执行,若调解意见不为双方或其中一方接受,则该意见对当事人无约束力,调解即告失败。

② 仲裁(arbitration)。仲裁是指当事人达成书面协议,在某一事件或问题发生争议又不能协商解决时,自愿把争议提交给双方同意的仲裁机构,由仲裁机构依法做出对当事人双方均有约束力的裁决的一种非诉讼制度。

③ 诉讼(litigation)。诉讼是指一方当事人向法院起诉,控告合同的另一方,一般要求法院判令另一方当事人以赔偿经济损失或支付违约金的方式承担违约责任,也有要求对方实际履行合同义务。诉讼是当事人单方面的行为,只要法院受理,另一方就必须应诉。但诉讼方式的缺点在于立案时间长,诉讼费用高,另外,国际贸易中,异国法院的判决未必是公正的,同时,

由于各国司法程序不同，当事人在异国诉讼也会比较复杂。

综观上述解决争议的方式，在国际贸易实践中，如果友好协商无法解决，仲裁是最被广泛采用的一种方式。

8.2.2 仲裁的特点

与采取诉讼的形式解决争议相比，仲裁主要具有以下特点：

① 以仲裁协议为基础，充分尊重当事人意志。仲裁是以当事人自愿为前提的，包括自愿决定采用仲裁方式解决争议；自愿决定解决争议的事项，选择仲裁机构等；当事人还有权在仲裁委员会提供的名册中选择其所信赖的人士来处理争议。在涉外仲裁中，当事人双方可以自愿约定采用哪些仲裁规则和适用的法律等等。

② 一裁终局。即裁决一旦做出，就发生法律效力，并且当事人对仲裁裁决不服是不可以就同一纠纷再向仲裁委员会申请仲裁或向法院起诉的，仲裁也没有二审、再审等程序。

③ 一般不公开进行。此举可以防止泄露当事人不愿公开的专利、专有技术等。仲裁方式保护了当事人的商业秘密，更为重要的是仲裁从庭审到裁决结果的秘密性，使当事人的商业信誉不受影响，也使双方当事人在感情上容易接受，有利于日后继续生意上的往来。

④ 独立、公平、公正。仲裁是由仲裁庭独立进行的，任何机构和个人均不得干涉仲裁庭。此外，仲裁委员会聘请的仲裁员都是公道正派的有名望的专家，由于经济纠纷多涉及特殊知识领域，由专家断案更有权威，而且仲裁中处于第三人地位，不是当事人的代理人，由其居中断案，更具公正性。

由于仲裁所具有的上述独立、公正和迅速地解决争议，给予当事人以充分的自治权，以及具有灵活性、保密性、终局性和裁决易于得到执行等特点，加上其程序简便、结案较快、费用开支较少，从而为越来越多的国际贸易当事人选择并采用。

8.2.3 仲裁协议/条款的形式和作用

1. 概念

仲裁协议或条款是指当事人在合同中约定的或事后达成的将争议提交仲裁裁决的书面协议或条款。仲裁协议/条款独立于合同存在，不因合同的终止、无效而终止或无效。

根据我国仲裁法的规定，一项有效的仲裁协议须具备以下三个条件：一是有提交仲裁的意思表示；二是有选定的仲裁委员会；三是有明确的仲裁事项。

2. 形式

仲裁协议或条款订立的形式主要有两种，即争议发生前订立或发生后订立。

3. 作用

仲裁协议或条款的作用主要包括以下三点：

① 争议以仲裁解决，不得起诉。签订仲裁协议或条款后，发生争议时，应该将争议通过仲裁的形式解决，而非采取诉讼形式。

② 排除法院对争议管辖权。值得注意的是，一旦选定以仲裁解决争议，达成协议，即排除法院争议的管辖权，但一方诉之法院，另一方首次开庭前未对法院受理提出异议的，视为放弃仲裁协议。

③ 仲裁机构取得对争议的管辖权。

8.2.4 仲裁条款的内容

在国际货物买卖中，仲裁条款的内容繁简不一，一般主要包括下列几个方面内容。

1. 仲裁地点的规定

在什么地方进行仲裁，是买卖双方在磋商仲裁条款时的一个重点。这主要是因为，仲裁地点与仲裁所适用的程序法，以及合同适用的实体法关系极为密切。在我国，通常进出口贸易合同中的仲裁地点，视贸易对象和情况的不同，一般采用下述三种规定方法之一：

① 力争规定在我国仲裁。

② 可以规定在被告所在国仲裁。

③ 规定在双方认同的第三国仲裁。

2. 仲裁机构的选择

国际贸易中的仲裁，可由双方当事人在仲裁协议中规定在常设的仲裁机构进行，也可以由当事人双方共同指定仲裁员组成临时仲裁庭进行仲裁。当事人双方选用哪个国家(地区)的仲裁机构审理争议，应在合同中做出具体说明。

目前国际上主要的仲裁机构主要包括以下几个。

(1) 国际商会仲裁院

国际商会仲裁院英文名为：The International Court of Arbitration of International Chamber of Commerce，英文简称为 ICC。在国际商事仲裁领域，ICC 是最具影响的仲裁机构之一，成立于 1923 年，属于国际商会的一部分。

(2) 美国仲裁协会

美国仲裁协会英文名为：American Arbitration Association，英文简称为 AAA。美国仲裁协会成立于 1926 年，是一个非盈利性的为公众服务的机构。美国仲裁协会的总部设在纽约，在美国一些主要州设有分部。20 世纪 90 年代，为开拓亚太业务，美国仲裁协会成立亚太争议中心。美国仲裁协会的仲裁员来自很多国家，且数量达数千人之多。当事人也可以在其仲裁员名册之外指定仲裁员。在没有约定的情况下，所有案件只有一名仲裁员，即独任仲裁员。但如仲裁协会认为该案件争议复杂时，可决定由三名仲裁员组成仲裁庭。从案件数量上讲，美国仲裁协会的受案量世界第一，但其中劳动争议等美国国内案件占绝大部分。

(3) 中国国际经济贸易仲裁委员会

中国国际经济贸易仲裁委员会(以下简称仲裁委员会，自 2000 年 10 月 1 日起同时启用名称“中国国际商会仲裁院”)，英文名为：China International Economic And Trade Arbitration Commission，简称为 CIETAC。是中国国际贸易促进委员会根据中华人民共和国中央人民政府政务院 1954 年 5 月 6 日的决定，于 1956 年 4 月设立的，当时名称为对外贸易仲裁委员会。中国实行对外开放政策以后，为了适应国际经济贸易关系不断发展的需要，对外贸易仲裁委员会于 1980 年改名为对外经济贸易仲裁委员会，又于 1988 年改名为中国国际经济贸易仲裁委员会。从 1994 年起，中国国际经济贸易仲裁委员会已步入世界主要仲裁机构的行列，在国际争议受案量方面，一直排在世界前列，近年来，受理案件的争议金额也有大幅增长，在国际商事仲裁领域扮演越来越重要的角色。

(4) 伦敦国际仲裁院

伦敦国际仲裁院英文名为：The London Court of International Arbitration，简称为

LCIA。它是世界上最古老的仲裁机构，成立于 1892 年。伦敦国际仲裁院设在伦敦，在仲裁案件中其主要作用是指定仲裁员和对案件进行一些辅助性的管理。它也设有仲裁员名册，仲裁员的成分也是多种多样，可以适应各种类型案件的需要。

(5) 斯德哥尔摩商会仲裁院

斯德哥尔摩商会仲裁院英文全称为：The Arbitration Institute Of The Stockholm Chamber Of Commerce，简称为 SCC。斯德哥尔摩商会成立于 1917 年，其仲裁机构组织设立于 1949 年，设立的目的在于解决工业、贸易和运输领域的争议。SCC 的总部设在瑞典的斯德哥尔摩，包括秘书局和三名成员组成的委员会。SCC 解决国际争议的优势在于其国家的中立地位，特别以解决涉及远东或中国的争议而著称。

3. 仲裁程序法的适用

在买卖合同的仲裁条款中，应订明用哪个国家(地区)和哪个仲裁机构的仲裁规则进行仲裁。

4. 仲裁裁决的效力

仲裁裁决的效力主要是指由仲裁庭做出的裁决，对双方当事人是否具有约束力，是否为决定性的，能否向法院起诉要求变更裁决。

5. 仲裁费用的负担

通常在仲裁条款中明确规定仲裁费用由谁负担。一般规定由败诉方承担，也有的规定为由仲裁庭酌情决定的。

6. 仲裁条款示例

一切因执行本合同引起的争议，均应由双方友好协商解决。如协商不能解决，则应提交仲裁，仲裁在中国进行。提交上海中国国际经济贸易仲裁委员会，按照其仲裁规则进行仲裁。该仲裁委员会的裁决为终局性的，对双方均有约束力，仲裁费用除非仲裁委员会另有裁定，概由败诉方承担。

All Disputes Arising From The Performance Of This Contract Should Be Settled Through Friendly Negotiation. Should No Settlement Be Reached Through Negotiation, The Case Shall Be Submitted Arbitration In China. The Case Shall Be Submitted To China International Economic And Trade Arbitration Commission, Shanghai And The Arbitration Rules Of This Commission Shall Be Applied. The Award Of The Arbitration Shall Be Final And Binding Upon Both Parties. The Arbitration Fee Shall Be Borne By The Losing Party Unless Otherwise Awarded By The Arbitration Organization.

8.2.5 仲裁程序

仲裁程序(arbitration procedure)是指双方当事人将所发生的争议根据仲裁协议的规定提交仲裁时应办理的各项手续。

仲裁程序大致包括以下主要内容。

1. 提出仲裁申请

这是仲裁程序开始的首要手续。各国法律对申请书的规定是不一致的。在我国，《中国国际经济贸易仲裁委员会仲裁规则》规定：当事人一方申请仲裁时，应向该委员会提交包括下列内容的签名申请书：一是申诉人和被诉人的名称、地址；二是申诉人所依据的仲裁协议；三是申诉人的要求及所依据的事实和证据。申诉人向仲裁委员提交仲裁申请书时，应附具本人要求所依据事实的证明文件，指定一名仲裁员，预缴一定数额的仲裁费。如果委托代理人办理仲裁事项或参与仲裁的，应提交书面委托书。

2. 组织仲裁庭

根据我国仲裁规则，申诉人和被申诉人各自在仲裁委员会仲裁员名册中指定一名仲裁员，并由仲裁委员会主席指定一名仲裁员为首席仲裁员，共同组成仲裁庭审理案件；双方当事人亦可在仲裁委员名册共同指定或委托仲裁委员会主席指定一名仲裁员为独任仲裁员，成立仲裁庭，单独审理案件。

3. 审理案件

仲裁庭审理案件的形式有两种：一是不开庭审理，这种审理一般是经当事人申请，或由仲裁庭征得双方当事人同意，只依据书面文件进行审理并做出裁决；二是开庭审理，这种审理按照仲裁规则的规定，采取不公开审理，如果双方当事人要求公开进行审理时，由仲裁庭做出决定。

4. 做出裁决

裁决是仲裁程序的最后一个环节。裁决做出后，审理案件的程序即告终结，因而这种裁决被称为最终裁决。根据我国仲裁规则，最终裁决外，仲裁庭认为有必要或接受当事人之提议，在仲裁过程中，可就案件的任何问题做出中间裁决或者部分裁决。中间裁决是指对审理清楚的争议做出的暂时性裁决，以利对案件的进一步审理；部分裁决是指仲裁庭对整个争议中的一些问题已经审理清楚，而先行做出的部分终局性裁决。这种裁决是构成最终裁决的组成部分。仲裁裁决必须于案件审理终结之日起 45 天内以书面形式做出，仲裁裁决除由于调解达成和解而做出的裁决书外，应说明裁决所依据的理由，并写明裁决是终局的和做出裁决书的日期地点，以及仲裁员的署名等。

当事人对于仲裁裁决书，应依照其中所规定的时间自动履行，裁决书未规定期限的，应立即履行。一方当事人不履行的，另一方当事人可以根据中国法律的规定，向中国法院申请执行，或根据有关国际公约、或中国缔结或参加的其他国际条约的规定办理。

按照各国际仲裁规则的一般规定，仲裁裁决如系：在无仲裁协议的情况下做出的、或以无效（呈过期）的仲裁协议为据做出的裁决；仲裁员的行为不当或越权所做出的裁决；以伪造证据为依据所做出的裁决；或裁决的事项是属于仲裁地法律规定不得提交仲裁处理的裁决等，当事人可在法定期限内，请求仲裁地的管辖法院撤销仲裁裁决，并宣布其无效。

8.3 不可抗力

8.3.1 不可抗力的含义和范围

不可抗力（force majeure）是指买卖合同签订后，不是由于当事人一方的过失或故意，发生了当事人在订立合同时不能预见，对其发生和后果不能避免并且不能克服的事件，以致不能履行合同或不能如期履行合同。遭受不可抗力事件的一方，可以据此免除履行合同的责任或推迟履行合同，对方无权要求赔偿。

不可抗力通常包括两种情况：一种是自然原因引起的，如水灾、旱灾、暴风雪、地震等;另一种是社会原因引起的,如战争、罢工、政府禁令等。但不可抗力事件目前国际上并无统一的明确的解释。哪些意外事故应视作不可抗力,可由买卖双方在合同的不可抗力条款中约定。

8.3.2 不可抗力条款的规定

不可抗力条款是进出口合同中的一种免责条款,即免除由于不可抗力事件而违约的一方的违约责任。进出口合同中的不可抗力条款,按对不可抗力事件范围规定的不同,主要有以下三种方式:

(1) 概括式,即对不可抗力事件作笼统的提示,如"由于不可抗力的原因,而不能履行合同或延迟履行合同的一方可不负有违约责任。但应立即以电传或传真通知对方,并在××天内以航空挂号信向对方提供中国国际贸易促进委员会出具的证明书"。

(2) 列举式,即逐一订明不可抗力事件的种类,如"由于战争、地震、水灾、火灾、暴风雪的原因而不能履行合同或延迟履行合同的一方不负有违约责任……"

(3) 综合式,即将概括式和列举式合并在一起,如"由于战争、地震、水灾、火灾、暴风雪或其他不可抗力原因而不能履行合同的一方不负有违约责任……"综合式是最为常用的一种方式。

8.3.3 不可抗力法律后果及处理原则

不可抗力事件所引起的后果,主要有两种:一是解除合同;二是延迟履行合同。究竟是哪一种应结合具体情势商定。

8.3.4 不可抗力的通知

按照国际惯例,当发生不可抗力影响合同履行时,当事人要取得免责的权利,必须及时通知另一方,并在通知中提出处理的意见。例如,《公约》第 79 条第(4)a 款明确规定:不履行义务的一方必须将障碍及其对他履行义务能力的影响通知另一方。如果该项通知在不履行义务的一方已知道或理应知道此一障碍后一段合理时间内仍未为另一方收到,则他对由于另一方未收到通知而造成的损害应负赔偿责任。

8.3.5 不可抗力的证明

国际贸易中,当一方援引不可抗力要求免责时,都必须向对方提交证明文件,作为发生不可抗力的证据。在国外,一般由当地的商会或合法的公证机构出具。在我国,由中国国际贸易促进委员会或设在口岸的分会出具。

【案例 8-2】 水灾是否构成不可抗力案

【案情】

某年 3 月,我国 A 公司与英国 B 公司成交小麦 100 公吨,每公吨 CFR London 400 英镑,总金额为 40 000 英镑,交货期为当年 5～9 月。签约后,A 公司购货地发生水灾,于是 A 公司以不可抗力为由,向 B 公司提出要求免除交货责任,解除合同,但 B 公司回电拒绝。请分析 A 公司要求以不可抗力免除交货的理由是否充分。

【分析】

不可抗力事由发生后，带来两种后果，解除合同与延迟履行。在本案例中，合同所涉及的货物——小麦并非特定产地产品，即不是只有某一特定地区才有出产，所以A公司的购货地区发生水灾，其仍然可以从其他产地调集小麦，所以A公司无法要求免除交货义务。

8.3.6 不可抗力条款示例

不可抗力条款一般包括以下内容：

① 对不可抗力范围的限定。

② 规定不可抗力范围的方式。

③ 发生不可抗力事故后的处理方法。

例子：

由于战争、地震、洪水、火灾、暴风雨、雪灾或其他不可抗力的原因，致使卖方不能全部或部分装运或延迟装运合同项下的货物，卖方对于这种不能装运或延迟装运本合同货物的情况不负有责任。但卖方须用电报或电传通知买方，并须在×天内以航空挂号信件向买方提交由中国国际贸易促进委员会（或中国国际商会）出具的证明此类事件的证明书。

If The Shipment Of The Contracted Goods Is Prevented Or Delayed In Whole Or In Part By Reason Of War, Earthquake, Flood, Fire, Storm, Heavy Snow Or Other Causes Of Force Majeure, The Seller Shall Not Be Liable For Non-Shipment Or Late Shipment Of The Goods Of This Contract. However, The Seller Shall Notify The Buyer By Cable Or Telex And Furnish The Latter Within ××× Days By Registered Airmail With A Certificate Issued By The China Council For The Promotion Of International Trade (Or China Chamber Of International Commerce) Attesting Such Event Or Events.

8.4 小结

① 索赔、仲裁与不可抗力是合同中较为固定的条款（一般都事先印制好），它同样是不可缺少的部分，有着不可忽视的作用。

② 应掌握合同中索赔、仲裁与不可抗力条款的基本内容。

8.5 习题

8.5.1 单项选择题

1. 根据《公约》的规定，只有（　　）情况下才能够解除合同。

A. 根本违反合同　　B. 非根本违反合同

C. 卖方推迟交货　　D. 卖方寄单延迟

2. 根据英国的《货物买卖法》的规定，只有（　　）情况下才能够解除合同。

A. 违反要件　　B. 违反担保

C. 卖方推迟交货　　D. 卖方寄单延迟

3. 当合同中同时存在违约金和定金规定时，一方违约，另一方则（　　）。

A. 两者皆可以选择　　B. 只能选择其中之一

C. 必须通过诉讼确定得到哪一种　　D. 在此情况下，合同无效

4. 惩罚性质的违约金在（　　）不受法律承认。

A. 英美法系的国家　　B. 大陆法系的国家

C. 法国　　D. 德国

5. 对于迟延交货而言，违约方支付违约金后，通常（　　）。

A. 违约方继续履行合同义务　　B. 违约方不需要继续履行合同义务

C. 违约方只需要部分履行合同义务　　D. 合同自行失效

6. 仲裁案件在审理时（　　）。

A. 一般公开进行　　B. 一般不公开进行

C. 半公开进行　　D. 必须公开进行

7. 仲裁案件在审理时的仲裁员，通常是（　　）。

A. 相关领域的专家　　B. 法院的审判长

C. 检察院的检察长　　D. 当事人的法律顾问

8. 根据我国仲裁法的规定，一项有效的仲裁协议必须具备的条件中不包括（　　）。

A. 有提交仲裁的意思表示　　B. 有选定的仲裁委员会

C. 有明确的仲裁事项　　D. 不服仲裁方可以上诉的法院

9. 仲裁协议的作用不包括（　　）。

A. 争议以仲裁解决，不得起诉

B. 排除法院对争议管辖权

C. 仲裁机构取得对争议的管辖权

D. 仲裁双方当事人即便达成一致，也不能采取仲裁以外的解决争议形式

10. 对不同情况下不可抗力事件所引起的后果，下面正确的描述是（　　）。

A. 可以解除合同或延迟履行合同　　B. 均可解除合同

C. 不可解除合同，但可以延迟履行　　D. 必须通过法院判决决定

8.5.2　判断题

1. 索赔和理赔是一个事物的两个方面，不是截然独立的。（　　）
2. 遭受损害的一方向违约方要求赔偿，这是理赔。（　　）
3. 不可抗力条款是买卖合同中的一项免责条款。（　　）
4. 不可抗力事故一定不是因为合同当事人自身的过失或疏忽导致的。（　　）
5. 一旦在合同订立后出现不可抗力事故，遭受损害的一方当事人即可解除合同。（　　）
6. 调解结果和仲裁结果一样是终局性的。（　　）
7. 国际贸易中的争议案件只能用仲裁方式解决。（　　）
8. 各国仲裁规则均否认对受理的案件进行调解。（　　）
9. 我国国际贸易合同的仲裁条款中通常选择在我国、在被告国或在第三国为仲裁地点。（　　）

10. 对于仲裁机构的裁决，当事人不服的，均可以上诉至法院。 ( )

8.5.3 简答题

1. 简述索赔条款的内容。
2. 简述违约金条款的含义。
3. 简述仲裁的含义。
4. 简述仲裁的特点。
5. 简述不可抗力的含义。

8.5.4 案例分析

1. 我公司以CFR术语对德国出口一批小五金工具。合同规定货到目的港后30天内检验，买方有权凭检验结果提出索赔。我公司按期发货，德国客户也按期凭单支付了货款。可半年后，我公司收到德国客户的索赔文件，称上述小五金工具有70%已锈损，并附有德国某内地一检验机构出具的检验证书。对德国客户的索赔要求，我公司应如何处理？

2. 我公司以CIF术语从美国进口一套设备，合同总价款为800万美元。合同中规定，如果合同一方违约，另一方有权向违约方索赔，违约方需向对方支付1 200万美元的违约金。合同订立后，我公司迟迟收不到货，因而影响到自己的生产、经营。故此，我公司在索赔期内向美方提出索赔，而美方却向当地法院提起诉讼。在这种情况下，美国法院将如何判决？

3. 某公司与外商订立一份化工产品进口合同，订约后由于该产品的国际市场行情上扬，外商亏本。于是他以不可抗力为由要求撤销合同。问进口人应如何对待此问题？

第9章　进出口合同的商订

【学习目标】

通过本章的学习，要求能够了解进出口合同的订立在交易中的重要性，理解相关基本概念，掌握订立国际货物买卖合同的法律步骤，熟练掌握有关惯例在实际业务中的应用。

【本章重点】

1. 商务谈判的基本形式与程序
2. 发盘和接受的有关惯例
3. 合同的签订与生效

【本章难点】

发盘和接受的有关惯例

合同的商订，也称为商务谈判，是进出口业务的重要环节之一。在国际贸易中，商务谈判是达成交易的首要工作，通过商务谈判，才可能达成最终的合同。了解和掌握合同商订的基本环节和注意事项，是顺利进行进出口合同商订的重要内容。

9.1　商务谈判的基本原则

9.1.1　商务谈判的含义

商务谈判是当事人之间为实现一定的经济目的，明确相互的权利义务关系而进行协商的行为。了解商务谈判的基本原则，是谈判取得成功的保证。

9.1.2　商务谈判的基本原则

1. 以经济利益为目的，取得双赢

商务谈判的谈判者以获取经济利益为追求目标。在满足经济利益的前提下才涉及其他非经济利益。所以与其他谈判相比，商务谈判更加重视谈判的经济效益。人们通常以取得的经济效益的好坏来评价谈判的成功。在商务谈判中，不讲求经济效益的商务谈判就失去了价值和意义。但值得注意的是，以经济利益为目的并非让对方无利可图，只有实现双赢，才可能促成一次成功的交易。

2. 以价格谈判为核心，兼顾其他利益

商务谈判涉及的因素很多，谈判者的需求和利益表现在众多方面，但价格则几乎是所有商务谈判的核心内容。这是因为在商务谈判中价值的表现形式——价格最直接地反映了谈判双方的利益。谈判双方在其他利益上的得与失，在很多情况下或多或少都可以折算为一定的价格，并通过价格升降而得到体现。值得指出的是，在商务谈判中，我们一方面要以价格为中心，坚持自己的利益，另一方面又不能仅仅局限于价格，应该拓宽思路，设法从其他利益因素上争取应得的利益。因为与其在价格上与对手争执不休，还不如在其他利益因素上使对方在不知不觉中让步，这是从事商务谈判的人需要注意的。

3. 熟悉国际商务规则，了解谈判对手情况

由于国际商务谈判的结果会导致资产、货物等跨国转移，必然要涉及国际贸易、国际结算、国际保险、国际运输等一系列问题。所以，谈判人员要熟悉各种国际惯例，熟悉对方所在国的法律条款，熟悉国际经济组织的各种规定和国际法。此外，由于国际商务谈判的谈判者代表了不同国家和地区的利益，有着不同的社会文化和经济政治背景，人们的价值观、思维方式、行为方式、语言及风俗习惯各不相同，从而使影响谈判的因素更复杂，谈判的难度更大。在实际谈判过程中，对手的情况千变万化，作风各异，有热情洋溢者，也有沉默寡言者；有果敢决断者，也有多疑多虑者；有善意合作者，也有故意寻衅者；有谦谦君子，也有傲慢自大盛气凌人的自命不凡者。凡此种种表现，都与一定的社会文化和经济政治有关。不同表现反映了不同谈判者有不同的价值观和不同的思维方式。因此谈判者必须有广博的知识和高超的谈判技巧，不仅能在谈判桌上因人而异，运用自如，而且要在谈判前注意资料的准备、信息的收集，使谈判按预定的方案顺利地进行。

4. 注重合同条款的严密性与准确性

商务谈判的结果通常是由双方协商一致的协议或合同来体现的。合同条款实质上反映了各方的权利和义务，合同条款的严密性与准确性是保障谈判获得各种利益的重要前提。有些谈判者在商务谈判中花了很大气力，好不容易为自己获得了较有利的结果，对方为了得到合同，也迫不得已作了许多让步，这时谈判者似乎已经获得了这场谈判的胜利，但如果在拟订合同条款时，掉以轻心，不注意合同条款的完整、严密、准确、合理、合法，其结果会被谈判对手在条款措辞或表述技巧上，引你掉进陷阱，这不仅会把到手的利益丧失殆尽，而且还要为此付出惨重的代价。因此在商务谈判中，谈判者不仅要重视口头上的承诺，更要重视合同条款的准确和严密。

9.2 国际货物买卖合同订立的步骤

9.2.1 有关国际货物买卖的法律、公约及惯例

1. 各国国内法

各国调整国际货物买卖合同的法规主要可以分为大陆法国家的买卖法和英美法国家的买卖法等，在中国迄今尚无商法典，所以，我国国际货物买卖，主要受到合同法的调整，符合《公约》的适用条件，则受到该公约支配。

2. 国际条约与国际贸易惯例

1980 年的《公约》是迄今为止有关国际货物买卖合同的一项最为重要的国际条约。它是由联合国国际贸易法委员会主持制定的，于 1980 年在维也纳举行的外交会议上获得通过，在 1988 年 1 月 1 日，中国、美国、法国等 11 国完成批准参加手续，公约正式生效，迄今为止，公约已经得到包括世界全部主要贸易国(日本除外)在内的 50 多个国家批准，其中既包括大陆法系

的德国、法国、意大利，又包括英美法系的美国、澳大利亚、加拿大等国家。

(1)《公约》的适用范围

《公约》的第1条规定"公约适用于营业地在不同缔约国的当事人"，值得注意的是，此条强调营业地位于不同国家，而非国籍，营业地是指固定的、永久的、独立进行营业的场所。代表机构所在地不是公约意义的"营业地"，而是属于代理关系中的代理人。如果当事人有一个以上的营业地，则选择与合同最紧密的；如无，则以当事人惯常居住地为准。

《公约》第2条指出了不适用的买卖，包括"购供私人、家人或家庭使用的货物的销售，除非卖方在订立合同前任何时候或订立合同时不知道而且没有理由知道这些货物是购供任何这种使用；经由拍卖的销售；根据法律执行令状或其他令状的销售；公债、股票、投资证券、流通票据或货币的销售；船舶、船只、气垫船或飞机的销售；电力的销售"。

值得注意的是，《公约》的适用不具有强制性：只要贸易双方在合同中约定不适用《公约》，即可以排除《公约》的适用，如未明确法律适用问题，则《公约》自动适用。此外，贸易双方在合同中还可以部分排除《公约》适用。

(2)《公约》对我国的适用问题

中国对《公约》的适用提出了两项保留：一是对其中第1条第(1)款(b)项做出保留，即不同意扩大《公约》适用范围至缔约国与非缔约国间；二是对《公约》的第11条做出保留，规定合同必须采取书面形式。

此外，调整国际货物买卖合同的还包括《INCOTERMS 2000》等国际贸易惯例。

9.2.2 买卖合同订立程序

国际货物买卖合同通常订立程序为：询盘(inquiry)或邀请发盘(invitation to treat)、发盘(offer)、还盘(counter-offer)、接受(acceptance)等，其中发盘、接受为不可缺少的两个环节。

1. 询盘或邀请发盘

询盘是指准备出售或购买商品的人向潜在的买主或供货人探询该商品的成交条件或交易可能性的业务行为，询盘不具有法律上的约束力。

2. 发盘

(1) 含义及构成要件

发盘也称为"发价"。发盘可以由买方，也可以由卖方提出，《公约》第14条第(1)款规定，"向一个或一个以上特定的人提出的订立合同的建议，如果十分确定并且表明发价人在得到接受时承受约束的意旨，即构成发价"。

发盘与通常向广大公众发出的广告有所不同，对于广告，一般情况下，多数国家的法规认为不是发盘。例如，在大陆法系中，对于广告，一般认为"不得视为发盘"。在英美法系中，一般也不视为发盘，不过也指出"只要内容确定，在某些场合下也可以视为发盘"。而《公约》中第14条第(2)款规定"非向一个或一个以上特定的人提出的建议，仅应视为邀请做出发价，除非提出建议的人明确地表示相反的意向。"

(2) 构成有效发盘的条件

根据发盘的含义，构成一项有效发盘的条件有以下几点：

① 必须向一个或一个以上特定的人提出。

② 发盘人必须清楚明白地表明愿意按发盘内容订立合同的意思。

③ 发盘的内容必须十分明确和肯定。例如,《公约》规定:“如果写明货物并且明示或暗示地规定数量和价格或规定如何确定数量和价格,即为十分确定。”也就是说,一般情况下,发盘中含有货物的名称、数量、价格,就可以认为内容明确肯定。而根据美国相关法律,发盘只需表明数量或计量方法即可,争议发生时,法院按照所谓合理的依据判定争议。可见,由于不同法律的适用,对于发盘的内容要求明确和肯定无法有一个统一标准,为了慎重起见,一般应该将货物的名称、数量、价格、运输条件、结算条件等在发盘中列明为宜。

④ 发盘必须送达受盘人。这点也十分重要,反映了发盘生效的一个基本前提,即“送达生效”(或称“到达生效”)。在不同的法系以及《公约》中,这点是一致的。在《公约》中,对于“送达”的理解,在第 24 条作了规定,送达对方,系指用口头通知对方或通过任何其他方法送交对方本人,或其营业地或通讯地址,如无营业地或通讯地址,则送交对方惯常居住地。

(3) 发盘生效的时间

发盘生效的时间通常有下面的几种情况:在以口头方式发盘时,发盘自对方了解时生效;在以书面方式发盘时,发盘送达受盘人时生效;而如果采用数据电文形式发盘,则发盘进入特定系统时间为生效时间。

(4) 发盘的撤回和撤销

发盘的撤回(withdrawal)与撤销(revocation)是两个不同的概念,撤回是指在发盘尚未生效时,发盘人采取行动,阻止它的生效。而撤销是指发盘已生效后,发盘人以一定方式解除发盘的效力。对于发盘是否可以撤回或撤销,不同法系国家的法律作了不同的规定。例如,在美国法律中,认为发盘原则上对发盘人没有约束力,在受盘人接受前,发盘人随时可以撤销发盘,除非该项发盘是采取了对价形式或其他特定形式。而德国法律认为,发盘原则上对发盘人有约束力,除非有相反说明。可以看出,对于发盘是否可以撤回或撤销,各国规定不尽相同,在这里,我们主要讨论有关《公约》的规定。

第一,撤回。

《公约》第 15 条第 2 款规定:“一项发价,即使是不可撤销的,得予撤回,如果撤回通知于发价送达被发价人之前或同时,送达被发价人。”不过,现实业务中,对于使用现代传输方式如通过 E-mail 等方式进行的发盘,此项关于撤回的规定就显得实际意义并不大了。

第二,撤销。

《公约》第 16 条规定:“在未订立合同之前,发价得予撤销,如果撤销通知于被发价人发出接受通知之前送达被发价人。”也就是说,受盘人如果已经发出接受承诺,则发盘人就已经丧失撤销发盘的权利。此外,《公约》还特别指出在几种情况下,发价是不得撤销的,包括“发价写明接受发价的期限或以其他方式表示发价是不可撤销的”;或“被发价人有理由信赖该项发价是不可撤销的,而且被发价人已本着对该项发价的信赖行事。”

(5) 发盘的终止和失效

对于发盘的终止和失效,主要有下面几个原因:

① 发盘超过有效期,如果发盘没有明确规定有效期,则超过“合理时间”发盘失效。而对于“合理时间”的规定,不同的法规有不同的理解,所以一般而言,发盘应该规定一个明确的有效期,避免对于“合理时间”争议的发生。

② 收到发盘人的撤销而失效。值得注意的是,发盘的撤回并不构成要约失效的情形,因为此时发盘尚未生效。

③ 受盘人明示或默示的拒绝而失效。例如,《公约》第17条规定:"一项发价,即使是不可撤销的,于拒绝通知送达发价人时终止。"这就是说,当受盘人不接受发盘的内容,并将拒绝的通知送到发盘人手中时,原发盘就失去效力,发盘人不再受其约束。而明示的拒绝,主要是指受盘人通知发盘人不接受发盘,默示的拒绝主要表现在对于发盘中的条件进行讨价还价。

④ 出现其他法定事项造成发盘失效。例如,发生不可抗力事件,或者发盘人或受盘人在发盘被接受前丧失行为能力等。

3. 还盘

还盘又称为还价,受盘人在接到发盘后,不能完全同意发盘的内容,为了进一步磋商交易,对发盘提出修改意见,用口头或书面形式表示出来,就构成还盘。而还盘所带来的法律后果是使得原发盘失效,并且还盘还可能构成一次新的发盘。

4. 接受

(1) 含义及构成要件

在《公约》中,对于接受,是这样定义的:"被发价人声明或做出其他行为表示同意一项发价,即是接受,缄默或不行动本身不等于接受。"

构成一项有效的接受,必须符合下面几个条件:

① 接受必须由受盘人做出。接受必须是由受盘人做出,其他人对发盘表示同意,不能构成接受。这一条件与发盘的第一个条件是相呼应的:发盘必须向特定的人发出,即表示发盘人愿意按发盘的条件与受盘人订立合同,但并不表示他愿意按这些条件与任何人订立合同。因此,接受也只能由受盘人做出,才具有效力。

② 接受必须与发盘所提出的交易条件保持一致。就是说,接受应是无条件的。如果受盘人在回复中使用了接受的字眼,但对发盘的内容做了增加、限制或修改,这称为有条件的接受,一般不能称为有效的接受,而属于还盘性质。

③ 接受必须在规定的有效期内做出。如果无有效期,必须在合理的时间内做出。

④ 接受必须以口头或者书面语言向发盘人表示出来,受盘人的沉默或者不作任何表示不构成承诺。此外,如果受盘人按照和发盘人之间的惯例做法,以某种行为来表示同意,则无须通知发盘人。

【案例9-1】 有效接受是否必须由特定受盘人做出案

【案情】

某中间商A,就某商品邀请中国B公司发盘,B公司于6月8日向中间商A方发盘并限6月15日前复到有效。6月12日,B公司收到美国C商人按发盘规定的各项交易条件开来的信用证,同时收到中间商A的来电:"你8日发盘已转美国C商。"经查该商品国际市场价格猛涨,于是B公司将信用证退回开证银行,再按新价直接向美商C发盘,而美商C以信用证于发盘有效期内到达为由,拒绝接受新价,并要求B按原价发货,否则将追究B的责任。请分析C的要求是否合理?为什么?

【分析】

对方要求不合理。构成一项接受应具备的条件之一是:接受由特定的受盘人做出。本案例中,B公司发盘特定的受盘人是香港某中间商A,只有中间商A发出的接受通知才具有接受的效力。12日,B公司收到的美国C商人开来的信用证可视为一项发盘,该发盘必须得到B公司的接受，合同才成立。在合同未成立的情况下，C商人就要求B公司发货显然是不合理的。

(2) 接受生效的时间

对于接受生效的时间，在英美法系国家，采用的是“投邮主义”，即接受通知一经投递，则接受开始生效。而在《公约》中，第18条规定：“接受发价于表示同意的通知送达发价人时生效。如果表示同意的通知在发价人所规定的时间内，如未规定时间，在一段合理的时间内，未曾送达发价人，接受就成为无效，但须适当地考虑到交易的情况，包括发价人所使用的通讯方法的迅速程度。对口头发价必须立即接受，但情况有别者不在此限。”或者“如果根据该项发价或依照当事人之间确立的习惯做法和惯例，被发价人可以做出某种行为，例如与发运货物或支付价款有关的行为，来表示同意，而无须向发价人发出通知，则接受于该项行为做出时生效……”可以看出，按照《公约》的规定，接受生效的时间采取的是“到达主义”。另外，大陆法系对于接受生效时间的规定，也是采取“到达主义”。

(3) 带附加条件的接受是否构成有效接受

在某些情况下，受盘人表示愿意接受发盘，但提出了一些修改意见，那么对于这种情况下的接受，应该如何认识呢？在这里，我们来看看《公约》的相关规定。《公约》的第19条规定：

“(1) 对发价表示接受但载有添加、限制或其他更改的答复，即为拒绝该项发价，并构成还价。

(2) 但是，对发价表示接受但载有添加或不同条件的答复，如所载的添加或不同条件在实质上并不变更该项发价的条件，除发价人在不过分迟延的期间内以口头或书面通知反对其间的差异外，仍构成接受。如果发价人不做出这种反对，合同的条件就以该项发价的条件以及接受通知内所载的更改为准。

(3) 有关货物价格、付款、货物质量和数量、交货地点和时间、一方当事人对另一方当事人的赔偿责任范围或解决争端等等的添加或不同条件，均视为在实质上变更发价的条件。”

可以看出，按照《公约》规定，受盘人如果未对发盘做出实质性的更改，其接受是有效的。但在实际业务中间，对于哪些条件的更改属于实质性更改，哪些不属于，交易双方常常出现不同的理解，容易出现争议，这在业务中应该加以注意。

【案例9-2】 保持缄默是接受还是拒绝案

【案情】

① 我某公司向美国一客户发盘，后者很快回复并接受，但要求提供产地证明，我方不予理睬，而是以高价卖给了其他客户，美国商人坚持合同有效。最后诉诸法律，结果怎样？

② 我某公司向法国一客户发盘，后者很快回复并接受，但价格降至15美元，我方不予理睬，而是以高价卖给了其他客户，法国商人坚持合同有效。最后诉诸法律，结果怎样？

【分析】

从上述两个案例涉及带附加条件的接受是否构成有效接受的问题。根据《公约》相关规定，在第一种情况中，美国商人要求提供产地证明，在实质上并不变更该项发盘的条件，除发盘人在不过分迟延的期间内以口头或书面通知反对其间的差异外，仍构成接受。所以美国商人的接受是有效的，我某公司的做法显然是不妥的，美国商人将会胜诉。在第②种情况中，法国客户对价格做了变更，视为在实质上变更发盘的条件，其接受是无效的，所以我某公司做法是可行的，将会胜诉。

(4) 接受的撤回

根据接受生效的时间,按照英美法系国家的规定,由于接受是"投邮生效"的,所以不存在接受撤回的问题。而如果适用《公约》的规定,则如果撤回通知于接受原发盘通知生效之前或同时到达发盘人,接受得以撤回。

(5) 逾期的接受

在国际贸易中,由于各种原因,导致接受通知有时晚于发盘人规定的有效期送达,这在法律上称为"逾期的接受"。对于这种接受,发盘人应该如何处理,来看看《公约》第 21 条的规定:"逾期接受仍有接受的效力,如果发盘人毫不迟延地用口头或书面将此种意见通知受盘人。"另外,第 21 条还规定了非受盘人原因导致接受逾期的情况:"如果载有逾期接受的信件或其他书面文件表明,它是在传递正常、能及时送达发盘人的情况下寄发的,则该项逾期接受具有接受的效力,除非发盘人毫不迟延地用口头或书面通知受盘人:他认为他的发盘已经失效。"

【案例 9-3】 逾期的接受是否有效案

【案情】

我一出口企业对意大利某商人发盘,发盘中限定最迟当月 20 日复到有效,19 日,意大利商人用电报通知我方接受该发盘,由于电报局传递延误,我方于 21 日上午才收到对方的接受通知,而我方在收到接受通知前获悉市场价格已上涨,对此,我方应如何处理?

【分析】

中国与意大利均系《公约》缔约国,该案例双方洽谈过程中,均未排除或做出任何保留,因此,双方当事人均应受《公约》约束。我方于 21 日收到意大利商人的接受电报属因传递延误而造成的逾期接受。因此,如我方不能同意此项交易,应即复电通知对方:我方原发盘已经失效。如我方鉴于其他原因,愿按原发盘达成交易,订立合同,可回电确信,也可不予答复,予以默认。

9.3 合同的形式及其基本内容

9.3.1 基本形式

合同的基本形式主要有书面合同与口头形式合同两种,其中书面形式最为常见,如销售确认书、购买确认书等,另外,还有口头形式以及其他形式,如以行为表示接受等。

9.3.2 口头形式合同有效性的认定

在《中华人民共和国合同法》中,对于合同的形式,第 10 条做出了以下的规定:"当事人订立合同,有书面形式、口头形式和其他形式。法律、行政法规规定采用书面形式的,应当采用书面形式……"从这条可以知道,在国际贸易买卖中,可以采用口头或书面形式订立合同。而同时,前面已经提到,由于在我国核准加入《公约》时,对公约的第 11 条做出声明加以保留,即《公约》第 11 条的规定"销售合同无须以书面订立或书面证明,在形式方面也不受任何其他条件的限制。销售合同可以用包括人证在内的任何方法证明"不适用于中国。根据此项保留,中方当事人与营业地处于另一缔约国当事人的国际货物买卖合同必须采取书面形式。中国之所以做出此项保留,是由于核准加入《公约》时,中国调整涉外经济合同关系的法律是 1985 年颁布的

《涉外经济合同法》，该法规定一切涉外经济合同必须采用书面形式。因此，出现上述我国对《公约》中合同形式的保留。我国目前的《合同法》是1999年10月1日起实施的，《涉外经济合同法》同时废止，那么，《合同法》取代《涉外经济合同法》后，对于涉外经济活动中国际货物买卖合同，如何确定口头形式合同是否为有效呢？可以从以下几点考虑：

① 在我国政府尚未以书面形式宣布撤销《公约》核准书中对于合同形式做出的保留。在适用《公约》情况下，在与营业地所在国为《公约》缔约国的客户进行国际货物的买卖时，对于合同的有效形式则应该认定为书面形式而不能采用口头形式。

② 如果对方当事人营业地所在国为《公约》缔约国，但是双方在合同中排除了《公约》的适用，那么，如果此时所适用的调整合同的法律认可口头形式合同为有效合同，则可以采用口头形式合同。

③ 在我国当事人与营业地所在国为非《公约》缔约国的当事人进行国际货物买卖的情况下，如果按照国际私法的冲突规则适用我国的法律，那么，对于这种情况，国际货物买卖合同采取口头形式可以认为是一种有效的合同形式。如果根据国际私法的冲突规则适用其他国家的法律，而此法律认同国际货物买卖合同口头形式有效，则合同可以采用口头形式；反之，需要采用书面形式订立。

④ 如果我国政府以书面形式正式通知《公约》保管人撤回对《公约》第11条做出的保留，那么，我国的当事人与营业地所在国为《公约》缔约国的当事人进行国际货物的买卖时，如果适用《公约》，则可以采取口头形式。但值得注意的是，撤回声明于保管人收到之日起6个月后的第一个月第一天才生效，在此之前，符合此条情形的合同订立仍须采用书面形式。另外，还值得注意的是，下面第五点中所列出的国家例外。

⑤《公约》的缔约国中，除了中国对于合同的形式做出保留外，还有下面的国家也对合同形式问题作了相类似于我国的保留。这些国家包括阿根廷、白俄罗斯、智利、匈牙利、乌克兰等。在这种情况下，如果我国当事人与营业地所在国属于上述国家的当事人进行国际货物的买卖交易时，即便中国政府将来以书面形式宣布撤销对于《公约》第11条的保留，但由于上述国家的保留声明，只要当事人双方未明确排除适用《公约》，则双方当事人之间的合同仍然必须采取书面形式。中国与这些国家的贸易交往正在日益扩大，所以，与这些国家当事人订立国际货物买卖合同，应当十分注意这点。

通过上述五点的分析，阐述了不同情况下，我国当事人在国际货物买卖中与另一方当事人采用口头形式订立合同的有效性。在国际货物买卖中，对于一些涉及金额较大的合同，从交易安全和证据学的角度考虑，还是采取书面形式为好，而不论根据上述五点对方当事人的身份是否导致口头合同为有效形式；况且，在一般情况下，对方也同样会有类似的考虑。对于一些金额较小的合同，或在客户拥有良好信誉的情况下，如果对方当事人身份符合上述口头合同为有效形式的条件，为了抓住商机，可以采用口头合同的形式。或者，接到口头订单后，为节省时间，先备货，备货的同时，再起草书面合同由双方签署。当然，如果在仓促中，无法明确分辨对方的身份符合上述的哪一点，在这种情况下，采用书面形式的合同不失为最为明智的办法。

9.3.3 合同成立的时间

根据《公约》的规定，接受于送达发盘人时生效，接受生效的时间，实际上就是合同成立的时间，合同一经订立买卖双方即存在合同关系，受到合同的约束。实际业务中，有时双方当事人在洽商交易时约定，合同成立的时间，以签约时合同上所写明的日期为准，或在某条件出现时成立。此外，根据我国法律和行政法规规定，应当由国家批准的合同，在获得批准时，合同方成立。

9.3.4 基本内容

国际货物买卖合同主要包括三个部分：约首、正文、约尾。

① 约首。合同的约首主要包括合同名称、编号、日期、签约地点、当事人的名称和地址等。

② 正文。在基本条款部分，主要规定了货物名称、数量、价格以及包装、运输、保险、检验、索赔理赔、仲裁以及不可抗力条款等。此外，根据货物的性质，还可能加列和货物相关的其他一些内容，如对运输的特别要求等。

③ 约尾。合同的结尾主要包括合同的份数、效力以及双方的签字等。

空白销售确认书如表 9-1 所示。

表 9-1

空白销售确认书

SALES CONFIRMATION

S/C No.：

Date：

The Seller：　　　　The Buyer：

E-mail：　　　　E-mail：

This sales confirmation is made by and between the Sellers and the Buyers; whereby the sellers agree to sell and the Buyers agree to buy the undermentioned goods according to the terms and conditions stipulated below and overleaf：

Commodity & Specifications	Quantity	Unit Price (US$)	Amount (US$)

TOTAL CONTRACT VALUE：

1. More or less：________% allowed.
2. Packing：
3. Port of loading：　　　　Port of destination：

   Shipping marks：
4. Time of shipment：________，allowing transshipment and partial shipment.
5. Terms of payment：The buyer shall open through a bank acceptable to the seller an irrevocable letter of credit at sight which should reach the seller by the end of ________ and remain valid for negotiation in China until 15 days after the date of shipment.
6. Insurance：

☐ To be effected by the buyer.

☐ The seller shall cover insurance against ________ and ________ for of ________ the total invoice value as per the relevant ocean marine cargo clauses of the People's Insurance

Company of China dated 1/1/1981.

7. In case of any discrepancy in quality, claim should be filed by the buyer within 130 days after the arrival of the goods at port of destination; while for quantity discrepancy, claim should be filed by the buyer within 150 days after the arrival of the goods at port of destination.

8. The seller shall not hold liable for non—delivery or delay in delivery of the entire lot or a portion of the goods hereunder by reason of natural disasters, war or other causes of force majeure, however, the seller shall notify the buyer as soon as possible and furnish the buyer within 15 days by registered airmail with a certificate issued by the China council for the promotion of international trade attesting such event(s).

9. All deputies arising out of the performance of, or relating to this contract, shall be settled through negotiation. In case no settlement can be reached through negotiation, the case shall then be submitted to the China international economic and trade arbitration commission for arbitration in accordance with its arbitral rules. The arbitration shall take place in Shanghai. The arbitral award is final and binding upon both parties.

10. The buyer is requested to sign and return one copy of this contract immediately after receipt of the same. Objection, if any, should be raised by the buyer within 3 working days, otherwise it is understood that the buyer has accepted the terms and conditions of this contract.

11. Special conditions: (these shall prevail over all printed terms in case of any conflict.)

Confirmed by:

THE SELLER:	THE BUYER:
(signature)	(signature)

9.4 实验教学

9.4.1 目的

通过认识已签署的出口合同,帮助学生加深对理论知识的理解和巩固。

9.4.2 要求

根据以下已签署的出口合同(售货确认书),完成两个操作:

(1) 找出该合同的约首、正文、约尾。

(2) 要求找出并熟悉下列条款:

① 商品品名、品质条款。

② 数量、溢短装和包装条款。

③ 价格条款。

④ 装运条款。

⑤ 付款条款。

⑥ 保险条款。

⑦ 仲裁、索赔、不可抗力条款。

SALES CONFIRMATION

S/C No.：yl-××0201-1

Date：Feb. 01，20××

The Seller：Shanghai ×× Trading Co.，Ltd.　　The Buyer：Yakaha Co.，Ltd.

E-mail：××　　E-mail：××

This sales confirmation is made by and between the sellers and the buyers; whereby the sellers agree to sell and the buyers agree to buy the undermentioned goods according to the terms and conditions stipulated below and overleaf：

Commodity & Specifications	Quantity	Unit Price (US$)	Amount(US$)
"Koho" brand of lighters		CIF Nagoya	
art no. yl-014	10 000pcs	USD 1. 20/PC	USD 12 000. 00
yl-012	10 000pcs	USD 1. 30/PC	USD 13 000. 00
		Total：	USD 25 000. 00

Total Value(in words)：U. S. Dollars twenty-five thousand only.

1. More or less：3% allowed.

2. Packing：10pcs in a white box，50 such boxes in a carton，total in 40 cartons.

3. Port of loading：Shanghai　　Port of destination：Nagoya

Shipping marks：YKH

yl-××0201-1

Nagoya

C/No. 1～40.

4. Time of shipment：within 45 days after receipt of L/C，allowing transshipment and partial shipment.

5. Terms of payment：The buyer shall open through a bank acceptable to the seller an irrevocable letter of credit at sight which should reach the seller by the end of ×× and remain valid for negotiation in China until 15 days after the date of shipment.

6. Insurance：

□To be effected by the buyer.

√□The seller shall cover insurance against all risks and war risk for 110% of the total invoice value as per the relevant ocean marine cargo clauses of the People's Insurance Company of China dated 1/1/1981.

7. In case of any discrepancy in quality，claim should be filed by the buyer within 130 days after the arrival of the goods at port of destination；while for quantity discrepancy，claim should be filed by the buyer within 150 days after the arrival of the goods at port of destination.

8. The seller shall not hold liable for non-delivery or delay in delivery of the entire lot or a portion of the goods hereunder by reason of natural disasters，war or other causes of force majeure，however，the seller shall notify the buyer as soon as possible and furnish the buyer within 15 days by registered airmail with a certificate issued by the China council for the promotion of international trade attesting such event(s).

9. All deputies arising out of the performance of, or relating to this contract, shall be settled through negotiation. In case no settlement can be reached through negotiation, the case shall then be submitted to the China international economic and trade arbitration commission for arbitration in accordance with its arbitral rules. The arbitration shall take place in Shanghai. The arbitral award is final and binding upon both parties.

10. The buyer is requested to sign and return one copy of this contract immediately after receipt of the same. Objection, if any, should be raised by the buyer within 3 working days, otherwise it is understood that the buyer has accepted the terms and conditions of this contract.

11. Special conditions: (these shall prevail over all printed terms in case of any conflict.)

Confirmed by:

THE SELLER:	THE BUYER:
(signature) ××	(signature)××

9.5 小　　结

① 了解商务谈判的含义及基本原则是顺利完成商务谈判目标的前提。

② 订立国际货物买卖合同的程序,也是买卖合同条款磋商的过程,并应遵循《公约》的有关规定。

③ 进出口合同的成立与生效是两个既相关又不同的概念,订立书面合同十分重要。

9.6 习　　题

9.6.1 单项选择题

1. 根据《公约》规定,(　　)的买卖不适用于《公约》。
   A. 船舶　　B. 汽车
   C. 打火机　　D. 皮鞋
2. 买卖合同的订立程序必然包括(　　)。
   A. 询盘　　B. 发盘
   C. 还盘　　D. 验货
3. 通常情况下,广告属于(　　)。
   A. 邀请发盘　　B. 发盘
   C. 接受　　D. 还盘
4. 下面对发盘人最准确的描述是(　　)。
   A. 发盘人是买方　　B. 发盘人是卖方
   C. 发盘人可以是买方或卖方　　D. 以上均不对
5. 在《公约》中,对于发盘的内容必须十分明确和肯定的规定,不包括(　　)。
   A. 货物名称　　B. 明示或暗示地规定数量
   C. 明示或暗示地规定价格　　D. 交货时间
6. 根据《公约》的规定,发盘生效的时间是(　　)。

A. 到达生效　　B. 投邮生效

C. 发盘书完成时生效　　D. 以上均不对

7. A公司给B公司的一项发盘，由(　　)做出的接受构成有效的接受。

A. B公司的子公司　　B. B公司的分公司

C. B公司的另一客户C公司　　D. 以上均不对

8. 对于接受生效的时间，在英美法系国家，采用的是(　　)。

A. 到达主义　　B. 投邮主义

C. 接受书完成时生效　　D. 以上均不对

9. 对于接受生效的时间，《公约》的规定，采用的是(　　)。

A. 到达主义　　B. 投邮主义

C. 接受书完成时生效　　D. 以上均不对

10. 根据《公约》的规定，合同成立的时间是(　　)。

A. 接受发出的时间　　B. 接受到达的时间

C. 书面合同签署的时间　　D. 接受书完成的时间

9.6.2 判断题

1. 在国际货物买卖中，买卖双方即便在符合《公约》的适用范围情况下，也可以排除《公约》的适用。(　　)

2. 对于《公约》，我国提出了“合同必须采取书面形式”的保留。(　　)

3. 通常，发盘、接受为国际货物买卖合同订立程序中不可缺少的两个环节。(　　)

4. 根据美国相关法律，发盘只需表明数量或计量方法即可认为发盘的内容十分明确和肯定。(　　)

5. 发盘的撤销是指在发盘尚未生效时，发盘人采取行动，阻止它的生效。(　　)

6. 在国际货物买卖中，还盘可能构成一次新的发盘。(　　)

7. 对于发盘，通常情况下缄默是接受的一种表示方式。(　　)

8. 通常，对于通过E-mail发出的发盘，仍然可以撤回。(　　)

9. 根据《公约》的规定，对于规定了有效期的发盘，仍然可以撤销。(　　)

10. 根据《公约》的规定，任何带附加条件的接受不构成有效接受，只是一项还盘。(　　)

9.6.3 简答题

1. 简述商务谈判的基本原则。

2. 简述《公约》适用的范围。

3. 简述构成有效发盘的条件。

4. 简述发盘终止和失效的主要原因。

5. 简述构成一项有效接受的条件。

9.6.4 案例分析

1. 一法国商人于某日上午走访我国外贸企业洽购某商品。我方口头发盘后，对方未置可否，当日下午法商再次来访表示无条件接受我方上午的发盘，那时，我方已获知该项商品的国际市场价格有趋涨的迹象。对此，你认为我方应如何处理为好，为什么？

2. 中国C公司于20××年7月16日收到巴黎D公司发盘："马口铁500公吨，每吨545美元CFR中国口岸，8月份装运，即期信用证支付，限20日复到有效"。我方于17日复电："若单价为500美元CFR中国口岸可接受500公吨马口铁，履约中如有争议在中国仲裁"。D公司复电"市场坚挺，价格不能减，仲裁条件可接受，速复。"此时马口铁价格确实趋涨。我方于19日复电"接受你16日发盘，信用证已由中国银行开出，请确认。"但法商未确认并退回信用证。请问合同是否成立？并判断我方有无失误。

第10章 出口合同的履行

【学习目标】

通过本章的学习，要求能够理解与掌握履行出口合同的基本程序、各个环节的相关注意事项等基本内容，学会出口交易的规范操作。

【本章重点】

1. 出口交易的基本程序及其各个环节

2. 信用证的审核与修改

【本章难点】

出口交易各程序的相关注意事项

在国际贸易中，买卖双方通过商务谈判并达成协议后，一般以合同形式规定了双方当事人的权利和义务。而合同签订后，买卖双方都应受其约束，都要本着“重合同，守信用”的原则，切实履行合同，合同的顺利履行是完成交易的重要前提。此外，缮制履行合同时所需的相关单证，也是合同履行的重要内容之一。

10.1 催证、审证和改证

出口合同的履行(以贸易术语为CIF和支付方式为L/C的出口合同为例)，一般可以分解为以下五个环节如图10-1所示。

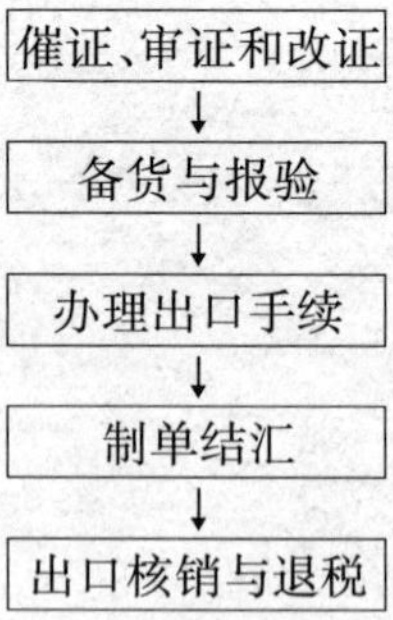

图10-1 出口合同履行程序图

10.1.1 催开信用证

由于信用证结算方式比其他结算方式要复杂一些，在中国的应用也较为广泛，所以本节主要介绍以信用证为结算方式的出口程序，其他结算方式下的出口程序与之类似。同时，值得注意的是，在实际业务中，如果交易采用信用证方式结算，那么催证、审证和改证的步骤一般需要在备货前进行，而采用其他结算方式情况下，如何实施需要根据合同的相应规定。

在按信用证为结算方式成交时，通常买方按约定时间开证是卖方履行合同的前提条件，尤其是大宗交易或按买方要求而特制的商品交易，买方及时开证更为必要。否则，卖方无法安排生产和组织货源，在实际业务中，由于种种原因买方不能按时开证的情况时有发生，因此，我们应结合备货情况做好催证工作，及时提请对方按约定时间办理开证手续，以利于合同的履行。

10.1.2 审核信用证

实际业务中，由于种种原因，买方开来的信用证常有与合同不相符的情况，为了维护出口方的利益，确保收汇安全和合同的顺利履行，对于开来的信用证应该进行认真的核对和审查。在实际业务中，审核信用证主要包括以下两方面内容。

1. 银行审核

通常情况下，信用证是由开证行通过 SWIFT、电传或邮寄等方式发到国内的通知银行，由国内的通知银行首先审核信用证真伪后再交给受益人，如果通知行与受益人有较好的业务关系或通知行也是该信用证的议付银行，那么该银行对于信用证的基本条款包括开证行信用、索汇路线等也会有一个初步的审核。

2. 出口商(受益人)审核

出口商(受益人)收到通知银行交来的信用证后，必须对信用证进行仔细认真的审核，审核依据与原则如下：

① 对照合同。信用证是申请人依据销售合同或其他合同开立的，受益人在审核信用证时应认真核对该合同，保证其内容与该合同条款“相一致”，不过值得注意的是，“相一致”并非指信用证条款与合同条款表面上的严格一致，而是指在保证受益人的利益不低于合同规定或在受益人愿意给予对方利益让步的范围内，信用证的条款均可视为与合同内容的“相一致”，受益人应予以接受。例如，合同规定“partial shipment and transhipment not allowed(不允许分批与转运)”，来证规定“partial shipment and transhipment allowed(允许分批与转运)”，仍可以接受这样的条款。

② 对照《UCP600》。《UCP600》第 1 条就指出了，“适用于所有在信用证正文中表明按本惯例办理的跟单信用证(包括本惯例适用范围内的备用信用证)”。实际业务中的信用证，一般都表示遵从《UCP600》的规定。《UCP600》的内容包括六大部分，即总则与定义、信用证的形式与通知、责任与义务、单据、杂项规定和可转让信用证等。《UCP600》已成为保证信用证在其相关当事人之间得以正常运作的重要国际惯例。所以，在审核信用证时，根据《UCP600》的规定做出判断是非常重要的。

③ 业务实际与商业习惯。对于出口合同中未作规定或无法根据《UCP600》来做出判断的信用证条款，受益人应根据业务实际与商业习惯来审核。这些条款一般被列在信用证的单据条款(documents required)和附加条款(additional conditions)中。特别是信用证中列有的附加条款，有时多达十多条，包括了对单据、运输等方面的特殊要求。这些条款会影响受益人的业务操作，直接或间接地影响受益人制单与交单，从而加大了收汇风险。因此，受益人应根据业务实际与商业习惯来确定这些条款能否接受。

例如，对以下条款：“Commercial invoices should be approved by China Council for Promotion of International Trade and certified in the usually accepted manner by any Arab

Embassy, Legation or Consulate(商业发票应该由中国国际贸易促进委员会认证并且通过阿拉伯国家大使馆以通常可接受的方式证实)。”“Transhipment is allowed at Hongkong port via Evergreen Lines only(转运只得在香港通过 Evergreen Lines 办理)”等，只能根据业务实际来判断是否接受了。

10.1.3 修改信用证

如果受益人对信用证的某些条款不能接受，那么就需要要求申请人修改。当然，如果信用证的相应内容受益人无异议，自然不用要求修改了。提出修改时，应该注意下面几点：

① 审核信用证是前提。出口商对信用证仔细审核，发现不合适的条款，是要求对方修改信用证的基本前提。

② 修改函是依据。实际业务中，申请人(进口商)是根据受益人的修改函向银行申请修改信用证的，因此修改函是申请人向银行申请改证的依据。受益人在拟写修改函时应遵循以下几个原则：

- 及时。在及时审证的基础上，发现不能接受的条款后，受益人应及时拟写修改函，以免对方以装船临近等为由拒绝修改或提出改变支付方式(如往往改信用证为付款交单或赊销等对出口商不利的支付方式)。
- 完整和明确。修改函是申请人向开证行发出信用证修改指示的依据。受益人应该在修改函中明确列出所有不能接受的条款，同时应提出相应的修改内容，即受益人可以接受的内容，必要时应做出说明，以便申请人在收到后能及时理解并做出相应准确的修改。例如，我出口商向某客户出口货物，收到对方的来证后，发现许多不合常规的错误(我方认为是对方疏忽造成，不是故意设置的)，因此立即给对方指出需要修改的条款，对方很快做出修改，但我方又发现对方的修改并没有符合我方的意愿，原因是我方没有在修改函提出相应的修改内容，而双方对某些条款的理解是有偏差的，因此，对方的修改仍没有达到我方的意愿。
- 一次提出。受益人向对方提出修改，尽管理论上只要在信用证有效期内，可以是无数次，但为了不给双方增加改证手续和费用，应尽量一次提出。由于审证不全面和考虑不周到，受益人多次提出修改，对方有可能会拒绝修改。例如，在申请人已做出第一次修改后，受益人又发现某些不能接受的条款并提出修改，此时的申请人可能会以种种理由比如手续麻烦、费用高昂、多次改证不便为借口拒绝改证，此时我方将十分被动。

③ 受益人怎样对待修改通知书。《UCP600》中规定：当受益人向申请人发出修改函后，如果后者同意修改，便会很快向开证行申请改证，开证行会将修改通知书(amendment advice)通过原通知行通知受益人(第 11 条 b 款的规定)。对于修改通知书，受益人可以如何对待，《UCP600》第 10 条作了如下规定：

- 受益人应发出接受或拒绝接受修改的通知。通知行有责任将受益人接受或拒绝信用证修改的通知告知开证行。在受益人向通知修改的银行表示接受该修改之前，原信用证(或先前已接受修改的信用证)的条款对受益人仍然有效。
- 受益人对同一修改通知中的内容不允许部分接受，因而，对修改内容的部分接受当属无效。根据这点，如果受益人不能接受修改通知书中的一部分内容，应全盘拒绝并通知原通知行，而后要求申请人重新修改。

综上所述，正确把握信用证修改，应该分为两个阶段：一是在修改前，受益人准确审核信用证及拟写修改函;二是在修改后,受益人应正确对待修改通知书。

10.2 备货与报验

10.2.1 备货(生产或采购)

备货工作,主要是指按照合同的要求组织生产加工。在备货环节,主要应从三个方面考虑:首先,考虑生产过程中货物自身需要注意的问题,包括货物的品质、规格是否符合合同的要求,生产合同要求的货物数量所需的生产原料是否充足,生产周期的长短等等。其次,要考虑货物的包装,即按约定的条件进行包装后,包装是否能够适应运输和保护商品的要求,如发现包装不良或有破损,应及时修整或调换。最后,在包装的明显部位,应按合同规定显示唛头,同时,对于包装上的其他各种标志是否符合要求,也应当注意。

10.2.2 报验

凡按国家规定必须进行法定检验的出口货物,在备妥货物后,应向相应机构申请检验。属于法定检验的货物,只有经检验后出具检验检疫局签发的检验合格证书,海关才会放行,凡检验不合格的货物,一律不得出口。法定检验申请报验时,应填制出口报验申请单,向生产企业所在地检验检疫局办理申请报验手续,该申请单的内容,一般包括品名、规格、数量或重量、包装、产地等项,在提交申请单时,应随附合同和信用证副本等有关文件,供检验检疫局检验和发证时作参考。当货物经检验合格,检验部门发给放行证明,货物才准予出口。如果出口商品不属于法定检验商品范围,而合同中约定需要申请有关人员或机构检验的,应根据合同规定安排相应人员或机构检验货物。

值得注意的是,检验需要花费一定的时间周期,所以在安排检验时,必须给检验留下充足的时间,避免影响到货物的运输。

10.3 办理出口手续

办理出口手续是履行出口合同的重要环节,一般可以分解为以下四个环节如图 10-2 所示。

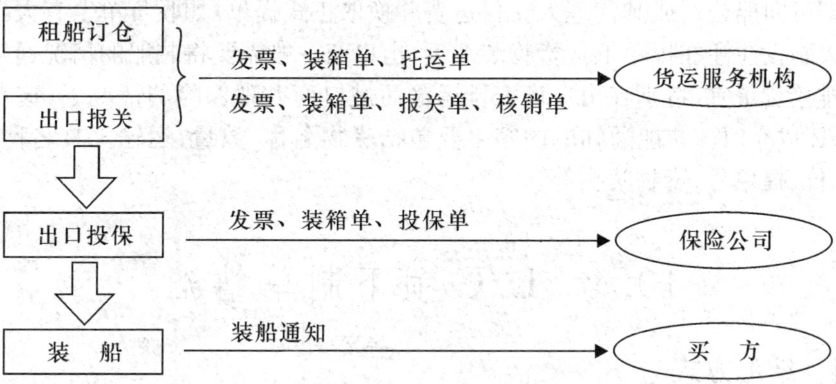

图 10-2　办理出口手续程序图

10.3.1 租船订仓

出口公司通常委托货运服务机构(国际储运公司、国际货运代理公司、国际运输联盟等)办理货物运输。按 CIF 或 CFR 术语条件成交时,出口商应及时办理租船订舱工作,如系大宗货物,需要办理租船手续;非大宗货物则需洽订舱位。一般情况下,各外贸公司订舱需要填写托运单(或者货物明细单),告之托运货物的基本情况以及希望船期等,货运服务机构根据出口商的要求安排舱位,在安排妥当后,货运服务机构发给托运人进仓通知书,通知出口方送货地点和时间,如果是采用"门到门"方式,则通知托运人载有集装箱车辆到生产企业拉运货物时间。在 FOB 成交时,由买方安排海运,此时,出口商需要和进口商保持沟通,确保货物准时送到装货地,实现船货的良好衔接。

该环节需要向货运服务机构提交的单据主要有商业发票、装箱单、托运单等。

10.3.2 出口报关

出口货物在装船出运之前,需向海关办理报关手续,出口货物办理报关时必须填写出口货物报关单,提供核销单、发票、装箱单,必要时还需要重量单、商品检验证书,以及其他有关证件,海关查验有关单据后,即在装货单上盖章放行,凭以装船出口。

我国海关规定,除海关特准外,出口货物的发货人应在货物运抵海关监管区后,装货前 24 小时向海关申报。发货人通常委托货运服务机构办理。

该环节需要向货运服务机构提交的单据主要有商业发票、装箱单、报关单、核销单等。

10.3.3 出口投保

在 CIF 或 CIP 术语下,出口公司代买方向保险公司办理投保手续。凡按 CIF 术语成交的出口合同,在货物装船前,卖方应及时向保险公司办理投保手续,出口货物投保一般都是逐笔办理,投保人应填制投保单,将货物名称、保险金额、运输路线、运输工具、开航日期、投保险别等一一列明,保险公司据此出具相应保单。

该环节需要向保险公司提交的单据主要有商业发票、投保申请书等。

10.3.4 装船并向买方发出装船通知

货物装船以后,船长或大副则签发收货单,即大副收据作为货物已装妥的临时收据,托运人凭此收据即可向船公司或其代理人交付运费并换取正式提单,如收货单上有大副批注,换取提单时应将大副批注注在提单上。货物装船后,出口商一般需要将装船的情况通知进口商,以便进口商安排接货事宜,特别在出口商安排运输而进口商办理保险的情况下,这点尤其重要,例如在以 CFR 成交时。装船通知的内容主要包括货物名称、数量、运输工具名称、装运港、目的港、货物总价、提单号、货物唛头等。

10.4 L/C 项下制单结汇

10.4.1 结汇方式

以 L/C 为支付方式的交易,在完成前面几个环节后,即要严格按照 L/C 条款要求制作相关单据(详见本章10.5主要进出口单据制作)。根据L/C交易流程,向议付行交单议付,并办理结汇手续,通常有以下三种做法:

① 收妥结汇(收妥付款),即议付行收到外贸公司出口单据后,寄交国外开证行或付款行索取货款,收到后即转到外贸公司账户。

② 押汇(买单结汇),即议付行审单后,买入外贸公司的汇票和单据,根据汇票或发票金额扣除利息等费用后将余款转到外贸公司账户,然后再将单据寄交国外付款行索取货款。

③ 定期结汇,即议付行根据向国外索款的所需时间,预先确定一个固定的结汇期限,到期后主动将票款转到外贸公司账户。

10.4.2 不符点的处理

在出口商提交的单据存在不符点而又无法更正时,议付行的通常做法为:

① 表提不符点,是指议付行把不符点开列在寄单函上,寄给开证行,开证行审单确认不符点存在后,接洽申请人是否同意付款,如同意,则申请人付款后开证行将该款项转至议付行;如申请人不予接受,则开证行退单,议付行照样退单给受益人。

② 电提不符点,是指在存在不符点的情况下,议付行先向国外开证行拍发电报或电传,列明不符点,待开证行复电同意后再将单据寄出的方法。

在信用证结算方式下,如果单据出现不符点,受益人是否可以得到货款往往取决于申请人的商业信用。根据《UCP600》第16条(不符单据、放弃和通知)规定,开证行及/或保兑行(如有),或代其行事的指定银行,收到单据后,必须仅以单据为依据,确定这些单据是否表面与信用证条款相符。如与信用证条款不符,上述银行可以拒绝接单。同时,该条(c)款又规定,如开证行已确定单据表面与信用证条款不符,它可以自行确定联系申请人,请其对不符点予以接受,但是,这样做不能借此延长第14条(b)款规定的期限。可见,在存在不符点情况下,能否收到L/C款项,最终都取决于申请人的决定。所以在制单时要遵循"三相符"原则,即"单证相符、单单相符、单货相符"。

此外,如果是非L/C结汇的情况,如汇付、托收等,其结汇通常按照合同规定或相关规则。

【案例10-1】 两个不符点导致拒付案

【案情】

20××年4月份广交会上A公司与科威特某一老客户B签订合同,客人欲购买A公司的玻璃餐具(英文名为GLASS WARES),A公司报价FOB WENZHOU,从温州出运到科威特,海运费到付。合同金额为USD 25 064.24,共1×40'高柜,支付条件为全额信用证,客人很快开信用证到A公司,要求6月份出运货物。

A公司按照合同与信用证的规定在6月份按期出了货,并向银行交单议付,但银行在审核后发现两个不符点:一是发票上"GLASS WARES"错写成"GLASSWARES"(中间没有空格);二是提单上"提货人"一栏,"TO THE ORDER OF BURGAN BANK,KUWAIT"错写成"TO THE ORDER OF BURGAN BANK",即漏写"KUWAIT"。A公司认为这两个是极小的不符点,根本不影响提货。A公司本着这一点,又认为客户是老客户,就不符点担保出单了。但A公司很快就接到由议付行转来的"拒付通知",银行就以上述两个不符点作为拒付理由拒绝付款。A公司立即与客户取得联系,原因是客户认为到付的运费(USD 2 275.00)太贵拒绝到付运费（原来A公司报给客户的是5月份的海运费，到付价大约是USD 1 950.00，后6月份海运费价格上涨，但客户并不知晓），因此货物滞留在码头，A公司也无法收到货款。后来A公司人员进行各方面的协调后，与船公司联系要求降低海运费，船公司将运费降到USD2 100.00，客户才勉强接受，到银行付款赎单，A公司被扣了不符点费用，整个解决纠纷过程使得A公司推迟收汇大约20天。

【分析】

此案的案情并不复杂，却给我方带来巨大的损失，不得不引起人们的深思。我们应该从中吸取以下教训：

① “不符点”没有大小之分，都可能导致拒付。在本案中，A公司事先知道单据存在“不符点”的情况下还是出单，存在潜在的风险。A公司认为十分微小的“不符点”却恰恰成了银行拒付的正当理由。

② A公司还是要严格按照信用证与《UCP600》的要求制作与审核单据，以免给对方“有机可乘”。本案中，海运运费的上涨，本与A公司并无关系，因“不符点”使客户有机会进行讨价还价。

10.5 主要出口单据制作

10.5.1 办理出口手续所需单据

1. 报验单

报验单也称检验申请单，是指根据我国《商检法》规定，针对法定检验的进出口货物向指定商检机关填制和申报货物检验的申请单。其内容一般包括品名、规格、数量（或重量）、包装、产地等项。

2. 报关单

报关单是向海关申报进出口货物，供海关验关估税和放行的法定单据，也是海关对进出口货物统计的原始资料。根据货物进出口的情况，又分为《出口货物报关单》和《进口货物报关单》。其主要填写项目为经营单位、贸易性质、贸易国别（地区）、货名、规格及货号、成交价格、数量、海关编号等。在提交进出口货物报关单时，一般还须按规定随附以下文件或单证：进出口许可证或批准文件，商业发票，进出口货物装箱单，减税、免税或免验的证明文件，商检证明等。

3. 投保单

投保单是进出口企业向保险公司对运输货物进行投保的申请书，也是保险公司据以出具保险单的凭证，保险公司在收到投保单后即缮制保险单。投保单一般是在逐笔投保方式下采用的做法。进出口企业在投保单中要填制的内容包括货物名称、运输标志、包装及数量、保险金额、保险险别、运输工具、开航日期、航程号等。实际业务中，也有在商业发票上写上投保险别等要求交给保险公司办理保险的做法。

4. 货物托运单

货物在办理运输过程中需要缮制托运单据，不同运输方式或运输工具使用不同格式的托运单，主要包括海运托运单、陆运托运单和空运托运单。在托运单中，填写货物的基本情况如名称、价格、数量、体积、重量、装运港(地)、目的港(地)、要求运输时间等等。在实际业务中,托运单据也有可能被省略,而使用企业自制的含有货物出运要求的货物明细单代替。值得注意的是,一般情况下,托运单据需要和商业发票、装箱单等单据一同使用。

10.5.2 办理出口结汇所需单据

以下介绍进出口中涉及的几种主要结汇单据及出口商制单时应注意的问题。

1. 汇票

汇票一般是各种结汇方式中都使用的主要单据之一。其填制方法和内容是否正确无误,对出口商安全收汇很重要。出口商开具汇票时,首先要明确以下事项:

(1) 付款人。采用信用证支付方式时,汇票的付款人应按信用证的规定填写。如果来证没有具体规定付款人名称,一般可理解为付款人是开证行;如果是采取托收方式,一般汇票的付款人是进口商。

(2) 收款人。一般情况下,无论是信用证付款方式,还是其他付款方式,如托收,汇票的收款人一般做成凭指示抬头(pay to order),由收款银行指示将该货款打入出口公司的银行账号。

汇票一般开具一式两份,两份具有同等效力,其中一份付讫,另一份自动失效。

2. 发票

一提起发票,通常指的就是商业发票(commercial invoice),但是根据用途的不同,还有许多其他种类发票,如海关发票(customs invoice)、领事发票(consular invoice)、厂商发票(manufacturer's invoice)和形式发票等。

(1) 商业发票

它是卖方开立的载有货物名称、数量、价格等内容的清单,作为买卖双方交接货物和结算货款的主要单证,也是进出口报关完税必不可少的单证之一。

在我国,各进出口公司的商业发票没有统一格式,但主要项目基本相同,其中包括发票编号、开票日期、数量、包装、单价、总值和支付方式等项内容。

在制作发票时应注意以下问题:

① 对收货人的填写,采用信用证方式结算时,除少数信用证另有规定外,一般均应填写开证申请人或进口人。采用其他方式结算时,一般填写进口人。

② 对货物的名称、规格、数量、单价、包装等项内容的填制,凡属信用证方式,必须与来证所列各项要求完全相符,不能有任何遗漏或改动。如来证内没有规定详细品质或规格,必要时可按合同加注一些说明,但不能与来证的内容有抵触,以防国外银行挑剔而遭到拖延或拒付货款。

③ 如客户要求或信用证规定在发票内加列船名、原产地、生产企业的名称、进口许可证号码等,均可一一照办。

④ 如果来证和合同规定的单价含有"佣金"(commission)的情况,在发票处理上应照样填写,不能以"折扣"字样代替。如来证和合同规定有"现金折扣"(cash discount)的字样,在发票上也应全名照列,不能只写"折扣"或"贸易折扣"(trade discount)等字样。

⑤ 如属信用证方式付款,发票的总值不得超过信用证规定的最高金额。按照银行惯例的解释,开证银行可以拒绝接受超过信用证所许可金额的商业发票。

⑥ 由于各国法令或习惯不同，有的来证要求在发票上加注“证明所列内容真实无误”[或称“证实发票”(certified invoice)]、“货款已经收讫”[或称“收妥发票”(receipt invoice)]，或加注有关出口企业国籍、原产地等证明文句，出口商应在不违背我国方针、政策和法令的情况下，酌情办理。

(2) 海关发票

有些国家的海关制定一种固定的发票格式，要求国外出口商填写。属于这类发票有下列三种不同的叫法：

① 海关发票。

② 估价和原产地联合证明书(combined certificate of value and origin，C. C. V. O.)。

③ 根据××国海关法令的证实发票(certified invoice in accordance with ×× customs regulations)。对上述三种叫法的发票，在习惯上我们统称为海关发票。进口国要求提供这种发票，主要是作为估价完税或征收差别待遇关税或征收反倾销税的依据。此外，还供编制统计资料之用。

在填写海关发票时，一般应注意以下问题：

① 各个国家(地区)使用的海关发票，都有其固定格式，我们不得混用。

② 凡是商业发票和海关发票上共有项目的内容，必须与商业发票保持一致，不得相互矛盾。

③ 在“出口国国内市场价格”一栏，其价格的高低是进口国海关作为是否征收反倾销税的重要依据。我们在填制这项内容时，应根据有关规定慎重处理。

④ 如成交价格为CIF术语条件，应分别列明FOB价、运费、保险费，这三者的总和，应与CIF货值相等。

⑤ 签字人和证明人均须以个人身份出面，而且这两者不能为同一个人。个人签字均须以手签生效。

(3) 领事发票

有些国家，如一些拉丁美洲、中东等国家规定，凡输往该国的货物，国外出口商必须向该国海关提供经该国领事签证的发票。有些国家制定了固定格式的领事发票；也有一些国家则规定可在出口商的商业发票上由该国领事签证(consular visa)，领事发票的作用与海关发票基本相似，各国领事签发领事发票时均需收取一定的领事签证费。如国外来证有需由我方提供领事发票的条款，可以首先考虑说明当地无对方机构，争取取消。如无法取消则按有关规定办理，值得注意的是，办理领事发票周期较长，这点必须充分考虑。

(4) 厂商发票

厂商发票是由出口货物的制造厂商所出具的以本国货币为计价单位、用来证明出口国国内市场出厂价格的发票。其目的也是供进口国海关估价、核税以及征收反倾销税之用。如果国外来证有此要求，应参照海关发票有关国内价格的填制办法处理。

3. 海运提单

(1) 海运提单的重要性

海运提单是船方或其代理人在收到其承运的货物时签发给托运人的货物收据，也是承运人与托运人之间的运输契约的证明，在法律上它具有物权凭证的作用。收货人在目的港提取货物时，必须提交正本提单。可见海运提单是各种单据中最重要的单据。

(2) 海运提单的格式和内容

提单的格式很多，每个船公司都有自己的提单格式，但基本内容大致相同，一般包括提单正面的记载事项和提单背面印就的运输条款。

① 提单正面的内容。

提单正面的记载事项，分别由托运人和承运人或其代理人提供，由承运人或其代理人填写签发。

提单正面的记载事项通常包括下列事项：托运人(shipper)；收货人(consignee)；被通知人(notify party)；收货地或装货港(place of receipt or port of loading)；目的地或卸货港(destination or port of discharge)；船名及航次(vessel's name & voyage number)；唛头及件号(shipping marks & numbers)；货名及件数(description of goods & number of packages)；重量和体积(weight & measurement)；运费预付或运费到付(freight prepaid or freight collect)；正本提单的张数(number of original B/L)；船公司或其代理人的签章(name & signature of the carrier)；签发提单的地点及日期(place & date of issue)等。

② 提单背面条款。

在班轮提单背面，通常都有印就的运输条款，这些条款是作为确定承运人与托运人之间以及承运人与收货人及提单持有人之间的权利和义务的主要依据。提单背面条款的内容由各船公司自行确定，其内容不尽一致，但大致相近。

③ 提单的正本和副本。

按提单使用的有效性分，可分为正本提单和副本提单。

● 正本提单(original B/L)，是指提单上经承运人、船长或其代理人签字盖章并注明签发日期的提单。这种提单在法律上和商业上都是公认有效的单证。提单上必须要标明“正本”(Original)字样，以示与副本提单有别。

● 副本提单(copy B/L)，是指提单上没有承运人、船长或其代理人签字盖章，而仅供工作上参考之用的提单。在副本提单上一般都标明“Copy”或“Non-negotiable”字样，以示与正本提单有别。

④ 制作提单应注意的问题。

● 提单的种类。提单的种类很多，应按合同或信用证要求的类别提供。

● 提单的收货人(consignee)。提单的收货人，习惯上称为抬头人。在信用证或托收支付方式下，绝大多数的提单都做成“凭指定”(to order)抬头或者“凭托运人指定”(to order of shipper)抬头。这种提单必须经托运人背书，才可流通转让；也有的要求做成“凭××银行指定”(to order of ×× bank)，一般是规定凭开证行指定。

● 提单的货物名称。提单上有关货物名称可以用概括性的商品统称，不必列出详细规格，但应注意不能与来证所规定的货物特征相抵触。

● 提单的运费项目。如CIF或CFR条件，在提单上应注明“运费已付”(freight prepaid)；如成交价格为FOB条件，在提单上则注明“运费到付”(freight collect)。除信用证内另有规定外，提单上不必列出运费的具体金额。

● 提单上的目的港和件数。提单上的目的港和件数，原则上应和运输标志上所列的内容相一致。

● 提单的签发份数。根据《UCP600》规定，银行接受全套正本仅有一份的正本提单，或一份以上正本提单。如提单正本有几份，每份正本提单的效力是相同的，但是，只要其中一份凭以提货，其他各份立即失效。因此，合同或信用证中规定要求出口商提供"全套提单"(full set or complete set B/L)，就是指承运人在签发的提单上所注明的全部正本份数。实际业务中，提单正本一般为三份。

● 提单的签署人。如信用证要求港到港的海运提单，银行将接受由承运人或作为承运人的具名代理或代表，或船长或作为船长的具名代理或代表签署的提单。

● 有关装运的其他条款。买方有时限于本国法令，或为了使货物迅速到达或其他原因，在来证中加列其他装运条款，并要求出口商照办。如要求出口商提供航线证明、船籍证明、船龄证明，或者指定装运船名、指定转运港、指定集装箱货轮等。对上述各项要求，应按照有关规定，并结合运输条件适当掌握。如属不合理的或者买方难以办到的运输条款，必须向买方提出修改信用证。

4. 保险单

① 保险单的被保险人应是出口商或者是信用证上的受益人，并加空白背书。

② 保险险别和保险金额应与信用证规定一致。在单据的表面上对 CIF 和 CIP 的金额能够被确定时，保险单必须表明投保最低金额。该项金额应为货物的 CIF 或 CIP 的金额加10%，否则，银行接受的最低投保金额，应为根据信用证要求而付款、承兑或议付金额的110%，或发票金额的 110%，以两者之中较高者为准。保险单所表明的货币，应与信用证规定的货币相符。在其他结算方式下，一般投保金额也为发票金额的 110%。

③ 保险单的签发日期应当合理，在保险单上，除非表明保险责任最迟于货物装船或发运或接受监督之日起生效外，银行将拒受出单日期迟于装船或发运或接受监管时间的保险单。

5. 产地证明书

产地证明书(certificate of origin)，是一种证明货物原产地或制造地的证件。不用海关发票或领事发票的国家，要求提供产地证明，以便确定对货物应征收的税率。有的国家限制从某个国家或地区进口货物，也有的要求以产地证来证明货物的来源。

产地证明书一般由出口地的公证行或工商团体签发。在我国，可由国家出入境检验检疫局或贸促会签发。

6. 普惠制单据

普惠制单据(generalized system of preferences documents，GSP)。随着中国经济的发展，给予我国普惠制待遇的国家已经较少。对这些给惠国家的出口货物，须提供普惠制单据，作为进口国海关减免关税的依据。目前中国使用的普惠制单据主要是表格 A 产地证(GSP certificate of origin form A)，适用于一般商品，由出口公司填制，并经国家出入境检验检疫局签证出具。

7. 装箱单和重量单

装箱单和重量单(packing list and weight memo)，是用来补充商业发票内容的不足，便于国外买方在货物到达目的港时，供海关检查和核对货物。装箱单又称花色码单，列明每批货物的逐件花色搭配；重量单则列明每件货物的毛、净重。

8. 检验证书

各种检验证书是分别用以证明货物的品质、数量、重量和卫生条件。在我国，这类证书一般由国家出入境检验检疫局出具，如合同或信用证无特别规定，也可以分别不同情况，由进出口公司、生产企业或其他检验机构出具，但应注意证书的名称及所列项目或检验结果，应与合同及信用证规定相同。

10.5.3 制作审核结汇单据的基本原则

① 正确。单据内容必须正确，在信用证结算方式下，既要符合信用证的要求，又要能真实反映货物的实际情况，且各单据的内容不能相互矛盾。

② 完整。单据份数应符合要求，不能短少，单据本身的内容，应当完备，不能出现项目短缺情况。

③ 及时制单。单据制作应及时，以免错过合同或信用证规定的交单日期。

④ 简明。单据内容应按要求和国际惯例填写，力求简明，切勿加列不必要的内容。

⑤ 整洁。单据的布局要美观大方，缮写或打印的字迹要清楚醒目，不宜随意使用修改章，尤其对金额、件数和重量等，更不宜改动。

10.6 出口核销与退税

10.6.1 出口核销

在中国，货物出口收汇后，还要办理出口核销手续。出口核销是指外汇监管当局对出口单位的出口货物实施跟踪监管直到货款收回进行核销的一种事后监督制度。出口收汇核销制度，是国家加强出口收汇管理，确保国家外汇收入，防止外汇流失的一项重要措施。有对外贸易经营权的中资企业和外商投资企业向境外出口货物，均应当在其注册地外汇管理局办理出口收汇核销手续。出口收汇核销程序主要包括：网上向外汇管理局申领“出口收汇核销单”；实际领取；网上向海关进行备案；报关时使用核销单；报关后拿回已盖章的核销单；货款收妥、货物出口后向外汇管理局递交核销单；审核有关单证，办理核销手续等。

10.6.2 出口退税

出口退税是一个国家或地区对已报送离境的出口货物，由税务机关将其在出口前的生产和流通的各环节已经缴纳的国内增值税或消费税等间接税税款退还给出口企业的一项税收制度。1985 年 3 月，国务院正式颁发了《关于批转财政部〈关于对进出口产品征、退产品税或增值税的规定〉的通知》，规定从 1985 年 4 月 1 日起实行对出口产品退税政策。1994 年1月1 日起，随着国家税制的改革，我国改革了已有退还产品税、增值税、消费税的出口退税管理办法，建立了以新的增值税、消费税制度为基础的出口货物退(免)税制度。

出口退税登记的一般程序为：

① 有关证件的送验及登记表的领取。企业在取得有关部门批准其经营出口产品业务的文件和工商行政管理部门核发的工商登记证明后，应于 30 日内办理出口企业退税登记。

② 退税登记的申报和受理。企业领到“出口企业退税登记表”后，即按登记表及有关要求填写，加盖企业公章和有关人员印章后，连同出口产品经营权批准文件、工商登记证明等证明资料一起报送税务机关，税务机关经审核无误后，即受理登记。

③ 填发出口退税登记证。税务机关接到企业的正式申请,经审核无误并按规定的程序批准后,核发给企业"出口退税登记证"。

④ 出口退税登记的变更或注销。当企业经营状况发生变化或某些退税政策发生变动时,应根据实际需要变更或注销退税登记。

企业办理出口退税附送材料主要包括:

① 报关单。报关单是货物进口或出口时进出口企业向海关办理申报手续,以便海关凭此查验和验放而填写的单据。

② 出口销售发票。通常是指商业发票,这是出口企业根据与出口购货方签订的销售合同填开的单证,是外商购货的主要凭证,也是出口企业财会部门凭此记账做出口产品销售收入的依据。

③ 进货发票。提供进货发票主要是为了确定出口产品的供货单位、产品名称、计量单位、数量,是否是生产企业的销售价格,以便划分和计算确定其进货费用等。

④ 收汇通知书。

⑤ 属于生产企业直接出口或委托出口自制产品,凡以到岸价 CIF 结算的,还应附送出口货物运单和出口保险单。

⑥ 有进料加工复出口产品业务的企业,还应向税务机关报送进口料件的合同编号、日期、进口料件名称、数量、复出口产品名称,进料成本金额和实纳各种税金额等。

⑦ 产品征税证明。

⑧ 出口收汇已核销证明。

⑨ 与出口退税有关的其他材料。

【案例 10-2】 报关单的计量单位与品名有误而影响正常退税案

【案情】

A 公司委托其客户指定的船公司出口近 50 万美元的货物,涉及 50 多万美元的出口退税。具体情况是,由于 A 公司采购时是以"盒"为单位采购的,A 公司提供的报关单上也是注明"506 000 BOXES",所以工厂的增值税发票开的单位也是以"506 000 盒"为单位。由于船公司在重新填写报关单时却将"BOXES"漏打,只标明"6 000 KGS",因此海关计算机上该产品的数量为"6 000 千克",导致报关单上的内容与发票上的数量和单位不同,A 公司不能正常退税。A 公司要求船公司办理改单(修改报关单据),就是要在品名下注明"506 000 BOXES",但是由于船公司的一再拖延,导致 A 公司无法办理退税手续。A 公司不断催促船公司办理改单,考虑到手续麻烦需要较长时间,要求对方必须在 3 个月内将改后的单据退还给 A 公司,否则要其承担由于不能正常退税造成的相关经济损失。3 个月后,总算了结此案。

【分析】

从本案可以吸取的教训是,为了报关不发生问题,卖方在报关时需注意,最好用铅笔在报关单上注明正确的品名、数量单位等以防发生错误。

关于报关单据和改单有以下注意点:

① 报关时应注意报关单上资料的准确性。可能由于一个资料的问题,会造成不能正常报关、正常出运、正常退单、正常退税等。

② 注意报关单据上的单位,为了避免这样的类似事情再次发生,在海关计量单位与我们

要求的计量单位不同时，需特别加注我们所要求的单位/品名。

③ 可能会因为货名的英文品名太长，在报关单商品名下加注数量和单位时可能会由于海关的计算机问题不能全部显示，所以为防止这样的事情发生，把需注明数量和单位的英文货名尽量简写。

④ 报关的品名与数量、单位，必须和工厂开具的增值税专用发票一致。

⑤ 报关过程中，可能会碰到我们提供的 H. S. 的编号与货物中文品名有所出入，海关提出更改品名，但是不管怎样，都要显示我们要求的中文品名，可以加在括号内。

10.7 实验教学

10.7.1 目的

通过认识 L/C 项下的全套单据的实例，帮助学生加深对单据格式、内容等理论知识的理解和巩固。

10.7.2 要求

根据信用证(实验教学 6. 6 L/C NO. TNB-002)和合同(实验教学 9. 4 合同 NO. CF-030201)，制作了以下全套单据。根据以下单据实例，完成操作，基本看懂单据的主要条款和内容。

商业发票

COMMERCIAL INVOICE

1) SELLER SHANGHAI ×× TRADING CO.,LTD. ××, SHANGHAI CHINA	3) INVOICE NO.: CF-001 4) INVOICE DATE: APR. 23,20××
2) BUYER YAKAHA CO. ,LTD. ××××××	5) TOTAL AMOUNT(IN WORDS): U. S. DOLLARS TWENTY-FIVE THOUSAND ONLY

6) MARKS	7) DESCRIPTION OF GOODS	8) QTY.	9) UNIT PRICE	10) AMOUNT
2 ITEMS OF "HOKO" BRAND OF LIGHTERS AS PER SALES S/C NO. YL-××0201-1 DATED FEB. 01,20××			CIF NAGOYA	
YKH	YL-012	10 000 PCS	USD 1. 20/PC	USD 12 000. 00
YL-030201-1	YL-014	10 000 PCS	USD 1. 30/PC	USD 13 000. 00
NAGOYA				

C/NO. 1～40

TOTAL：20 000 PCS　　　　　　USD 25 000. 00

L/C NO. TNB 002

ISSUED BY

SHANGHAI ×× TRADING CO.,LTD.

SIGNATURE

Mark lin

装 箱 单
PACKING LIST

1）SELLER SHANGHAI ×× TRADING CO.,LTD. ××,SHANGHAI CHINA	3）INVOICE NO.： CF-001	4）INVOICE DATE： APR. 23,20××
	5）FROM： SHANGHAI	6）TO： NAGOYA
	7）TOTAL PACKAGES(IN WORDS)： FORTY CARTONS	
2）BUYER YAKAHA CO. ,LTD. ××	8）MARKS & NOS.： YKH YL-××0201-1 NAGOYA C/NO. 1～40	

9）C/NOS.	10）NOS. & KINDS OF PKGS.		11）QTY.	12）G. W.（kg）	13）N. W.（kg）	14）MEAS(m^3)
	2 ITEMS OF "HOKO" BRAND OF LIGHTERS					
1～20	YL-012	20 CARTONS	10 000 PCS	500	460	1. 20
21～40	YL-014	20 CARTONS	10 000 PCS	580	540	1. 35
	TOTAL：	40 CARTONS	20 000 PCS	1 180	1 100	2. 55

ISSUED BY

SHANGHAI ×× TRADING CO.,LTD.

SIGNATURE

Mark lin

海运提单

BILL OF LADING FOR COMBINED TRANSPORT SHIPMENT OR PORT TO PORT SHIPMENT

<table>
<tr><td colspan="2">Shipper
SHANGHAI ×× TRADING CO. LTD.</td><td rowspan="3">B/L NO. PEL—001

PANTAINER
Express Line
Carrier:
Pantainer Ltd.
Viaduktstrasse 42
P. O. Box
4002 Basle/Switzerland</td></tr>
<tr><td colspan="2">Consignee or Order
TO ORDER</td></tr>
<tr><td colspan="2">Notify Address
×× CO. ,LTD.
××</td></tr>
<tr><td>Pre—carriage by</td><td>Place of receipt</td><td rowspan="3">For delivery please apply to:</td></tr>
<tr><td>Ocean vessel.
YANDANSHAN V. 021</td><td>Port of loading
SHANGHAI</td></tr>
<tr><td>Port of discharge
NAGOYA</td><td>Place of delivery</td></tr>
</table>

Marks & Nos. Container No.	Nos. & Kinds Of Pkgs.	Description Of Goods	G. W. (Kg)	Meas(M^3)
YKH YL-××0201-1 NAGOYA C/NO. 1～40	40 CARTONS	"HOKO" BRAND OF LIGHTERS	1 180	2. 55

Total Number Of Containers Or Packages(In Words): FORTY CARTONS ONLY

<table>
<tr><td colspan="2">Freight & Charges
FREIGHT PREPAID</td><td>Declared Value From Merchant</td></tr>
<tr><td>Prepaid At</td><td>Payable At</td><td>Number of Original B(S)L THREE</td></tr>
<tr><td>Place Of B(S)L
SHANGHAI</td><td>Date
APR. 30, 20××</td><td>×× SHIPING CO. ,LTD.
as agent for the carrier, Pantainer Ltd.</td></tr>
</table>

普惠制产地证

ORIGINAL

1. Goods consigned from (Export's name, Address, country) SHANGHAI ×× TRADING CO. ,LTD. ××, SHANGHAI CHINA	Reference No. GENERALIZED SYSTEM OF PREFERENCES CERTIFICATE OF ORIGIN (Combined declaration and certificate) **FORM A** Issued in THE PEOPLE'S REPUBLIC OF CHINA (country) See Notes overleaf
2. Goods consigned to (Consignee's name, Address, country) ×× CO. ,LTD. ××	
3. Means of transport and route (as far as known) FROM SHANGHAI TO NAGOYA BY SEA	4. For official use

5. Item number	6. Marks and numbers of packages	7. Number and kind of packages; description of goods	8. Origin criterion (See Notes overleaf)	9. Gross weight or other quantity	10. Number and date of invoices
1	×× YL-××201-1NAGOYA C/NO. 1~40	FORTY (40) CARTONS OF "HOKO" BRAND OF LIGHTERS * * * * * * * * * * * * * *	"P"	1 180KGS. 20 000PCS	CF-001 APR. 23, 20××

11. Certification It is hereby certified, on the basis of control carried out, that the declaration by the exporter is correct. SHANGHAI, APR. 27, 20×× Place and date, signature and stamp of certifying authority	12. Declaration by the exporter The undersigned hereby declares that the above details and statements are correct; that all the goods were produced in CHINA (country) And that they comply with the origin requirements specified for those goods in the Generalized System of Preferences for goods exported to JAPAN (importing country) SHANGHAI, APR. 27, 20×× Place and date, signature of authorized signatory

货物运输保险单

CARGO TRANSPORTATION INSURANCE POLICY

发票号(INVOICE NO.)CF-001　　保单号次

合同号(CONTRACT NO.)YL-××0201-1　　POLICY NO. PC01037650

信用证号(L/C NO.)TNB-002

被保险人:

Insured:SHANGHAI ×× TRADING CO.,LTD.

中国人民保险公司(以下简称本公司)根据被保险人的要求,由被保险人向本公司缴付约定的保险费,按照本保险单承保险别和背面所列条款与下列特款承保下述货物运输保险,特立本保险单。

THIS POLICY OF INSURANCE WITNESSES THAT THE PEOPLE'S INSURANCE COMPANY OF CHINA (HEREINAFTER CALLED "THE COMPANY") AT THE REQUEST OF INSURED AND IN CONSIDERATION OF THE AGREED PREMIUM PAID TO THE COMPANY BY THE INSURED UNDERTAKES TO INSURE THE UNDERMENTIONED GOODS IN TRANSPORTATION SUBJECT TO THE CONDITIONS OF THIS POLICY AS PER THE CLAUSES PRINTED OVERLEAF AND OTHER SPECIAL CLAUSES ATTACHED HEREON.

标记 MARKS & NOS.	数量及包装 QUANTITY	保险货物项目 DESCRIPTION OF GOODS	保险金额 AMOUNT INSURED
AS PER INVOICE NO CF-001	40CARTONS	"HOKO"BRAND OF LIGHTERS	USD 27 500.00

总保险金额

TOTAL AMOUNT INSURED: SAY US DOLLARS TWENTY – SEVEN THOUSAND FIVE HUNDRED ONLY

保费　　启运日期:　　装载运输工具:

PREMIUM AS ARRANGED DATE OF COMMENCEMENT AS PER B/L PER CONVEYANCE YANDANSHAN V. 021

自　　经　　至

FROMSHANGHAI,CHINA VIA ________ TO NAGOYA, JAPAN

承保险别:CONDITIONS: CIC ALL RISKS AND WAR RISK.

所保货物,如发生保险单项下可能引起索赔的损失或损坏,应立即通知本公司下述代理人查勘。如有索赔应向本公司提交保险单正本(共2份正本)及有关文件。如一份正本已用于索赔,其余正本自动失效。

IN THE EVENT OF LOSS DAMAGE WHICH MAY RESULT IN A CLAIM UNDER THIS POLICY, IMMEDIATE NOTICE MUST BE GIVEN TO THE COMPANY AGENT AS MENTIONED HEREUNDER CLAIMS IF ANY, ONE OF THE ORIGINAL POLICY WHICH HAS BEEN ISSUED IN 2 ORIGINAL TOGETHER WITH RELEVANT DOCUMENTS SHALL BE SURRENDERED TO THE COMPANY IF THE ORIGINAL POLICY HAS BEEN ACCOMPLISHED, THE OTHERS TO BE VOID.

赔款偿付地点

CLAIM PAYABLE AT NAGOYA　　中国人民保险公司上海市分公司

出单日期　　The People's Insurance Company of China

ISSUING DATE APR. 27,20××　　Shanghai Branch

10.8 小　结

(1) 出口合同(以 CIF 和 L/C 的合同为例)履行分为五个基本步骤,步步紧扣,不得脱节。

(2) 主要进出口单据的基本种类和制作原则,尤其是 L/C 项下的制作,要遵循"三相符"原则,即"单证相符、单单相符、单货相符"。

10.9 习　题

10.9.1 单项选择题

1. 在出口业务中,银行对于信用证的审核主要是审核(　　)。

A. 信用证的真伪　　B. 申请人的信用

C. 船期是否合适　　D. 货物名称是否正确

2. 对于合同规定"Partial Shipment and Transhipment not allowed",来证规定"Partial Shipment and Transhipment allowed",受益人(　　)。

A. 应该接受　　B. 应该要求修改

C. 应该请申请人说明不符原因　　D. 应该请开证行说明不符原因

3. 对于不可撤销信用证的一份修改,受益人(　　)。

A. 有权拒绝　　B. 必须接受

C. 可以部分拒绝　　D. 以上均不对

4. 对于同一份信用证的多份修改,受益人(　　)。

A. 如果接受,必须全部接受　　B. 如果拒绝,必须全部拒绝

C. 可以接受其中一份或几份　　D. 以上均不对

5. 受益人如果要求修改信用证,必须向(　　)发出修改函。

A. 开证行　　B. 通知行

C. 议付行　　D. 申请人

6. 出口业务中,出口报关单的填写人应该是(　　)。

A. 出口商　　B. 货物运输人

C. 货物生产人　　D. 进口商

7. 出口业务中,保险单上的被保险人,通常应该填写(　　)。

A. 进口商　　B. 货物运输人

C. 货物生产人　　D. 出口商

8. 出口业务中,海运提单的正本通常有三份,那么提货时,(　　)。

A. 三份必须同时出示

B. 出示任何一份正本就可以

C. 至少需要两份正本

D. 一份正本只能提取三分之一货物

9. 出口业务中,将提单做成指示提单,是指对提单(　　)的制作要求。

A. 出口人　　　　　　　　　　　　　　B. 通知人
C. 运输人　　　　　　　　　　　　　　D. 收货人

10. 通常情况下，出口业务中保险单的签发日期应该(　　)。
A. 早于提单日期　　　　　　　　　　　B. 晚于提单日期
C. 早于、晚于提单日期均可　　　　　　D. 以上均不对

10.9.2 判断题

1. 在出口程序中，如果采用信用证结算，那么催证、审证和改证的步骤一般都是在备货后进行。(　　)

2. 出口业务中收到的信用证必须与合同完全一致。(　　)

3. 合同规定“20××年 9 月前装运”，来证规定“20××年 10 月前装运”，这种情况下，可以认为信用证和合同是相一致的。(　　)

4. 在信用证有效期内，理论上修改信用证可以是无限次，但作为受益人来说，为了业务的顺利进行，应该尽量一次提出。(　　)

5. 当受益人接受信用证的修改，可采取“默示接受”，即不声明接受，但按修改后的信用证要求交单。(　　)

6. 如果可转让信用证转让给一个以上的第二受益人，其中一个或几个第二受益人拒绝接受信用证的修改，并不影响其他第二受益人接受修改。(　　)

7. 信用证结算方式下，如果出现了不符点，则银行信用变成商业信用，受益人是否可以得到货款就失去了银行信用的保证。(　　)

8. GSP 证书也是产地证的一种。(　　)

9. 信用证的到期地点，通常规定为出口国。(　　)

10. 在我国进口业务中，如果采用 FOB 国外口岸，对于进口商而言及时投保是非常重要的。(　　)

10.9.3 简答题

1. 简述出口程序中催证的意义。
2. 简述出口商(受益人)审核信用证的依据。
3. 简述受益人拟写修改函时应遵循的原则。
4. 简述 L/C 项下结汇的结汇方式。
5. 简述 L/C 项下制单结汇不符点的处理。

10.9.4 案例分析

1. 中国 A 公司向德国 B 公司出口羊绒披肩，并签订了 CIF 合同。A 公司在装船前向检验机构申请检验，检验结果是货物符合合同的质量要求。A 公司投保一切险并在装船后及时向 B 公司发出了装船通知，但在海上航行中由于货物被雨水浸泡，质量降低。货物到达目的港后，B 公司要求 A 公司赔偿差价损失。请问 A 公司是否应该接受索赔，为什么？货物被海水浸泡的风险损失应由谁承担？

2. 中方 A 公司与某国 B 公司签订合同一份，规定即期信用证支付，信用证规定不可转

运，不可分批装运，货物总量 1 000 公吨，A 公司收到 L/C 后，开始备货，货物备好准备装运时，收到信用证修改，修改了目的港，并且增加货物数量 1 000 公吨，由于临时准备货物来不及，A 公司决定，先将准备好的货物运至指定的新港口，修改书上要求的另外 1 000 公吨待备好货后再运，请对 A 公司做法予以评析。

第 11 章　进口合同的履行

【学习目标】

通过本章的学习，要求能够理解与掌握履行进口合同的基本程序、各个环节的相关注意事项等基本内容，学会进口交易的规范操作。

【本章重点】

1. 进口交易的基本程序及其各个环节

2. 信用证的开立

【本章难点】

进口交易各程序的相关注意事项

在国际贸易中，买卖双方通过商务谈判并达成协议后，一般以合同形式规定了双方当事人的权利和义务。一方履行出口合同意味着另一方履行的是进口合同，所以本章就进口合同履行的程序作简单介绍。

我国进口货物，以按 FOB 术语条件成交并采用信用证付款方式为例，其合同履行的一般程序包括开立信用证，租船订舱，接运货物，办理货运保险，审单付款，报关提货验收与拨交货物和办理索赔等。一般可以分解为以下六个环节如图 11-1 所示。

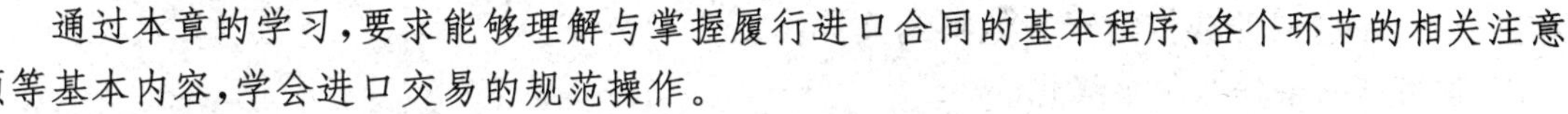

图 11-1　进口合同履行程序图

11.1　开立信用证

在以信用证结算情况下，买方开立信用证是履行合同的前提条件，因此签订进口合同后，应按规定办理开证手续，买方向银行办理开证手续时，必须按合同内容填写开证申请书，银行则按开证申请书内容开立信用证。信用证内容是以合同为依据开立的，它与合同内容应当一致。卖方收到信用证后，如要求延展装运期和信用证有效期或变更装运港等，若我方同意对方的请求，即可向银行办理改证手续。如果是以其他结算方式结算货款，如支付预付款等，也需要及时办理相关手续。

11.1.1　开证申请书

第一部分是信用证的内容，包括受益人名称、地址，信用证的性质、金额，汇票内容，货物描述，运输条件，所需单据种类份数，信用证的交单期、到期日和地点，信用证通知方式等。

第二部分是申请人对开证银行的声明。其内容通常规定印刷在开证申请书上，包括承认遵守《UCP600》的规定；保证向银行支付信用证项下的货款、后续费、利息及其他费用；在申请人付款赎单前，单据及货物所有权属银行所有等。

11.1.2 开证注意事项

1. 信用证的内容应是完整和自足的

信用证内容应严格以合同为依据，对于应在信用证中明确的合同条款，必须具体列明，不能使用"按××号合同规定"等类似的表达方式，因为信用证是一个自足文件，有其自身的完整性和独立性，不应参照或依附于其他契约文件。

2. 信用证的条件必须单据化

《UCP600》规定，如信用证载有某些条件，但并未规定需提交与之相符的单据，银行将视这些条件为未予规定而不予理睬。因而，进口方在申请开证时，应将合同的有关规定转化成单据，而不能照搬照抄。比如，合同中规定货物按不同规格包装，则信用证中应要求受益人提交装箱单；合同以 CFR 术语条件成交，信用证应要求受益人提交清洁已装船提单，并且提单上应注明运费已付等。

3. 按时开证

应在合同规定的期限内开证；如果合同未规定开证期限，应在合理时间内开证，以使受益人有足够的时间备妥货物并出运。通常掌握在交货期前的一个半月至两个月左右。

4. 关于保护性规定

《UCP600》中若干规定，均以"除非信用证另有规定"为前提。比如，"除非信用证另有规定银行将接受下列单据而不论其名称如何"等等。如果进口方认为《UCP600》的某些规定将给自己增加风险，则可利用"另有规定"这一前提，在信用证中列入相应的保护性条件，比如，《UCP600》规定，禁止转运对集装箱运输无约束力，若买方仍要求禁止转运，则可在信用证中加列"即使货装集装箱，本证严禁转运"等。

11.2 办理运输和保险

按 FOB 术语条件签订进口合同时，应由买方安排船舶，如买方自己没有船舶，则应负责租船或委托货运服务机构办理订舱手续，当办妥租船订舱手续后，应及时将船名及船期通知卖方，以便卖方备货装船，避免出现船等货的情况。买方备妥船或订妥舱位后，还应做好催装工作，随时掌握卖方备货情况和船舶动态，催促卖方做好装船准备工作，对于数量大或重要的进口货物，必要时，可派员前往出口地点检验监督，以便接运工作的顺利进行。

在由我方办理保险时，当接到卖方的装运通知后，应及时将船名、提单号、开航日期、装运港、目的港以及货物的名称和数量等内容通知保险公司，办妥投保手续。

11.3 审 单 付 款

货物装船后，卖方即凭提单等有关单据向当地银行议付货款。开证行（或保兑行）收到国外议付行寄来单据后，应对单据进行认真细致的审核，以确定单据表面是否符合信用证的要求。根据《UCP600》第15条(相符交单)的规定,所交主要单据与信用证相符,相关银行必须承付;如开证行(或保兑行)审单发现单证不符或单单不符,又该如何处理?根据《UCP600》第16条(a)款和(b)款的规定,相关银行可以拒绝承付或议付;当开证行确定交单不符时,可以自行决定联系申请人放弃不符点。因此,上述情况下,开证行(或保兑行)通常会将不符点通知进口商,后者应酌情做出付款或拒付的决定。如果进口还是做出拒付决定,该条(c)款规定,"当按照指定行事的指定银行、保兑行(如有的话)或开证行决定拒绝承付或议付时,必须给予交单人一份单独的拒付通知"。

11.4 报关提货

买方付款赎单后,货物运抵目的港,即应及时向海关办理申报手续。经海关查验有关单据、证件和货物,缴纳相应费用后,并在提单上签章放行后,即可凭以提货。

我国海关规定,进口货物自运输工具申报进境之日起14日内向海关申报,超期每日征收5‰的滞报金。进口货物的收货人通常委托负责该货运输的货运服务机构代理报关。

11.5 验收和拨交

凡属进口的货物,都应认真验收,如发现品质,数量,包装有问题应及时取得有效的检验证明,以便向有关责任方提出索赔或采取其他救济措施。对于法定检验的进口货物,必须向卸货地或到达地的商检机构报验,未经检验的货物,不准销售和使用。为了在规定时效内对外提出索赔,凡属下列情况的货物,均应在卸货港口就地报验:

① 合同订明须在卸货港检验的货物。

② 货到检验合格后付款的。

③ 合同规定的索赔期限很短的货物。

④ 卸货时已发现残损、短少或有异状的货物。

如无上述情况,而用货单位不在港口的,可将货物转运至用货单位所在地再行验收,验收中如发现问题,应及时请当地商检机构出具检验证明,以便在索赔有效期内对外提出索赔。

此外,货物进口后,应及时向用货单位办理拨交手续,如用货单位在卸货港所在地,则就近拨交货物;如用货单位不在卸货地区,则委托货运代理将货物转运内地,并拨交给用货单位。

11.6 进口索赔与进口理赔

11.6.1 进口索赔

如果进口货物经过检验或使用存在问题,那么就需要根据合同和相应法规的规定向责任方提出索赔。在履行凭信用证付款的FOB进口合同时,上述各项基本环节是不可缺少的,但是在履行基于其他付款方式和其他贸易术语成交的进口合同时,则环节有所区别。例如,在采用汇付或托收的情况下，就不存在买方开证的工作环节；在履行 CFR 进口合同时，买方则不负责租船订舱，此项工作由卖方办理；在履行 CIF 进口合同时，买方不仅不承担货物从装运港到目的港的运输任务，而且不负责办理货运投保手续，此项工作由卖方按约定条件代为办理。这就表明，履行进口合同的环节和工作内容，主要取决于合同的类别及其所采取的支付条件。

在国际贸易交易过程中，买卖双方往往会由于彼此间的权利义务问题而引起争议。争议发生后，因一方违反合同规定，直接或间接给另一方造成损失，受损方向违约方在合同规定的期限内提出赔偿要求，以弥补其所受损失，就是索赔。

此外，在履行进口合同过程中，往往因卖方未按期交货或货到后发现品质、数量和包装等方面有问题，致使买方遭受损失而需向有关方面提出索赔，进口索赔事件虽不是每笔交易一定发生的，但为了维护我方的利益，我们对此项工作应当常备不懈，一旦出现卖方违约或发生货运事故，应切实做好进口索赔工作。为此，我们必须注意下列事项，在查明原因，分清责任的基础上确定索赔对象。

1. 向相关责任方提出索赔

进口商应根据事故性质和致损原因的不同，向相关责任方提出索赔。例如，凡属原装短少和品质、规格与合同不符，应向卖方提出索赔，货物数量少于提单所载数量，或在签发清洁提单情况下货物出现残损短缺，则应向承运人索赔，由于自然灾害、意外事故而使货物遭受承保险别范围内的损失，则应向保险公司索赔。

2. 提供索赔证据

为了保证索赔工作的顺利进行，必须提供切实有效的证据，如事故记录、短卸或残损证明和联检报告等，必要时，还可提供物证或实物照片等。

3. 掌握索赔期限

向责任方提出索赔，应在规定的期限内提出，过期提出索赔无效，在合同内一般都规定了索赔期限：向卖方索赔，应在约定期限内提出，如合同未规定索赔期限，按《公约》规定，买方向卖方声称货物不符合合同时限，是买方实际收到货物之日起 2 年；向船公司索赔的时限，按《海牙规则》规定，是货物到达目的港交货后 1 年；向保险公司索赔的时限，按中国人民保险公司制定《海洋运输货物保险条款》规定，为货物在全部卸离海轮后 2 年。

4. 确定索赔金额

索赔金额应适当确定，除包括受损商品价值外，还应加上有关费用(如检验费等)。索赔金额究竟多少，其中究竟包括哪些费用，应视具体情况而定。

11.6.2 进口理赔

违约的一方，如果受理遭受损害方所提出的赔偿要求、赔付金额或实物，以及承担有关修理、加工整理等费用，或同意换货等就是理赔。如有足够的理由，解释清楚，不接受赔偿要求的就是拒赔。

对外贸易中的争议和索赔情况是经常发生的，直接关系到对外贸易有关各方的经济权益，所以各方都十分重视索赔和理赔，在合同中订明有关的条款，以维护自己的利益。从法律观点来说，违约的一方应该承担赔偿的责任，对方有权提出赔偿的要求直到解除合同。只有当履约中发生不可抗力的事故，致使一方不能履约或如期履约时，才可根据合同规定或法律规定免除责任。

在我国的进出口贸易中，发生争议、索赔的事例是很多的，特别在市场情况发生变化，国外有些客户觉得履约对他们不利时，往往寻找各种借口拒不履约或拖延履约，甚至弄虚作假或提出无理要求。此外，我方也由于各种原因，有时也出现违约的事例。因此，如何正确处理好对外的索赔和理赔是一个十分重要的问题，它既关系到维护国家的权益和声誉，又涉及比较复杂的业务技术问题。所以索赔、理赔是一项政策性、技术性很强的涉外工作，必须严肃对待和认真处理。

【案例 11-1】 止付禁令成功处理进口索赔案

【案情】

20××年3月，中国A公司与韩国B公司签订合同进口化工原料，价值为10万美元，A公司按合同规定开立不可撤销延期付款信用证(deferred payment credit)，证中规定受益人在货物装船48小时内将全套单据包括一份正本提单直接寄给申请人，即“One set of documents including one original B/L to be forwarded to L/C applicant through courier service within 48 hours after shipment”。货物如期装船并很快到达我方温州港，我方也收到正本提单，随即办理了清关及提货手续，经我方商检机构检验后，发现货物质量与合同严重不符，我方立即向对方提出退货并要求赔偿损失，而对方态度十分强硬，不予理睬。A公司也随即通知了开证行。几天之后，我方开证行收到信用证项下全套单据，经审核单据完全符合信用证要求，开证行将只能作出承担远期付款责任的保证，一旦作出，将对A公司十分不利。这时，A公司通过当地法院对B公司提起诉讼，宣称申请人具有实质上的欺诈，向法院提示了检验证书，法院经过证据核实后，暂时禁止了开证行兑付该信用证的提示。至此，B公司主动洽A公司，答应退货并赔偿A公司的经济损失。一起进口纠纷案完满告结。

【分析】

这个案子如此快速顺利的解决，主要基于两个重要原因：

(1) 信用证“正本提单”条款对A公司相当有利。信用证规定受益人在货物装船后寄一份正本提单给申请人，称之为“正本提单”条款。货船从韩国釜山港到中国温州港约需4～5天，受益人收到该正本提单后便可先行清关提货，并对货物进行检验，发现问题后，便可及时向对方提出，受益人显然掌握了主动权。

(2) 法院颁发了止付禁令。根据《UCP600》第7条(开证行责任)规定，只要规定的单据提交给指定银行或开证行，并且构成相符交单，则开证行必须承付。受益人提交的单据完全符合信用证要求，因此开证行只得做出承担远期付款责任的保证，但有例外，如果申请人能申请到止付禁令，就可以暂时禁止开证行兑付该信用证的提示。本案的情况就是这样。

11.7 小　　结

(1) 我国进口货物，以按FOB术语成交并采用信用证付款方式为例，合同履行分为六个基本步骤，也是步步紧扣，不得脱节。

(2) 在单据制作方面，比起出口合同履行，较为简单一些，履行进口合同时主要是审核出口方提交的单据。

11.8 习　题

11.8.1 单项选择题

1. 进口商开出信用证规定，货物数量为 2 000 公吨散装，总金额 25 万美元，信用证不允许分批装运，未有是否允许溢短装规定，根据《UCP600》规定，则货物的数量和总金额(　　)。

A. 两者均不能增减

B. 均可增减 10%以内

C. 均可增减 5%以内

D. 数量可以有 5%的增减，金额不得超过 25 万美元

2. 在进口业务中，货、样不能完全一致的商品，一般都不适宜采用(　　)。

A. 凭规格买卖　　B. 凭等级买卖

C. 凭样品买卖　　D. 凭说明书买卖

3. 中国进口商与美国出口商签订进口合同，货物从 NEW YORK 运至 SHANGHAI，采用的贸易术语是 FOB NEW YORK，则双方风险的划分点在(　　)。

A. 货物在 NEW YORK 交给承运人保管时

B. 货物在 SHANGHAI 交给进口商时

C. 货物在 NEW YORK 越过船舷时

D. 货物离开 NEW YORK 仓库时

4. 进口 CIF 合同中货物在装船后因为火灾被焚，损失应由(　　)负责赔偿。

A. 卖方自行　　B. 卖方请求保险公司

C. 买方请求保险公司　　D. 承运人请求保险公司

5. 进口业务中，运输标志一般由(　　)。

A. 买方出具　　B. 卖方出具

C. 运输部门出具　　D. 以上 ABC 选项均不对

6. 进口业务中，以信用证为结算方式，如果信用证没有规定是否允许分类装运，按《UCP600》则(　　)。

A. 可以分批　　B. 禁止分批

C. 由议付银行决定　　D. 由开证银行澄清后决定

7.《公约》规定，若合同未作明确规定，进口方向出口方声称货物不符合的时限，是买方收到货物之日起(　　)年。

A. 1　　B. 2

C. 3　　D. 4

8. 在货物买卖中，收取佣金的通常是(　　)。

A. 买方　　B. 保险公司

C. 船方　　D. 中间商

9. 根据《UCP600》的规定，装运日期如有"约于"等类似词句的信用证，则指所述日期前后(　　)天内装运，起讫日在内。

A. 5　　　　　　　　　　　　　　　　B. 10

C. 15　　　　　　　　　　　　　　　　D. 20

10. 一张金额为10万英镑的可撤销信用证，未规定是否允许分批装运。受益人装出价值为5万英镑的货物，在将单据交议付银行议付后的第二天收到开证银行撤销该信用证的通知。此时，(　　)。

A. 议付银行应取消议付，并向受益人追索已议付的5万英镑的货款

B. 开证银行对已议付的5万英镑仍应偿付，但其余5万英镑应立即失效

C. 因在撤销通知到达前已部分议付，故本证仍然全部有效

D. 开证银行撤销信用证的通知应经卖方同意方可撤销

11.8.2　判断题

1.《UCP600》规定，分批装运若其中一批不符规定，则该批货物不得议付，但不影响其后各批议付。(　　)

2. 信用证业务中，进口人如果发现单证不符，可拒绝赎单，此时开证行可以向议付行或受益人追回货款。(　　)

3. 按CIF或CFR进口商品，若合同中订有溢短装条款，但未规定溢短装选择权归谁，则在装船时通常应由买方决定溢装或短装。(　　)

4. 从国外进口医药原料500包，货到港后发现短少50包，通常进口方应凭提单向船方索赔。(　　)

5. 海关发票是进口国海关制定的并要求出口商填制的供进口商凭以报关完税与统计用的一种特别发票。(　　)

6. 国家对进口货物的管制措施是各自相对独立的，通常不能因实施了某种管制，而减少或解除另一种管制。(　　)

7. 在一般情况下，按CFR贸易术语成交的进口合同中，保险费不应计入货物价格。(　　)

8. 在下列条件成交的进口合同中：CIF上海，FOB东京，DES宁波，CFR青岛，只有DES宁波属于到达合同。(　　)

9. 信用证是银行应进口商的申请向出口商开出保证付款的凭证，因此进口商承担第一付款人的责任。(　　)

10. 我某公司从美国旧金山一商人处进口货物，信用证规定不准转船。对方提交银行的提单为直达提单，而船方却在运输途中因故转船。进口商闻讯后通知开证行拒绝付款。根据《UCP600》，开证行无权拒付。(　　)

11.8.3　简答题

1. 请简述进口货物以FOB术语成交并采用信用证方式的情况下，其合同履行的一般程序。

2. 请简述出口方提供的商业发票对进口商的主要作用。

3. 请简述进口商及时开证对交易的重要性。

4. 请简述进口索赔的主要原则。

5. 请简述信用证结算时进口商的主要权利和义务。

11.8.4 案例分析

1. 中国A外贸企业与某国B进口商达成一项进口合同，付款条件为见票后45天付款交单。当汇票及单据通过托收行寄抵代收行后，A外贸企业及时在汇票上履行了承兑手续。货抵目的港时，汇票尚未到期，A外贸企业用货心切，请分析A外贸企业应如何处理此种情况。

2. 某年A公司从国外B公司买入一批玉米。信用证规定装运期不得超过4月30日，由于天气原因，卖方实际装运日期为5月8日，其出具担保得到倒签至4月30日提单并交单。5月13日船到目的港，A公司登轮查核证实该提单日期是伪造的。据此，履行相应手续后，开证行向B公司提出拒付。B公司反驳开证行：根据《UCP600》规定，在信用证业务中，各有关当事人所处理的只是单据，而不是单据所涉及的货物、服务及其他行为。所以银行与受益人之间处理的只能是单据而不是单据以外的其他行为，不能处理涉及货物和船舶的情况。另根据《UCP600》第14条规定：银行必须合理小心地审核信用证规定的一切单据，以确定是否表面与信用证条款相符合。现单据“表面”上与信用证一致，即信用证规定最迟4月30日装运，提单上装运日是4月30日，所以“表面”上单证一致。开证行应保证付款。请判断B公司理由是否合理，开证行是否可以拒付？并说明理由。

第12章 国际贸易方式

【学习目标】

通过对本章的学习，要求能够了解目前常用的国际贸易方式；着重掌握经销与代理、对销贸易、加工贸易等程序。

【本章重点】

1. 经销代理方式的基本做法
2. 对销贸易的种类与基本做法
3. 加工贸易业务的基本做法

【本章难点】

经销代理方式的基本做法

前面的章节我们学习了最常见的进出口业务的基本做法，相对于本章的其他各种贸易方式，我们称之为单边逐笔售定的贸易方式，即每一笔业务的进口或者出口原则上互不相关。这是国际贸易中历史较悠久，占不同时期国际贸易总量比重最大的一种方式，但在每笔交易中均需单独结算，贸易关系基本上是一次性的，这对于某些领域或某些特殊商品的交易量扩大有诸多不利。在长期的国际贸易实践中，逐渐形成了其他的各种各样的贸易方式，它们可在一定程度上弥补单边逐笔售定的不足之处。本章我们学习国际贸易中的其他常见贸易方式。

12.1 经销和代理

随着国际分工的不断发展，分工所带来的专业化优势促成了国际贸易中大量经销商和代理商的涌现。通过经销商或代理商的介入，可以极大地节约“交易成本”，并可减轻国际贸易中供货商与进口商之间存在的“信息不对称”，使跨越国界的商品交易得以顺利进行。实践表明，经销商和代理商已经并将一直对我国企业开展对外贸易起巨大作用。

12.1.1 经销

经销(distribution)是指经销商(distributor)与生产厂家或供货商(supplier)达成协议，在规定的期限和地域内购销指定商品的一种贸易方式。经销通常又称分销，经销商在购入供货商商品后，自主经营，自负盈亏，自担风险。

国际贸易中所采用的经销方式，根据经销商所有的权限不同，可分为一般经销和独家经销。一般经销下，经销商没有对应产品在约定区域和期限内的专营权，出口企业可在同一区域内指定数家经销商共同完成指定产品的销售，但这种做法有很多弊端，最明显的，如各经销商可能同时经销其他企业的同类竞争产品，从而可能影响我出口产品在指定区域的销量。此外，各经销商之间极易产生"搭便车"现象。比如，在市场调研、营销推广等工作中，会有部分经销商企图无偿利用其他经销商所获取的市场。而独家经销商对约定产品享有在约定期限和区域内的专营权。在此我们主要介绍独家经销。

1. 独家经销的含义

独家经销（sole distribution）也称包销（exclusive sales），是指出口企业通过协议，把约定商品在约定区域和期限内的专营权给予国外某经销商的做法。采用此种做法，在协议期限内，对于约定区域内协议商品的经营，包销商享有排他性权力。这种做法与单边逐笔售定交易的区别是，供货商可以通过协议与包销商建立起一种比较稳定的购销关系。

2. 独家经销协议

独家经销协议一般只是原则地规定双方当事人的权利义务和一般交易条件，协议下每批货物交付时再依据具体买卖合同确定价格、数量、交货期、贸易方式等具体交易条件。独家经销协议通常应包括下列内容：

① 协议双方当事人名称、地址、签约日期与地点。

② 协议双方当事人的关系。明确双方的关系是买卖关系，而非代理或其他法律关系，避免以后出现不必要的争议。

③ 经销商品范围。出口方经营产品范围一般较广，所以要在协议中明确规定经销商享有经销权的商品的品种、类别及型号。确定经销商品的范围时，应充分考虑选定经销商的经营能力、资信状况、经营范围等，通常业务刚开展时，范围不宜订得过宽。若商品范围包括供货方全部商品，还应注明对于停止生产的产品和新开发生产的产品如何适用协议。

④ 经销区域。经销区域亦即经销商行使经销权的地理范围。具体可以是一个国家，或者几个国家，或是一个城市或几个城市。经销区域的确定，通常要考虑下列因素：经销商的规模、经营能力及其销售网络；商品性质及种类；市场差异程度，包括消费习惯，消费心理及文化、宗教、民俗等；政治区域划分、地理和交通条件等；还应尽量避免与已有客户和市场区域交叉重复。经销区域大小掌握应适度，既要能充分调动经销商的经营积极性，充分利用其销售网络，又要避免区域过大，超过经销商经营控制能力。通常还应规定经销商不得跨越指定区域销售，防止侵占其他经销商和出口方自有的销售区域，影响其产品销量。对于经销区域能否扩大也应规定清楚。

⑤ 经销期限。独家经销商的专营权期限长短应明确规定。经销期限过短，不利于调动经销商的积极性，因为对于广告宣传等促销费用的投入，往往需要一定时间后才能收到效果。期限过长，难于应对市场的各种变化，也容易使我出口方陷入被动。另外，对于期限的延长及终止条件亦应订明。一旦出现协议规定的终止条件时，即可终止协议，避免损失。

⑥ 经销商的专营权。独家经销协议中出口商授予经销商的经销权具有排他性质，即在同一区域和协议期限内出口商不得通过其他经销商向该区域投放产品，这实际上就是独家经销商所享有的垄断专营权。但为了保障出口商的利益，一般也会在协议内规定经销商不得在同一区域内经销与供货商指定商品相竞争的商品。对于此项规定，应注意的是不应违反经销商所在国"禁止独占"等相关法律。

⑦ 经销数量或金额。独家经销商在协议期限或每一时期内所应负责采购的商品数量或金额也是协议的重要内容。一般应结合经销商的销售能力进行商订。通常的做法是协议中规

定包销商所应采购的最少数量或最低金额。一方面可以约束经销商必须完成既定数量或金额的承购，另一方面也意味着供货商（出口方）应供货的最低数量、金额保证。

⑧ 经销商的其他义务。在独家经销协议中，通常还应对特殊情况下经销商的相关义务做出具体、明确的规定。例如：

● 为了便于扩大销路，开拓市场，包销商应负责在该区域内采取必要的促销手段，开展市场调研活动等。比如，广告宣传、举办展览会，以及向出口商反馈该区域的销售状况、市场环境及市场动态等，但对于这些工作所投入的费用应由哪方负责，最好在协议中明确规定。

● 对于经销商品的售后服务及技术支持，在供货商提供零部件的前提下，也应由经销商负责，费用要明确规定。

● 经销商一般还应负责在经销区域内对所经销商品的工业产权和知识产权采取适当保护措施，发现有侵权事件及时向供货商汇报。

3. 独家经销的利弊

在我国出口贸易中，独家经销是一种较为常用的经营方式，因为独家经销方式对出口方的确有许多好处。比如，通过包销协议，可建立起稳定的购销关系，可以更好地完成交易商品的宣传推广工作，完善售后服务，从而提高品牌知名度和顾客忠诚度，扩大销量，稳定市场，这主要是由于出口商授予经销商指定区域内的专营权调动了经销商的积极性。但是，独家经销也有弊端，原因也正在于专营权，如果使用不当，就会使出口商经营受损，经销商可能会凭借享有的专营权压低采购产品价格，经营不积极，或同时经营竞争产品等。因此，在使用独家经销这一做法时，应慎重选择经销商，并应注意同经销商的沟通，使用管理好经销商，对于经销范围、区域、期限也应规定适度，避免陷入被动境地。

12.1.2 代理

代理（agency）是国际贸易中十分常见的做法，现在国际贸易的各个工作环节几乎都有了各种各样的代理。比如，运输代理、保险代理、广告代理、采购（销售）代理等。我们在此只介绍在国际贸易中，我出口企业广泛采用的通过国外代理商销售产品的销售代理。

1. 代理概述

（1）代理的定义及其性质

我国《民法通则》将代理定义为："代理人在代理权限内，以被代理人的名义实施民事法律行为。被代理人对代理人的代理行为承担民事责任。"这一概念同大陆法系的直接代理基本相同，强调代理人必须以被代理人名义实施代理行为。在此我们所指的国际贸易中的代理，是指我出口企业与国外代理商达成协议，规定由后者代为推销的商品、销售区域和权利期限，并向第三人招揽生意，订立合同或办理同交易有关的其他事宜，同时对代理商支付佣金作为报酬的一种贸易方式。代理同经销不一样，在代理业务中，我出口企业同国外代理商的关系是委托与受托关系，而不是买卖关系，所以代理商不需动用自己资金购买商品，不负责盈亏，不承担风险，只获取佣金，以此我们可以看出，代理同经销的区别（仅就直接代理而言）：

① 行为的自主性。代理人（代理商）只能在委托人（出口商或供货商）的授权范围内，代表委托人从事商业活动，经销商完全自主经营，只要不违反关于专营权的约定。

② 各当事人的关系。代理人一般不以自己的名义与第三人（买主）签订合同，买卖合同关

系的当事人是委托人与第三人；而经销商与供货商或出口商以及与买主之间均为买卖合同关系。

③ 收入来源。代理商收入仅取自佣金，而经销商的收入则来自买卖价差。

④ 责任、风险承担。代理商无须承担风险，仅负责介绍生意，招揽订单，自己不需承担履约责任；经销商则风险、责任自担，自负盈亏。

(2) 代理的种类

国际贸易中的销售代理，根据委托人对其授权的大小，可分为总代理(general agent)、独家代理(exclusive agent; or sole agent)和一般代理(agent)。

① 总代理。总代理是指代理人在指定地区内，不但有独家代销指定商品的权利，还有代表委托人从事商务活动和处理其他事务的权利，其实就是委托人在指定区域内全权代表。在我国外贸业务中，通常指定我驻外贸易机构作为我外贸企业在该地区的总代理。

② 独家代理。独家代理是指在协议规定的地区和期限内对指定商品享有专营权利的代理人。委托人一旦在某一区域选定独家代理后，即负有不得在约定期限时在此区域指定其他代理人的义务，并且一般还规定，委托人自己也不得越过独家代理直接向该区域投放产品。即使委托人自己直接在此区域销售产品也同样应按约定比例向独家代理支付佣金，并将已售数量或金额计入独家代理应完成的最低代销额度，但为了平衡双方的权利义务，协议中还应规定独家代理在约定期限内负有不得经营同类竞争产品，及不得跨区销售的义务。

【案例 12-1】 跨区代理争议案

【案情】

20××年，我国某进出口公司(以下简称C公司)与德国一客户S公司之间签订了代理协议，S公司负责代理C公司出口的纺织品在欧洲地区的独家销售。第二年9月，S公司开发了一名土耳其客户Y，S公司与Y签订了一笔出口纺织品的合同。Y向S公司开出信用证后，S公司随即向我方下了订单。问S公司的做法属于代理吗？

【分析】

S公司的做法已经超出了正常的代理范围，成为C公司的实际买方，因为独家代理协议，S公司负责代理C公司出口的纺织品在欧洲地区的独家销售，不得跨区销售。

③ 一般代理。一般代理又称普通代理，不享有相应商品在指定区域内的专营权，委托人在同一代理区域和期限内，可选定数家代理人代理销售同一种商品。一般代理根据推销商品的实际金额或根据协议规定的办法和百分率向委托人计收佣金，故一般代理也叫佣金代理(commission agent)。其佣金幅度，一般以发票净值计算，即发票价格中扣除运费、保费、包装费及进出口税后的价值，通常为净值的1%～5%。委托人也可以直接与该区域的买主交易，无须向佣金代理支付佣金。目前我国的出口业务中，较多使用此类代理。

2. 代理协议

代理协议(agency agreement)是用以明确委托人与代理人之间权利义务关系的法律文件。就销售代理协议而言，主要包括以下内容。

(1) 协议双方当事人的名称、地址及订约时间

应明确委托人与代理人之间的法律关系、授权范围，写明双方当事人的名称、地址、法律地位、业务范围及注册日期、地点等。

(2) 代理商品范围

应写明具体的商品名称及种类。

(3) 代理区域

代理区域是指代理人有权开展代理业务的地区。具体规定方法同前述独家经销协议相同。

(4) 代理人的权限

若为一般代理,通常规定委托人保留在协议期限内代理区域同买主直接交易的权利,即代理人不享有专营权。若为独家代理,则要规定提供专营权条款。一般规定委托人在协议期间不得在此区域指定其他代理商或直接与买主成交,如委托人对此权利有所保留,则通常仍应按约定比例向代理商就成交金额支付佣金。

(5) 代理期限及终止条款

代理期限的规定方法亦同于独家经销协议,除此以外,协议中还应明确规定:任何一方在协议期间不履行协议义务,另一方有权终止协议。

(6) 佣金条款

佣金条款是代理协议中十分重要的条款,在条款里要明确规定计算佣金的基础、佣金率、支付时间和支付方法。

在代理协议中,应明确是以成交额还是实际成交额或以发票金额为基础计算佣金,同时还应注明是按 FOB 价还是 CIF 价计算。佣金率也要写明规定方法,一般比率为 1%~5%左右,佣金的支付方法也有多种,如货款收回后逐步支付,定期结算支付,协议终止时一次付清或者代理人直接将自己应得的佣金从付给委托人的货款中扣除。

(7) 非竞争条款

所谓非竞争条款是指代理人在协议期限内无权销售与委托人的商品相竞争的商品,也无权为该商品做广告,无权代表协议区域内的其他相竞争的企业。

(8) 委托人的权利与义务

委托人的权利和义务一般包括:

① 关于接受和拒绝订货的权利。代理人在区域内收集的订单,代理人根据委托人的授权与客户订立的买卖合同转交给委托人后,委托人对于代理人送来的订单,可以予以接受也可以拒绝,但是对于代理人在授权范围内订立的合同,委托人必须保证履行。

② 委托人应负有维护代理人权益的义务,为了维护代理人的利益,委托人应保证不主动向代理区域发盘,并应及时将收到的此区域发盘转交代理人。由于委托人的原因使代理人蒙受损失的,委托人应予以补偿。

③ 代理协议中应规定,委托人有义务向代理人提供广告资料、样品、目录等。委托人应及时向代理人支付佣金,并对代理人代表委托人对当地客户违法行为进行诉讼所付出的费用予以补偿。

(9) 代理人的权利与义务

代理协议须明确代理人的权利与义务,包括:

① 协议必须订明代理人的权利范围,只是交易中介,还是有权以自己名义订立合同。

② 应订有最低成交额条款,以此调动代理人的积极性,一旦写入协议,代理人即有义务在约定期限内完成最低成交金额,此类条款多见于独家代理协议。

③ 代理人负有向委托人提供客户资信状况、市场情报、广告宣传，保护委托人工业产权，以及对委托人的商业秘密不得泄露等义务。

3. 代理的作用及缺陷

代理的作用同经销基本相似，可以减轻一般买方卖方之间普遍存在的信息不对称，节约交易成本，利用其销售网络扩大交易量。但在独家代理方式下，也同样存在着独家经销中的弊端。因此，对于独家代理的选择必须慎重。

12.2 对销贸易

对销贸易(counter trade)也叫对等贸易、反向贸易，是在传统的易货贸易基础上发展起来的进出口结合，以出口抵补或部分抵补进口，最终使得买卖双方收支基本平衡的各种贸易方式的总称。这只是从对销贸易本身所具有的共同特征而言，虽然这一系列贸易方式历史源远流长，但至今国际上仍无统一的概念。

12.2.1 对销贸易概述

对销贸易起源于早期人类历史上出现的易货贸易，在货币产生以前，原始先民们调剂余缺、互通有无靠的就是物物交换。尽管这是一种原始的、简单的交易方式，但在第二次世界大战后，由于贸易保护主义的抬头，一些国家收支状况恶化，这种古老的易货贸易重新得到迅速发展，并在一些时期占据国际贸易总额的相当分量。发展中国家外汇短缺，在很大程度上主要依靠各种形式的对销贸易方式开展对外贸易。

1. 对销贸易的特点

① 对销贸易有"有买有卖，进出口相结合"的特点。对销贸易区别于单边进出口，是进出口相结合，一方出口到对方以向对方进口其相应产品为条件，从而使买卖双方进出基本平衡。

② 对销贸易涉及产品繁多，主体日渐广泛。对销贸易的产品从一般的初级产品、零部件到各种高新技术产品，乃至军事武器装备，然而相对而言，交易量最大的还是石油；从其品种来看，简单的只有一种或几种商品，复杂的可多达上百种商品；其参加主体也已广泛涉及政府、大财团、大型跨国公司、甚至一些国际性大银行作为中间人卷入。一些国家形成了专门机构，制定对等贸易的规定，以协调促进对等贸易的发展。

2. 对销贸易的作用

对于设备的出口方，对销贸易有以下作用：

① 延长设备生命周期。发达国家将设备出口到发展中国家，在延长其产品生命周期的同时，扩大其市场占有率，增加就业机会。

② 易于获取廉价、稳定的能源，原材料或零部件供应。发达国家常利用其技术优势，从发展中国家廉价进口其国内稀缺的各种原料及能源。

对于设备进口方，大部分情况下为发展中国家，对销贸易有以下作用：节约外汇支出，对销贸易中相当一部分不动用外汇或较少动用外汇，即可引进国外先进技术，带动本国产品出口，拓展销售渠道，带动本国就业的增加。在贸易保护主义盛行时期，还可以绕开对方国家的技术壁垒，如配额等，为本国产品打开市场。

当然，对销贸易也同样存在一些局限性。比如，对销贸易带有明显的双边性，极大地破坏了市场在调节供求中的主导作用，扭曲了市场价格机制；同时过分强调进出结合，忽视了需求多样化，必定会导致交易的效率低下。

12.2.2 对销贸易的种类及做法

根据对等贸易合同条款的内容，交易的特征及支付结算方式等，可将对等贸易划分为易货贸易(barter)、互购贸易(counter purchase)、转手贸易(switch trade)、抵销贸易(offset)、产品回购(product buy-back)及国际贸易证书贸易(international trading certificate, ITC)。

1. 易货贸易

易货贸易在实际业务中一般存在下列两种方式。

(1) 直接易货

直接易货亦即通常所指的以货换货，交易双方根据各自需要订立合同用价值相等或相近的货物或劳务进行互换，转移货物所有权，或提供相应劳务，以达到交换目的的交易方式。一般不须用货币进行结算。

这种直接易货方式，一笔交易一般只签订一个包括双方支付相互抵偿货物的合同，不涉及第三方。使用中较多出现于小额边境贸易。交易的商品均在同一市场、同一时间内一次完成。但在需要运输时，此种方式就难以保证交易的安全性。所以，实际业务中出现了以对开信用证为媒介的做法。交易双方先签订易货合同，并在合同中订立各自的出口商品均按约定价格以信用证方式结算的条款。随后，双方按约定日期互相以对方为受益人开立金额大体相等的信用证，这两份信用证可以同时开出、同时生效，也可规定一方开出的信用证在对方开立回头证并得到认可时生效；双方还可以采用保留押金的方式，即先开立的信用证先生效，但结汇后，银行不是将款项划入收益人账户，而是作为开立回头证的押金。前两种方式无须结汇，信用证金额只是双方结算和账务处理的依据，后一种做法尽管涉及外汇计价和结算，但本质仍是以货换货，没有现汇收付。除了对开信用证外，还可能是双方各自提供相应履约担保，如银行保函或备用信用证。

(2) 协定记账易货

协定记账易货(barter trade on open account agreements between governments)也称双边清偿协定，由双方政府签订双边协定，规定把交易商品、劳务价值均记入不可兑换的"清算账户单位"在一定时间内平衡抵销，不以外汇清偿结算。采用这种交易方式，一般由两国各自的外贸企业在上述政府间清偿协定下，谈判签订具体商品进出口合同。每一笔交易都凭货运单据到指定银行结汇，银行凭发票的外币金额，折算成本币划入外贸公司账户，并将该笔交易按发票金额记入进口国在该行的"清算账户"。由于双方交易往往不是同步的，所以在协定中，一般会规定一定额度，亦即"摆动额"(swing)，对此差额，顺差方不能要求逆差方以现汇支付，而只能通过调整交换速度来减小差额，对于协定期限届满之后的差额，通常的做法是：将差额转入下一年度；将差额转让给第三国或以现汇偿付结清。

2. 互购贸易

互购贸易也称平行贸易(parallel trade)或对等采购(reciprocal trade)，简言之，也就是交易双方互相买卖对方的产品。此种贸易多在发达国家与发展中国家之间开展。具体做法为，交易双方通过签订一份总的合同或先后分别签订两份相对独立的合同。在合同中约定，先出口方在将来一定时期用其出口所得全部或部分购买先进口一方的产品，同时可以对回购期限产品种类、价格、数量及交货期等在总合同或第一份合同中加以订明，也可先作原则性规定，在签订第二份合同时再加以具体明确。相对于易货方式而言，互购不求等值，而且互相购买的商品范围更广；另外互购除先出口方接受远期信用证外，通常先进口方支付现汇；最后，互购协议或合同中可以规定，将先出口方对等采购的责任转让给第三方。所以，互购是一种比较灵活的交易方式，目前已成为对销贸易在实际业务中应用最多的一种贸易方式。

3. 转手贸易

转手贸易又称三角贸易(triangular trade)，在前述的记账贸易下，交易双方签订双边清算协定，只要交易差额没有超过约定“摆动额”，顺差方就不能要求对方支付现汇，而只能通过调整交易速度来增加从对方国家进口以求得平衡。这种做法不利于顺差方继续积极履约，为了突破这一困境，逐渐演变发展出了转手贸易的做法，转手贸易的具体做法可分为两类：

① 简单的转手贸易。协定记账贸易中的顺差方可将其从对方国家购进的货物运到国际市场低于市场价格抛售，以换取硬通货。

② 复杂的转手贸易。记账贸易下拥有顺差的一方，用该顺差以高于市场价格从第三者(通常为某发达国家企业)购进本来需要用自由外汇才能换得的其所需的设备或其他产品，由该第三者用此顺差从记账贸易下的逆差国购买约定的货物，在其他市场转售，最后取得硬通货。

4. 产品回购

产品回购也称产品返销，在日本称为产品分成(product sharing)，我国的补偿贸易(compensation trade)与这种做法基本相同。所谓产品回购是指按照回购协议，先进口国以赊销方式或利用信贷购进技术或设备，同时由先出口国向先进口国承诺购买一定数量或金额的由该技术、设备直接制造或生产出来的产品，即通常所说的直接产品或相关产品，先进口方用出售这些产品所得的货款分期偿还进口设备的价款和利息，或偿还贷款和利息。关于补偿贸易将在下一节专门阐述。

5. 抵销贸易

抵销贸易是20世纪80年代开始盛行的一种贸易方式，常见于飞机、军火及大型设备的交易，兼具互购与补偿贸易的特点。抵销贸易还可分为直接抵销(direct offset)和间接抵销(indirect offset)。若为直接抵销，双方常以此建立起长期稳定的合作关系，先出口方售出大型机械设备、运输工具等商品，并承诺从进口方购进生产该商品的零部件或相关产品。这种贸易方式通常与许可证贸易、技术贸易、补偿贸易、投资等行为相结合，故有时亦称其为“工业参与”(industrial participation)或“工业合作”(industrial cooperation)。间接抵销，先出口方承诺从进口方购进与其出口产品不相关的产品。自产生以来，逐步被一些发达国家的公司作为抢夺国际市场，获取廉价、稳定的原料及能源供应的重要方式，并不断向各个领域扩张，逐步进入了旅游业、运输等服务贸易领域。

6. 国际贸易证书贸易

ITC贸易是由美国通用食品公司和波士顿银行合作首创的一种新型对等贸易，后被用作为平衡多边进出口贸易的新方法。它是由一国中央银行与该国管理进出口业务的政府管理部门共同签订证书，签证国将此证书发给国外进口商作为按易货贸易原则回购商品的保证。基本内容为，出口商在出口商品和劳务给进口商的同时，进口商获得由出口国政府与中央银行签发的可以转让的证书，此证书授权进口商向出口国返销一定数量的商品和劳务，并含有一定限制条件，如对等出口的价值、货物的种类、有效期长短等。限制越多，证书价值越小。若持有ITC的进口商没有向出口方进行对等贸易的能力，可将ITC转让或出售给第三者，由第三者向出口国销售产品，以平衡进出口贸易。

ITC贸易方式有以下特点：

① 通用性。ITC作为一种贸易凭证，具有通用性，持证人既可凭证向签证国出售自己的回头商品，也可将其转让给第三国。

② 保险、安全。ITC由国家政府主管部门签发，又有政府和银行信誉作担保，同时还有保险公司保险，故能较好地保障交易的安全性。

③ 便于流通。目前已形成了ITC流通网，美国旧金山、日本和我国上海等地均设有ITC交换中心，从而可以较好地加速ITC的流通。

ITC可以相对便捷地实现不涉及外汇流通的多边贸易，交易规范统一，同时还可使对销贸易克服难找伙伴、谈判环节繁多、成交复杂等困难，亦可突破一些贸易壁垒，调整失衡减少摩擦，故其产生虽晚但将有较为广阔的发展空间。

12.3 国际加工贸易

随着经济全球化在深度和广度的不断演进，国际分工不断发展，加工贸易已逐渐成为一些发展中国家利用外资，发挥本国比较优势，解决就业的重要贸易手段。韩国、新加坡等新兴工业化国家凭借这一政策发迹，并完成了国内产业的升级换代。我国在改革开放以后，伴随着外贸体制的几轮改革，各地政策、法规的纷纷出台，加工贸易也在各个领域逐步扩大。近年来，在东部沿海地区、辽东半岛、山东半岛、长三角、闽南地区以及珠三角，加工贸易在国际贸易各方式中所占比例逐步攀升。据统计，自1996年以来，加工贸易出口总额已超过我国每年进出口总额的50%。

12.3.1 国际加工贸易概述

1. 国际加工贸易的含义和特点

国际加工贸易是指利用国外资源在本国进行加工，装配和制造，再将产品销往国外的贸易方式。本质上是一种以商品为载体的劳务出口。从各国经济发展的进程看，国际加工贸易是一种初级的国际经济合作方式。在我国，广义的加工贸易包括来料加工。根据原外经贸部颁发的《加工贸易审批管理暂行办法》的解释：所谓的加工贸易是指从境外保税进口全部或部分原辅材料、零部件、器件、包装物料（下称进口料件），经境内企业加工或装配后，将制成品复出口的经营活动，包括来料加工和进料加工。传统意义上的加工贸易主要指来料加工和进料加工。但伴随着“走出去”战略，国内企业逐步开展的境外带料加工业务亦应属于国际加工贸易。

来料加工（processing with customer’s materials）是指外商作为委托方，提供原材料、辅料及包装物料，委托我国内生产企业作为承接方，以本身具有的厂房设备、技术和劳动力，按委托方的要求加工，成品交委托方在国外销售，承接方收取约定的工缴费的加工贸易。

来件装配（assembling with customer’s parts）是指由国外委托方提供零部件、元器件等，委托国内承接方按其要求进行装配，成品交委托方处置，承接方按约定收取工缴费的加工贸易。

进料加工(processing with imported materials)，也就是习惯称的“以进养出”，是指国内厂商从国外购进原料，加工生产出成品再销往国外。这种贸易方式下，进口原材料主要是为了扶持出口。我国开展的“以进养出”业务，除了包括进口轻工、纺织、机械、电子等行业的原材料、零部件加工，制造或装配成成品出口外，也包括以国外引进农、牧、渔业的优良品种，经种植或繁育出成品再出口的加工贸易。

加工贸易相对于传统的进出口贸易而言，国家政策及管理方面存在着一些区别：如国家对加工贸易合同实行审批制度，并须登记备案，加工贸易方式下进口料件享有暂时免税的优惠，故由海关对其实施严格监管或者把加工企业引入出口加工区进行集中监管。同时还有配合海关监管的加工贸易银行保证金台账制度。成品出口须经海关对《加工贸易登记手册》(以下简称《登记手册》)核销及银行对加工贸易保证金台账的核销。

在来料加工与进料加工之间亦有一些区别：

① 有关进口原材料、零部件。在来料加工中，进口料件的所有权属于国外委托方；而进料加工因双方的买卖关系，故所有权归属于国内承接方。

② 收入来源不同。来料加工下，我方只负责加工业务，实际不占用自有资金，故只收取工缴费(来料加工中为加工费用，来料装配中为装配费用)；而进料加工下我方可获取产品的原料加工成成品的附加值。

③ 产品销售情况有别。来料加工虽有原料的运进和产品运出，但实质为同一笔交易，原料的提供者(委托方)即为成品的接受者。我方不用考虑原料来源和成品销路，无商业风险。所以，此种方式比较适合于劳动密集的中小企业。进料加工中原料的进口和成品出口一般分别为两笔不同的交易，我方购进原料，自筹资金，自寻销路，自担风险。故要求企业具备一定的销售渠道和销售能力。

2. 国际加工贸易的作用与不足之处

(1) 国际加工贸易的作用

国际加工贸易业务中，加工方通常为外汇资金短缺，技术不十分发达，但劳动力资源丰裕的发展中国家。就我国而言，开展此项业务有以下作用：

① 有效利用外资。

② 发挥本国生产潜力及利用国外市场，提高资源配置效率。

③ 可提高我国内企业技术及管理水平，便捷地获取国际市场信息，扩大出口规模。

④ 可促进我国经济结构调整和产业升级。

(2) 国际加工贸易的不足之处

① 对成品要求品质规格的主动权掌握在外商手中，我方处于被动地位，限制我方企业业务的拓展。

② 可能会造成对同类产品正常出口的冲击。

12.3.2 国际加工贸易的业务程序

我国目前开展加工贸易有多种形式。但总体而言，可分为直接承接加工业务和通过外贸公司开展。不论在哪种情况下，对外加工贸易合同签订之后，必须按国家有关规定办理批准备案等手续。办理批准备案手续的部门为国家商务部，自治区、直辖市及计划单列市的外经贸厅或它们的授权机关。

就加工方而言，开展加工贸易，通常包括以下几个阶段。

1. 签约前的准备阶段

国际加工贸易是一种比较复杂的涉外经济贸易活动。同一般贸易前期的准备工作不同之处主要是项目和客户的选择及工缴费的确定等。

（1）确定项目

在选择确定项目过程中，必须要综合考虑各方面的因素，包括：

① 符合国家有关政策，比如我国按商品类别将加工项目分为限制类和允许类；将对外贸易企业分为A、B、C、D四类，其中：A类为区内加工贸易企业或区外由海关保税监管的企业，不实行银行保证金企业账制度；B类实行银行保证金台账“空转”制度，C类实行银行保证金台账“实转”制度。D类为受到取消加工贸易经营权处理的企业。

② 要从引进先进技术的角度，选择加工贸易项目。

③ 要注意发挥企业现有生产能力。

④ 产品在国际市场长、短期的供求状态，对加工方国家原先大量出口的产品以及在国外市场已占优势的产品，不应作为开展对外加工贸易的项目。

（2）客户的选择

加工贸易具有“两头在外”的特点，在实际业务中，对客户的选择尤为重要。加工贸易通常不是只有一次交易就结束了。少到半年，多到三年、五年，甚至更长。在选择客户时除了应注意工缴费水平外，更应考虑对方资金实力、信誉、技术水平以及经营能力。目前，同我国开展加工贸易业务的外商，主要有厂商、贸易商、经纪人。三者中应首选厂商，因其掌握产品相关技术和生产工艺流程，而且在日常生产经营中已形成固定的原材料供应渠道和销售网络；其次是贸易商，尤其是原来一直经营我出口产品的贸易商，虽无技术，但有推销能力。对于经纪人一定要严加警惕，防止上当受骗。当然，最主要的还是客户的资信情况及经营作风。

（3）加工贸易项目的可行性研究

加工贸易项目的可行性研究，因制成品及交易特点而异。对于进口少量料件，一次性出口成品并收取加工费的加工项目，加工方在签订合同之前只需对自己的生产能力、原材料用料产品优劣及工期控制、财务状况作简单预测即可。但对于目前以跨国公司主导的大中型加工贸易项目，因进口料件数量大，成品分批出口，甚至还需投入其他辅料和辅助设备，就必须对其进行严格的可行性研究。在对于项目的选择上，应尽量避免承接因对方国家产业调整而转移到发展中国家、地区生产的一些环境污染严重的产业。近年来，在某些地区不时出现从国外进口污染严重的工业垃圾进行回收。例如：废旧塑料制品的回收，运回漆包线回收铜丝等。另外，对于一些加工期较长的产品，必须考虑到因市场变化可能带来的风险，如成品出口时因市价变动外方借口质量、规格的某些细小问题，拒绝收取货物，导致产品无法返销或延迟返销。除此之外，对加工贸易中使用的货币、利率、汇率、设备价格和产品价格之间的整体关系也要认真分析，综合考虑以上各方面因素，避免因开展加工贸易导致对外商品的过度依赖。

2. 谈判签约阶段

加工贸易合同与一般贸易合同有很大差别，以来料加工为例，在订立合同主要条款时，应考虑以下方面的问题：

① 关于加工贸易业务下的来料来件。来料来件是进料加工的基础，对方能否按时、按质、按量供应料件决定了我加工企业能否按规定完成成品的交付。来料来件的品质条款，必须明确订明其名称、规格、等级、标准、品牌等。必要时亦可留有复样，作为品质纠纷的重要依据。来料、来件的运输，必须订明交货期、交货地点。对于根据生产进度，分批供应料件的，还应合理预测生产能力、加工周期，以保证供料与生产的顺利衔接，避免出现停工待料或无法如期完成加工任务。合同中为了明确责任，还要规定出现上述情况时的补救措施及费用的负担。如果加工中使用料件国内可廉价购买，在能保证品质的前提下，可同外方协商订立合同，以增加外汇收入。

② 成品质量。委托方为了保证成品在国际市场的销路，对其质量要求比较严格，为了使成品质量符合合同规定，加工方应对技术生产流程各环节监督控制。合同中关于成品品质的条款规定应该明确具体，选择易为双方接受的、国际上公认的检验机构对品质进行检验，并出具证书。必要时，应留有复样或封样。对于一些工艺复杂、品质等要求高的产品，有时委托方会派遣专家对加工方进行监督和指导，这应在合同中订明。

③ 单耗及残次品率。单耗，即耗料率、原材料消耗定额，是单位成品消耗原材料的数量；残次品率是不合格产品占成品的比率。这两个指标的确定应当合理，若订得过低，则加工方履行合同会有困难；若订得过高，委托方可能会受损。因此，这一内容也是加工贸易合同中的关键之处。基于此，委托方在提供原材料及零部件时，应根据约定的单耗和残次品率相应增加提供物料的数量。同时，也应订明不符合规定条件时，各自应该承担的责任。

④ 工缴费。工缴费涉及工缴费的确定、支付两部分内容。

● 工缴费的确定。工缴费就是委托方应支付给加工方加工装配产品的劳务费用。加工方在确定工缴费时应考虑到委托方所在国家或地区加工费水平和对来料件进行加工、装配所投入的各项费用开支，还应考虑到市场行情的变化和货币汇率的变化等因素，对于期限较长的加工贸易合同，加工费用不宜订约过死，亦可订立相应外汇保值条款。

● 工缴费的支付。国际加工贸易工缴费的支付结算中有两种做法：一种是来料、来件、成品运出均不计价，成品出口后由委托方支付工缴费；另一种是进口料件、出口成品各自计价，两者的差额即为委托方应支付的工缴费。因前者双方风险难于平衡，实务中多采用后者。具体可由加工方在进口料件时以远期信用证或托收远期付款（承兑）交单方式作为支付方式，而出口成品时要求委托方以即期信用证或托收即期付款交单方式支付。若双方为老客户，也可能会采用汇付方式由委托方预付部分或全部工缴费。以上付款方式只是原则，实际当中应灵活搭配选用，但一般须遵循“先收后付”的原则，合理考虑两项支付时间差和加工周期，尽可能避免占用加工方自身的外汇资金。

⑤ 料件及成品的运输与保险。由于来料加工贸易中进口料件、出口成品所有权均系委托方所有，之间并未发生过所有权的转移，故原则上一进一出的运输和保险都应由委托方自理，但鉴于实际操作的方便，尤其是考虑到成品出运及加工期间的保险，委托方办理可能较为不便。故通常可将其中某些工作交由加工方协助办理，但应计入工缴费一并由委托方付给加工方。中国人民保险公司为适应来料加工业务发展的需要，开设了来料加工一揽子综合险，投保这一险别，即可由保险公司承担两段运输及加工期间的相应风险。

⑥ 加工装配产品的产地证和配额。在合同中应对加工装配产品的原产国（或地区）加以

议定，避免加工贸易产品挤占本国一般贸易产品的配额，也可在合同中订明不得占用我国被动配额。按照我国出口货物原产地标准，对于不符合该标准的，可根据外商要求向我签证机构[商务部及其指定机构(贸促会等)]申领加工装配证明书。

⑦ 有关工业产权的问题。加工贸易中常涉及的工业产权包括商标和专利。对于委托方指定的商标、图纸、外观设计等，加工方应加以注意，以防侵犯第三方的相关权利。慎重起见，可要求对方提供有关商标或专利的注册文件或其他足以证明其有合法所有权或使用权的文件，或者争取在合同中订明相应免责条款，如对第三方造成侵权，责任概由委托方承担，与加工方无关，加工方因此而受损失应由委托方赔偿。

⑧ 其他。加工贸易中除以上内容外，其他与一般贸易合同类似。但还应注意合同期限及合同履行中的奖惩办法。

3. 合同报批阶段

现阶段，我国加工企业在对外加工贸易合同签订之后，必须按照国家有关规定办理批准备案手续，以获取《加工贸易业务批准证》，向海关申领《登记手册》以及在银行开设加工贸易保证金台账。这一步骤主要是国家为了使海关实现对加工贸易在原材料进口、加工期间、成品出口前整个过程全面、有效的监管。开展加工贸易业务的企业必须遵循国家对加工贸易所制定的相关法规。国家主管部门对报批的加工贸易合同主要审查其进出口原辅料件和产品是否涉及国计民生的大宗商品、战略物资；是否涉及进出口配额和许可证管理的商品；此外，还要审查项目是否属国家政策的许可范围；是否有利于本国产品出口和经济发展；是否会造成环境污染等。只有按规定取得批准备案证明后，加工进口料件才能办理有关进出口手续及获取免税优惠。

4. 合同履行阶段

(1) 进口料件时的相关手续

加工方在原材料进口环节应按国家规定完成上述向海关登记备案等手续，获取《登记手册》，否则货物进口时不能享受相应优惠。除此之外，还必须在来料、来件到港时，凭《登记手册》填写加工贸易专用报关单，向海关提交相应单证(发票、装箱单、提单)，及时向海关申报，并接受海关检查，有关料件自进口之日起到加工成品出口之日止，均受海关监管。

(2) 成品出口的履行步骤

① 备货。

② 催证、审证、改证。

③ 运输与保险。主要工作有向外运机构办理托运手续，订立舱位和出运日期，CIF 合同还应办理保险。其中出口报关与一般贸易有所不同，向海关申报出口时，除了填写规定份数的报关单和提交相关单据外，还应提交《登记手册》以便向海关办理查验手续。

④ 核销结案。货物出运后，我加工企业须在规定期限(合同约定期限或最后一批货出运后 1 个月)，持《登记手册》，填写好实际用料情况，办理核销结案手续，解除监管。而后到相应银行办理银行保证金台账核销。

⑤ 制单结汇。

12.4 小　结

本章系统地介绍了当前常见的国际贸易方式——经销与代理、对销贸易、加工贸易等的基本含义、种类和基本做法。

12.5 习　题

12.5.1 单项选择题

1. 包销方式中,包销人与供货之间的关系为(　　)。

A. 代理关系　　B. 买卖关系

C. 委托关系　　D. 互购关系

2. 补偿贸易的前提条件是(　　)。

A. 银行信贷　　B. 信贷

C. 延期付款　　D. 分期付款

3. (　　)是指出口人通过协议把某种商品或某一类商品在某一个地区和期限内的经营权单独给予某个外国客户或公司的贸易做法。

A. 包销　　B. 总代理

C. 独家代理　　D. 寄售

4. 一般不以自己的名义与第三者签订合同的是(　　)。

A. 包销　　B. 代理

C. 寄售　　D. 以上选项 ABC 均不是

5. 在来料加工业务中,料与成品的所有权(　　)。

A. 均属于供料方　　B. 料属于供料方,成品属于加工方

C. 成品属于供料方,料属于加工方　　D. 均属于加工方

6. 在国际货物买卖中,以下不属于卖方基本义务的是(　　)。

A. 提交合格的单据　　B. 提交合格的货物

C. 办理保险　　D. 转移货物所有权

7. 代理商在代理某产品时,要(　　)。

A. 自主经营　　B. 自负盈亏

C. 自担风险　　D. 负责介绍业务,招揽订单

8. 在补偿贸易中,如使用信用证支付时,一般使用(　　)。

A. 转让信用证　　B. 循环信用证

C. 背对背信用证　　D. 对开信用证

9. 来料加工与进料加工的相同点在于(　　)。

A. 均属于"两头在外"的加工贸易

B. 原料的运进与成品的运出均属一笔交易

C. 中方均承担成品的销售及风险

D. 原料供应者均为成品接受者

10. 在国际货物买卖 FOB 合同中,属于买方基本义务的是(　　)。

A. 提交合格的单据　　B. 提交合格的货物

C. 安排运输　　D. 转移货物所有权

12.5.2 判断题

1. 包销协议和代理协议从实质上说均是买卖合同。（　）
2. 易货贸易、互购贸易、产品回购贸易、转手贸易、抵销贸易均为对销贸易的一种。（　）
3. 包销与独家代理的根本区别在于，前者是买卖关系，后者是委托关系。（　）
4. 进料加工与来料加工均为一进一出的两笔交易。（　）
5. 来料加工与进料加工的区别在于是否属于“两头在外”的加工贸易。（　）
6. 经销商在购入供货商商品后，自主经营，自负盈亏，自担风险。（　）
7. 一般代理又称普通代理，享有相应商品在指定区域内的专营权。（　）
8. 采用独家代理，在协议期限内，对于约定区域内协议商品的经营，包销商享有排他性权力。（　）
9. 代理商不需动用自己资金购买商品，不负责盈亏，不承担风险，只获取佣金。（　）
10. 对销贸易区别于单边进出口，而是进出口相结合，一方出口到对方以向对方进口其相应产品为条件，从而使买卖双方进出基本平衡。（　）

12.5.3 简答题

1. 如何签订独家代理协议？
2. 加工贸易中应注意哪些问题？
3. 怎样签订加工贸易合同？
4. 简述来料加工与进料加工的区别。
5. 简述对销贸易的种类及做法。

12.5.4 实训题

走访几家开展过加工贸易或补偿贸易的企业，了解实际业务中遇到的具体问题，思考并简要分析。

习题参考答案

第1章

1.6.1　单项选择题

1. C　2. C　3. C　4. A　5. C　6. D　7. C　8. B　9. A　10. C

1.6.2　判断题

1. ×　2. ×　3. ×　4. √　5. ×　6. ×　7. ×　8. ×　9. √　10. ×

1.6.3　简答题

1. 卖方复制买方提供样品供买方确认，然后按经确认后的样品生产。

2. 合同规定卖方的交货数量可以按一定机动幅度比合同多交或少交若干，多交或少交部分价格一般按合同价格。

3. 中性包装是指既不表明生产国别、地名和厂商名称，也不表明商标（trade marks）或牌号（brand）的包装，包括无牌中性和定牌中性。

4. 运输包装：

(1) 适应商品的特性。

(2) 适应运输的要求。

(3) 考虑各国的规定和客户的要求。

(4) 便于各环节有关人员进行操作。

(5) 在牢固的前提下节省费用。

销售包装：

(1) 便于陈列。

(2) 便于识别商品。

(3) 便于携带和使用。

(4) 要有艺术吸引力。

(5) 符合民族惯例。

5. 运输标志，习惯上被称为“唛头”（mark），它通常用一个简单的几何图形和一些字母、数字、简单文字组成。便于运输、辨认货物、顺利完成交易等，防止错发错运。

运输标志由四个部分组成：主要标志、参照号码、目的地（或目的港）名称，件数号码。

1.6.4　案例分析

1. 本案应吸取的教训是：在合同中明确规定品质的表示方法，要么采用凭样品成交，要么使用规格，而且标准不能定得太高，避免所交货物品质与合同规定不符。合同羊绒含量为100%是不可能达到的，所以本案应在合同中规定羊绒含量为70%左右比较好。

2. 数量条款是合同中的主要交易条件，是买卖双方交接货物的重要依据。本案中虽然多交的30公吨货物没有超过数量的机动幅度5%，但金额超过信用证的规定，所以被银行拒付。

1.6.5　实训题

答案略。

第2章

2.5.1　单项选择题

1. A　2. A　3. A　4. A　5. C　6. A　7. D　8. B　9. C　10. C

2.5.2　判断题

1. ✓　2. ×　3. ✓　4. ×　5. ✓　6. ✓　7. ✓　8. ×　9. ×　10. ✓

2.5.3　简答题

1. (1) 是货物收据。

(2) 是所有权凭证。

(3) 是运输合同。

2. 不记名抬头，可以转让；记名抬头，不能转让；指示性抬头，背书后可转让。

3. 答案略。

4. FCL：full container load 整箱(集装箱)货；LCL：less container load 拼箱(集装箱)货；CY：container yard 集装箱堆场；CFS：container freight station 集装箱货运站

5.《UCP600》规定，除非信用证另有规定，可允许分批装运，即受益人(出口商)可以在装运有效期内将货物分若干批装运。如何应用该条款详见第2章相关内容。

2.5.4　计算题

1. 解：W>M 时，按重量计费：

$$
\begin{aligned}
F &= \text{基本运费} + \text{附加费} \\
&= \text{计费数量} \times \text{费率}(1 + \text{附加费率}) \\
&= 100 \times 0.025 \times 443.00 \times (1 + 30\% + 10\%) \\
&= 1\,550.50(\text{港元})
\end{aligned}
$$

答：运费是1 550.50港元。

2. 解：W<M 时，按体积计费：

$$
\begin{aligned}
F &= \text{基本运费} + \text{附加费} \\
&= \text{计费数量} \times \text{费率}(1 + \text{附加费率}) \\
&= 0.45 \times 0.40 \times 0.25 \times 120 \times (1 + 20\% + 10\%) \\
&= 7.02
\end{aligned}
$$

$$FOB = CFR - F = 35 - 7.02 = 27.98(\text{美元})$$

答：我方应报价FOB 27.98美元。

2.5.5　案例分析

1. 我认为如果光从信用证项下我方能否如期收汇考虑，这样做是可以的。因为，信用证一经开立就成为独立于合同之外的法律文件，只要单证一致，就可收取货款。信用证中笼统规定“最迟装运期6月30日，分数批装运”，所以，我方的做法是可以的，但为防日后麻烦，我方应争取等量分批的做法，这既符合了合同规定，又满足了信用证的要求。

2. (1) 本例做法属于分批装运。因为《跟单信用证统一惯例》规定：“同一船只，同一航次中多次装运货物，即使提单表示不同的装船日期或表明不同的装船港口，只要运输单据注明的目的地相同也不视为分批装运”，但本例中3月30日货装“万泉河”轮，4月2日货装“风庆”轮，即非同一船只，所以，应视作分批装运。

(2) 卖方能安全收汇，因为符合信用证装运条款的要求。

3. 不行。从上述规定看，显然1月、2月、3月三个月各装100箱，此条旨在限定装运期限，早装不行，晚装也不行，这叫定期分运条款。《UCP600》规定，其中如有一批未按装运定期装运，以后再装便告失效，合同终止。

2.5.6　实训题

答案略。

第3章

3.8.1　单项选择题

1. C　2. A　3. C　4. D　5. D　6. D　7. A　8. B　9. A　10. D

3.8.2　判断题

1. ×　2. ×　3. √　4. ×　5. ×　6. √　7. ×　8. ×　9. ×　10. √

3.8.3　简答题

1. 答案略。

2. 答案略。

3. (1) 基本险，有平安险(FPA，free particular average)、水渍险(with particular or with particular average)和一切险(all risks)，承保的范围依次是小到大。

(2) 附加险别，有一般附加险(general additional risks)，特殊附加险(special additional risks)，一般附加险包含在一切险中。

4. (1) ICC-(A)险的承保风险采用“一切发现除外责任”的方式表示，近似于一切险。

(2) ICC-(B)险的承保风险采用“列明风险”方式，近似于水渍险。

(3) ICC-(C)险的承保风险采用“列明风险”方式，承保“重大意外事故”，小于平安险。

“协会货物战争险条款”、“协会货物罢工险条款”等同于CIC中战争险和罢工险，“恶意损害险”属于一般附加险，包含在ICC(A)中。

5. 被保险人：THE SELLER，被保险金额：110% OF TOTAL INVOICE VALUE，险别：WPA AND WAR RISK，受约束的保险条款：AS PER CIC CLAUSES DATED 1/1/1981。

3.8.4　计算题

1. 解：CIF＝CFR÷1－110%×保险费率

＝1 800÷1－110%×(1%＋0.03%)

＝1 820.62(美元)

CIFC 2%＝CIF÷1－C＝1 820.62÷1－2%＝1 857.78(美元)

答：应报价 CIFC 2%1 857.78 美元。

2. 解：CFR = CIF×[1－110%×保险费率]

=1 200×(1－110%×1%)

=1 186.80(美元)

答：应报价 CIF New York 1 186.80 美元。

3.8.5 案例分析

1. ②④⑤属于 GA，①③是 PA。

2. 给予赔偿。因为属于平安险承保范畴。

第4章

4.6.1 单项选择题

1. C 2. D 3. C 4. A 5. B 6. D 7. A 8. C 9. C 10. B

4.6.2 判断题

1. ✓ 2. × 3. ✓ 4. × 5. ✓ 6. × 7. × 8. ✓ 9. ✓ 10. ×

4.6.3 简答题

1. 贸易术语(trade terms)又称价格术语、价格条件，是指用一个简短的概念或外文缩写来表明商品的价格构成，买卖双方各自应负的责任、费用和风险的专门用语。目前有三大惯例：《1932年华沙—牛津规则》、《1941年美国对外贸易定义修订本》和《INCOMTERMS 2000》。

2.《INCOTERMS 2010》具有以下新特点：

(1) 两个新增术语 DAT 和 DAP 取代了《INCOTERMS 2000》中的 DAF、DES、DEQ 和 DDU。

(2)《INCOTERMS 2010》共有 11 个贸易术语，根据使用的运输方式不同分为两大类。

(3) 国际贸易术语不仅适用于国际货物买卖合同，而且也适用于国内货物买卖合同。

(4)《INCOTERMS 2010》在每个贸易术语前，均给出了该术语的使用说明。

(5) 尽可能对地点和港口做出详细说明，更能凸显国际贸易术语的作用。

(6)《INCOTERMS 2010》对买卖双方义务的规定有所变化。

3. 相同点：都适合于海洋及内河运输；风险转移点在船舷；买卖方各自办理进出口手续；都属于装运合同。不同点：价格构成不同，买卖双方所承担运输保险责任不同。

4. 相同点：进出口手续的办理；风险划分点前后的费用；在价格构成上，FCA＝FOB，CPT＝CFR，CIP＝CIF。不同点：在适用范围、交货地点和风险转移点方面存在不同。

5. CIF 是一种典型的象征性交货：卖方凭单交货，买方凭单付款。

4.6.4 案例分析

1. 该合同不属于 CIF 合同。因为 CIF 是装运合同，它无须保证到货。

2. A 公司提出采用 FCA 的原因是 FCA 条件对 A 公司而言，具有风险提前转移，提前交单收汇，费用和责任减少的优点。

B 公司提出采用 FOB 的原因是 FOB 条件对 B 公司而言，具有风险推迟转移，付款延迟，费用和责任减少的优点。

第5章

5.6.1　单项选择题

1. D　2. A　3. D　4. A　5. C　6. B　7. C　8. A　9. B　10. A

5.6.2　判断题

1. ×　2. √　3. ×　4. √　5. ×　6. √　7. √　8. ×　9. √　10. √

5.6.3　简答题

1. 国际货物买卖中常用贸易术语其价格的基本构成为：

FOB价＝实际成本＋国内费用＋预期利润

CFR价＝实际成本＋国内费用＋预期利润＋国外运费

CIF价＝实际成本＋国内费用＋预期利润＋国外运费＋国外保险费

2. 盈亏换汇比(Y)，即考虑退税条件下的盈亏平衡点时的出口换汇成本。

(1) 外贸公司：

$$Y1=\frac{\text{外汇买入价}}{1-\frac{A}{1+R}}$$

(2) 生产企业：

$$Y2=\text{外汇买入价}\times(1+A)$$

3. 佣金又称手续费，是指买方(如由他委托中间商采购)或卖方(由他委托中间商推销)付给中间商的报酬。佣金分“明佣”和“暗佣”两种，在价格中体现佣金的为明佣，在价格中看不出含佣，但实际上含佣的为暗佣，两者通称为含佣价。

4. 折扣是指卖方按原价给予买方一定百分比的减让，一般由卖方在付款时预先扣除。最常用的计算方法为：

折扣＝成交金额×折扣率

折实售价＝原价×(1－折扣率)

5. 应包括计量单位、单价金额、计价货币、选用适当的贸易术语。

5.6.4　计算题

1. (1) 佣金＝含佣价×佣金率＝450×500×2%＝4 500(美元)

(2) CFR净价＝CFR 2%×(1－2%)＝450×0.98＝441(美元)

外汇净收入FOB＝(CFR－运费)×500＝(441－29)×500

＝206 000(美元)

或：　450×500－4 500－29×500＝206 000(美元)

答：(1) 该出口企业应支付佣金4 500美元。

(2) 该出口企业的外汇净收入为206 000美元。

2. $$\text{盈亏换汇比}=\frac{\text{银行外汇买入价}}{1-\frac{\text{退税率}}{1+\text{增值税率}}}=\frac{6.67}{1-\frac{13\%}{1+17\%}}=7.50\text{(保留两位小数)}$$

3. (1) 盈亏换汇比＝7.8039(应用第2题的公式)

(2) FOB＝含税价格×(1＋毛利润率)÷盈亏换汇比＝40×(1＋15%)÷9.65＝USD 5.89

(3) 每个纸箱的体积＝58×39.5×58.5＝13 400CM^3＝0.134M^3

1个20’集装箱可容纳的数量＝28÷0.134＝208箱

208×12＝2 496(只)

(4) 1 000÷2 496＝USD 0.40

(5) CFR＝FOB＋运费＝5.89＋0.4＝USD 6.29

(6) $\text{CIF 价}=\dfrac{\text{CFR 价}}{1-\text{保险加成}\times\text{保险费率}}=\dfrac{6.29}{1-1.1\times 1\%}=\text{USD } 6.36$

第6章

6.8.1 单项选择题

1. A 2. B 3. A 4. D 5. C 6. B 7. D 8. B 9. C 10. C

6.8.2 判断题

1. × 2. × 3. × 4. × 5. × 6. × 7. × 8. ✓ 9. × 10. ×

6.8.3 简答题

1. (1) 预付款:如买方应该支付××%给卖方,在装船前20天。

(2) 赊销:如买方应该在装船后若干天内支付××%给卖方。

2. D/P AT 30 DAYS AFTER SIGHT 为付款交单30天,D/A AT 30 DAYS AFTER SIGHT 为承兑交单30天,前者最大风险是买方拒付,后者有可能货物和货款两失。

3. (1) 开证行负有第一性付款责任。

(2) 是独立自足的文件。

(3) 是一种单据交易。

4. 一般应用在等额(量)分批装运的交易。

5. 一般应用在中间商参与的交易。

6.8.4 案例分析

1. 分析要点:这样做不妥,因为单证不符,我公司可能遭到开证行拒付。

2. 分析要点:我公司应要求开证行履行付款责任,因为根据《UCP600》规定,开证行负有第一性付款责任。

第7章

7.5.1 单项选择题

1. D 2. D 3. A 4. A 5. D 6. D 7. B 8. A 9. C 10. D

7.5.2 判断题

1. × 2. ✓ 3. × 4. ✓ 5. ✓ 6. ✓ 7. ✓ 8. ✓ 9. × 10. ×

7.5.3 简答题

1. 国际贸易中,进出口商品检验是必不可少和十分必要的。作为买卖双方,进行必要的商品检验,可以保证货物的品质符合合同的要求,从而使合同得到正常有序的履行。同时,通过商品检验，卖方可以有效监控产品质量，提高自身的商业信誉，而买方可以及时发现商品品质问题，保障自身的合法权益。

2. 进出口商品法定检验是指进出口国的出入境检验检疫部门根据该国法律法规规定，对规定的进出口商品或有关的检验检疫事项实施强制性的检验检疫，未经检验检疫或经检验检疫不符合法律法规规定要求的，不准输入输出。

3. 约定检验是指货物买卖双方在交易中按形成的惯例进行检验或在合同中对检验的内容、方法、检验方等做出规定并按规定执行。

4. (1) 海关放行的依据。

(2) 议付货款的依据。

(3) 货物符合合同的依据。

(4) 索赔和理赔的依据。

5. 装船前检验是指雇佣独立的专业公司来检验海外订购货物的装载情况，主要是检验价格、数量和质量。这个做法被许多发展中国家所采用，其目的在于防止资本外流、商业欺诈以及逃避海关关税等情况的发生，保护国内财政利益和弥补行政管理机构的不足。

7.5.4　案例分析

1. 该案例的要害问题是合同签订者把引进设备仅仅看作是订合同、交货、收货几个简单环节，完全忽略了检验、索赔这两个重要环节。特别是索赔有效期问题，合同质量条款订得再好，而索赔有效期订得不合理，质量条款就成为一句空话。大量事实说明，外商在索赔有效期上提出不合理意见，往往表明其质量上存在问题，需要设法掩盖。如果你只满足于合同中品质规定的漂亮辞藻，不注意索赔条款，就很可能发生此类事故。

2. 及时联系买方，提出不再检验，按时出货。如买方表示必须由其指定人员检验后才可以出货，则需要明确如果由此产生损失，概由买方负责。

第8章

8.5.1　单项选择题

1. A　2. A　3. B　4. A　5. A　6. B　7. A　8. D　9. D　10. A

8.5.2　判断题

1. ✓　2. ×　3. ✓　4. ✓　5. ×　6. ×　7. ×　8. ×　9. ✓　10. ×

8.5.3　简答题

1. 合同中的索赔条款，主要应该包括索赔依据、索赔期限和索赔办法等内容。

2. 为保证合同履行，当事人双方可以事先在合同中约定一方违约时，应向对方支付的金钱，称为违约金或罚金。

3. 是指当事人达成书面协议，在某一事件或问题发生争议又不能协商解决时，自愿把争议提交给双方同意的仲裁机构，由仲裁机构依法做出对当事人双方均有约束力的裁决的一种非诉讼制度。

4. (1) 以仲裁协议为基础，充分尊重当事人意志。

(2) 一裁终局。

(3) 一般不公开进行。

(4) 独立、公平、公正。

5. 不可抗力是指买卖合同签订后,不是由于当事人一方的过失或故意,发生了当事人在订立合同时不能预见,对其发生和后果不能避免并且不能克服的事件,以致不能履行合同或不能如期履行合同。遭受不可抗力事件的一方,可以据此免除履行合同的责任或推迟履行合同,对方无权要求赔偿。

8.5.4 案例分析

1. (1) 我方公司可以拒绝,超过了索赔期限。双方在合同中规定货到目的港后30天内检验。尽管这是一个买方复验的期限,但实质上是索赔的期限。而德国客户却在半年后方向我公司提出索赔,显然其索赔是超过索赔期限的,因此,按照有关法律,德国客户也就丧失了向我方公司索赔的权利。

(2) 德国客户提供的索赔依据不符合要求。一般情况下,双方规定在货到目的港后××天内检验时,买方提供的检验证书应由目的港的检验机构出具。而就本案例而言,买方提供的检验证书却是由德国内地的检验机构出具,显然是不合格的。这也容易使人产生联想认为这批货物的锈损,可能是买方自己在接收货物后和上市销售前因保管不善所致。因此,这份索赔依据是不充分的,卖方是有理由拒赔的。

2. 美国法院有可能判定合同中规定的违约金为罚金,并宣布对合同中规定的1 200万美元的违约规定不予承认。原因是:

(1) 美国属英美法系的国家,而英美法系把违约金严格地区分为“罚金”和“预约赔偿金”。其认为前者是无效的,不可强制执行;后者是有效的,可以强制执行。至于两者之间怎样区分,要以当事人订立合同时的真实意图而定。如果当事人的意图具有惩戒性质,则违约金就是“罚金”;如果当事人是为减少将来计算违约损害的麻烦而规定的,即属于“预约赔偿金”。

(2) 就本案例来讲,由于合同中只简单订明如果一方违约,须向对方支付违约金,易让人理解为这是为了预防违约而制定的。另外,合同中规定的违约金额较高,超出合同价款的一半,也易让人理解为这笔违约金具有惩戒性质,即为“罚金”。如果我方公司不能提供自己因卖方延迟交货而遭受的损失与这1 200万美元的违约金大体一致的充足证明,法院就会因其过高而将此违约金判定为“罚金”而不予承认。

3. 外商的撤销合同要求不能成立。因为合同货物市价上扬属商业风险,不构成不可抗力事件。因此,我方应拒绝外商撤约要求,催促对方按时发货。

第9章

9.6.1 单项选择题

1. A 2. B 3. A 4. C 5. D 6. A 7. B 8. B 9. A 10. B

9.6.2 判断题

1. ✓ 2. ✓ 3. ✓ 4. ✓ 5. × 6. ✓ 7. × 8. × 9. × 10. ×

9.6.3 简答题

1. (1) 以经济利益为目的,取得双赢。

(2) 以价格谈判为核心,兼顾其他利益。

(3) 熟悉国际商务规则,了解谈判对手情况。

(4) 注重合同条款的严密性与准确性。

2.《公约》的第1条规定,“公约适用于营业地在不同缔约国的当事人”。公约第2条指出了不适用的买卖,包括"购供私人、家人或家庭使用的货物的销售,除非卖方在订立合同前任何时候或订立合同时不知道而且没有理由知道这些货物是购供任何这种使用;经由拍卖的销售;根据法律执行令状或其他令状的销售;公债、股票、投资证券、流通票据或货币的销售;船舶、船只、气垫船或飞机的销售;电力的销售"。

3. (1) 必须向一个或一个以上特定的人提出。

(2) 发盘人必须清楚明白地表明愿意按发盘内容订立合同的意思。

(3) 发盘的内容必须十分明确和肯定。

(4) 发盘必须送达受盘人。

4. 对于发盘的终止失效,主要有下面几个原因:

(1) 发盘超过有效期,如果发盘没有明确规定有效期,则超过"合理时间"发盘失效。

(2) 受到发盘人的撤销而失效。

(3) 受盘人明示或默示的拒绝而失效。

(4) 出现其他法定事项造成发盘失效。

5. 构成一项有效的接受,必须符合下面几个条件:

(1) 接受必须由受盘人做出。

(2) 接受必须与发盘所提出的交易条件保持一致。

(3) 接受必须在规定的有效期内做出。如果无有效期,必须在合理的时间内做出。

(4) 接受必须以口头或者书面语言向发盘人表示出来,受盘人的沉默或者不作任何表示不构成承诺。此外,如果受盘人按照和发盘人之间的惯例作法,以某种行为来表示同意,则无须通知发盘人。

9.6.4 案例分析

1. 分析:中国与法国均系《公约》缔约国,洽谈过程中,双方对《公约》均未排除或做出任何保留。因此,双方当事人均应受该《公约》约束。按《公约》规定,对口头要约,须立即接受方能成立合同。据此,我方鉴于市场有趋涨迹象,可以予以拒绝或提高售价继续洽谈。

2. 合同不能成立。理由是:D公司16日发盘经过C公司17日的还盘已失效。我方有失误。具体有二:

(1) 我C公司不应接受D公司16日发盘,而应接受其17日发盘。

(2) 在作"接受"时,不应用"请确认"字样或文句。

第10章

10.9.1 单项选择题

1. A 2. A 3. A 4. C 5. D 6. A 7. D 8. B 9. D 10. A

10.9.2 判断题

1. × 2. × 3. √ 4. √ 5. × 6. √ 7. √ 8. √ 9. √ 10. √

10.9.3 简答题

1. 在按信用证为结算方式成交时,通常买方按约定时间开证是卖方履行合同的前提条件,尤其是大宗交易或按买方要求而特制的商品交易,买方及时开证更为必要。否则,卖方无法安排生产和组织货源,在实际业务中,由于种种原因买方不能按时开证的情况时有发生,因此,我们应结合备货情况做好催证工作,及时提请对方按约定时间办理开证手续,以利合同的履行。

2. (1) 对照合同。

(2) 对照《跟单信用证统一惯例》(《UCP600》)。

(3) 业务实际与商业习惯。

3. (1) 及时。

(2) 完整和明确。

(3) 一次提出。

4. (1) 收妥结汇(收妥付款)。

(2) 押汇(买单结汇)。

(3) 定期结汇。

5. 在出口商提交的单据存在不符点而又无法更正时,议付行通常做法如下:

(1) 表提不符点。

(2) 电提不符点。

10.9.4 案例分析

1. 不负责,因为 CIF 为象征性交货;由于投保了一切险,损失应由保险公司承担。

2. 修改不可以部分接受,既然已经接受新目的港,那么必须一次运完,否则将造成单证不符。

第 11 章

11.8.1 单项选择题

1. D 2. C 3. C 4. C 5. B 6. A 7. B 8. D 9. A 10. B

11.8.2 判断题

1. × 2. × 3. × 4. √ 5. √ 6. √ 7. √ 8. √ 9. × 10. √

11.8.3 简答题

1. 一般程序包括:开立信用证,租船订舱,接运货物,办理货运保险,审单付款,报关提货验收与拨交货物和办理索赔等。

2. (1) 是向买方发送货物的凭证,是履约证明文件。

(2) 是买方付款和记账的凭证。

(3) 是买方办理清关、纳税的凭证。

3. 及时开证,可以保证交易的正常履行,货物的准时装运,是进口商的基本义务之一。

4. (1) 及时。

(2) 确定正确的索赔对象。

(3) 拟订切实的索赔方案。

5. 及时开证;及时赎单付款;货物与合同不符,有要求赔偿的权利。

11.8.4 案例分析

1. 分析要点:可以采用 D/P・T/R 方式。

2. 分析要点:可以拒付。因为开证银行虽然没有义务主动去探究单据真实性,但在确知单据有伪造情况下,作为交易的当事人和利害关系人,可以拒付。

第 12 章

12.5.1 单项选择题

1. B 2. B 3. C 4. B 5. A 6. C 7. D 8. D 9. A 10. C

12.5.2 判断题

1. × 2. √ 3. √ 4. × 5. × 6. √ 7. × 8. √ 9. √ 10. √

12.5.3 简答题

答案略。

12.5.4 实训题

答案略。

附录一

联合国国际货物销售合同公约

（1980年4月11日订于维也纳）

本公约各缔约国，铭记联合国大会第六届特别会议通过的关于建立新的国际经济秩序的各项决议的广泛目标，考虑到在平等互利基础上发展国际贸易是促进各国间友好关系的一个重要因素，认为采用照顾到不同的社会、经济和法律制度的国际货物销售合同统一规则，将有助于减少国际贸易的法律障碍，促进国际贸易的发展，兹协议如下。

第一部分　适用范围和总则

第一章　适用范围

第一条

(1) 本公约适用于营业地在不同国家的当事人之间所订立的货物销售合同：

(a) 如果这些国家是缔约国；或

(b) 如果国际司法规则导致适用某一缔约国的法律。

(2) 当事人营业地在不同国家的事实，如果从合同或从订立合同前任何时候或订立合同时，当事人之间的任何交易或当事人透露的情报均看不出，应不予考虑。

(3) 在确定本公约的适用时，当事人的国籍和当事人或合同的民事或商业性质，应不予考虑。

第二条

本公约不适用于以下的销售：

(a) 购供私人、家人或家庭使用的货物的销售，除非卖方在订立合同前任何时候或订立合同时不知道而且没有理由知道这些货物是购供任何这种使用；

(b) 经由拍卖的销售；

(c) 根据法律执行令状或其他令状的销售；

(d) 公债、股票、投资证券、流通票据或货币的销售；

(e) 船舶、船只、气垫船或飞机的销售；

(f) 电力的销售。

第三条

(1) 供应尚待制造或生产的货物的合同应视为销售合同，除非订购货物的当事人保证供应这种制造或生产所需的大部分重要材料。

(2) 本公约不适用于供应货物一方的绝大部分义务在于供应劳力或其他服务的合同。

第四条

本公约只适用于销售合同的订立和卖方和买方因此种合同而产生的权利和义务。特别是，本公约除非另有明文规定，与以下事项无关：

(a) 合同的效力，或其任何条款的效力，或任何惯例的效力；

(b) 合同对所售货物所有权可能产生的影响。

第五条

本公约不适用于卖方对于货物对任何人所造成的死亡或伤害的责任。

第六条

双方当事人可以不适用本公约，或在第十二条的条件下，减损本公约的任何规定或改变其效力。

第二章　总　　则

第七条

(1) 在解释本公约时，应考虑到本公约的国际性质和促进其适用的统一以及在国际贸易上遵守诚信的需要。

(2) 凡本公约未明确解决的属于本公约范围的问题，应按照本公约所依据的一般原则来解决，在没有一般原则的情况下，则应按照国际私法规定适用的法律来解决。

第八条

(1) 为本公约的目的，一方当事人所作的声明和其他行为，应依照他的意旨解释，如果另一方当事人已知道或者不可能不知道此一意旨。

(2) 如果上一款的规定不适用，当事人所作的声明和其他行为，应按照一个与另一方当事人同等资格、通情达理的人处于相同情况中，应有的理解来解释。

(3) 在确定一方当事人的意旨或一个通情达理的人应有的理解时，应适当地考虑到与事实有关的一切情况，包括谈判情形、当事人之间确立的任何习惯做法、惯例和当事人其后的任何行为。

第九条

(1) 双方当事人业已同意的任何惯例和他们之间确立的任何习惯做法，对双方当事人均有约束力。

(2) 除非另有协议，双方当事人应视为已默示地同意对他们的合同或合同的订立适用双方当事人已知道或理应知道的惯例，而这种惯例，在国际贸易上，已为有关特定贸易所涉同类合同的当事人所广泛知道并为他们所经常遵守。

第十条

为本公约的目的：

(a) 如果当事人有一个以上的营业地，则以与合同及合同的履行关系最密切的营业地为其营业地，但要考虑到双方当事人在订立合同前任何时候或订立合同时所知道或所设想的情况；

(b) 如果当事人没有营业地，则以其惯常居住地为准。

第十一条

销售合同无须以书面订立或书面证明，在形式方面也不受任何其他条件的限制。销售合同可以用包括人证在内的任何方法证明。

第十二条

本公约第十一条、第二十九条或第二部分准许销售合同或其更改或根据协议终止，或者任何发价、接受或其他意旨表示得以书面以外任何形式做出的任何规定不适用，如果任何一方当事人的营业地是在已按照本公约第九十六条做出了声明的一个缔约国内，各当事人不得减损本条或改变其效力。

第十三条

为本公约的目的，"书面"包括电报和电传。

第二部分　合同的订立

第十四条

(1) 向一个或一个以上特定的人提出的订立合同的建议，如果十分确定并且表明发价人在得到接受时承受约束的意旨，即构成发价。一个建议如果写明货物并且明示或暗示地规定数量和价格或规定如何确定数量和价格，即为十分确定。

(2) 非向一个或一个以上特定的人提出的建议，仅应视为邀请做出发价，除非提出建议的人明确地表示相反的意向。

第十五条

(1) 发价于送达被发价人时生效。

(2) 一项发价，即使是不可撤销的，得予撤回，如果撤回通知于发价送达被发价人之前或同时，送达被发价人。

第十六条

(1) 在未订立合同之前，发价得予撤销，如果撤销通知于被发价人发出接受通知之前送达被发价人。

(2) 但在下列情况下，发价不得撤销：

(a) 发价写明接受发价的期限或以其他方式表示发价是不可撤销的；或

(b) 被发价人有理由信赖该项发价是不可撤销的，而且被发价人已本着对该项发价的信赖行事。

第十七条

一项发价，即使是不可撤销的，于拒绝通知送达发价人时终止。

第十八条

(1) 被发价人声明或做出其他行为表示同意一项发价，即是接受，缄默或不行动本身不等于接受。

(2) 接受发价于表示同意的通知送达发价人时生效。如果表示同意的通知在发价人所规定的时间内，如未规定时间，在一段合理的时间内，未曾送达发价人，接受就成为无效，但须适当地考虑到交易的情况，包括发价人所使用的通讯方法的迅速程度。对口头发价必须立即接受，但情况有别者不在此限。

(3) 但是，如果根据该项发价或依照当事人之间确立的习惯作法和惯例，被发价人可以做出某种行为，例如与发运货物或支付价款有关的行为，来表示同意，而无须向发价人发出通知，则接受于该项行为做出时生效，但该项行为必须在上一款所规定的期间内做出。

第十九条

(1) 对发价表示接受但载有添加、限制或其他更改的答复，即为拒绝该项发价，并构成还价。

(2) 但是,对发价表示接受但载有添加或不同条件的答复,如所载的添加或不同条件在实质上并不变更该项发价的条件,除发价人在不过分迟延的期间内以口头或书面通知反对其间的差异外,仍构成接受。如果发价人不做出这种反对,合同的条件就以该项发价的条件以及接受通知内所载的更改为准。

(3) 有关货物价格、付款、货物质量和数量、交货地点和时间、一方当事人对另一方当事人的赔偿责任范围或解决争端等等的添加或不同条件,均视为在实质上变更发价的条件。

第二十条

(1) 发价人在电报或信件内规定的接受期间,从电报交发时刻或信上载明的发信日期起算,如信上未载明发信日期,则从信封上所载日期起算。发价人以电话、电传或其他快速通讯方法规定的接受期间,从发价送达被发价人时起算。

(2) 在计算接受期间时,接受期间内的正式假日或非营业日应计算在内。但是,如果接受通知在接受期间的最后1天未能送到发价人地址,因为那天在发价人营业地是正式假日或非营业日,则接受期间应顺延至下一个营业日。

第二十一条

(1) 逾期接受仍有接受的效力,如果发价人毫不迟延地用口头或书面将此种意见通知被发价人。

(2) 如果载有逾期接受的信件或其他书面文件表明,它是在传递正常、能及时送达发价人的情况下寄发的,则该项逾期接受具有接受的效力,除非发价人毫不迟延地用口头或书面通知被发价人:他认为他的发价已经失效。

第二十二条

接受得予撤回,如果撤回通知于接受原应生效之前或同时,送达发价人。

第二十三条

合同于按照本公约规定对发价的接受生效时订立。

第二十四条

为公约本部分的目的,发价、接受声明或任何其他意旨表示"送达"对方,系指用口头通知对方或通过任何其他方法送交对方本人,或其营业地或通讯地址,如无营业地或通讯地址,则送交对方惯常居住地。

第三部分　货物销售

第一章　总　则

第二十五条

一方当事人违反合同的结果,如使另一方当事人蒙受损害,以至于实际上剥夺了他根据合同规定有权期待得到的东西,即为根本违反合同,除非违反合同一方并不预知而且一个同等资格、通情达理的人处于相同情况中也没有理由预知会发生这种结果。

第二十六条

宣告合同无效的声明,必须向另一方当事人发出通知,方始有效。

第二十七条

除非公约本部分另有明文规定，当事人按照本部分的规定，以适合情况的方法发出任何通知、要求或其他通知后，这种通知如在传递上发生耽搁或错误，或者未能到达，并不使该当事人丧失依靠该项通知的权利。

第二十八条

如果按照本公约的规定，一方当事人有权要求另一方当事人履行某一义务，法院没有义务做出判决，要求具体履行此一义务，除非法院依照其本身的法律对不属本公约范围的类似销售合同愿意这样做。

第二十九条

(1) 合同只需双方当事人协议，就可更改或终止。

(2) 规定任何更改或根据协议终止必须以书面做出的书面合同，不得以任何其他方式更改或根据协议终止。但是，一方当事人的行为，如经另一方当事人寄以信赖，就不得坚持此项规定。

第二章　卖方的义务

第三十条

卖方必须按照合同和本公约的规定，交付货物，移交一切与货物有关的单据并转移货物所有权。

第一节　交付货物和移交单据

第三十一条

如果卖方没有义务要在任何其他特定地点交付货物，他的交货义务如下：

(a) 如果销售合同涉及货物的运输，卖方应把货物移交给第一承运人，以运交给买方；

(b) 在不属于上款规定的情况下，如果合同指的是特定货物或从特定存货中提取的或尚待制造或生产的未经特定化的货物，而双方当事人在订立合同时已知道这些货物是在某一特定地点，或将在某一特定地点制造或生产，卖方应在该地点把货物交给买方处置；

(c) 在其他情况下，卖方应在他于订立合同时的营业地把货物交给买方处置。

第三十二条

(1) 如果卖方按照合同或本公约的规定将货物交付给承运人，但货物没有以货物上加标记、或以装运单据或其他方式清楚地注明有关合同，卖方必须向买方发出列明货物的发货通知。

(2) 如果卖方有义务安排货物的运输，他必须订立必要的合同，以按照通常运输条件，用适合情况的运输工具，把货物运到指定地点。

(3) 如果卖方没有义务对货物的运输办理保险，他必须在买方提出要求时，向买方提供一切现有的必要资料，使他能够办理这种保险。

第三十三条

卖方必须按以下规定的日期交付货物：

(a) 如果合同规定有日期，或从合同可以确定日期，应在该日期交货；

(b) 如果合同规定有一段时间，或从合同可以确定一段时间，除非情况表明应由买方选定一个日期外，应在该段时间内任何时候交货；或者

(c) 在其他情况下，应在订立合同后一段合理时间内交货。

第三十四条

如果卖方有义务移交与货物有关的单据，他必须按照合同所规定的时间、地点和方式移交这些单据。如果卖方在那个时间以前已移交这些单据，他可以在那个时间到达前纠正单据中任何不符合同规定的情形，但是，此一权利的行使不得使买方遭受不合理的不便或承担不合理的开支。但是，买方保留本公约所规定的要求损害赔偿的任何权利。

第二节　货物相符与第三方要求

第三十五条

(1) 卖方交付的货物必须与合同所规定的数量、质量和规格相符，并须按照合同所规定的方式装箱或包装。

(2) 除双方当事人业已另有协议外，货物除非符合以下规定，否则即为与合同不符：

(a) 货物适用于同一规格货物通常使用的目的；

(b) 货物适用于订立合同时曾明示或默示地通知卖方的任何特定目的，除非情况表明买方并不依赖卖方的技能和判断力，或者这种依赖对他是不合理的；

(c) 货物的质量与卖方向买方提供的货物样品或样式相同；

(d) 货物按照同类货物通用的方式装箱或包装，如果没有此种通用方式，则按照足以保全和保护货物的方式装箱或包装。

(3) 如果买方在订立合同时知道或者不可能不知道货物不符合同，卖方就无须按上一款(a)项至(d)项负有此种不符合同的责任。

第三十六条

(1) 卖方应按照合同和本公约的规定，对风险移转到买方时所存在的任何不符合同情形，负有责任，即使这种不符合同情形在该时间后方始明显。

(2) 卖方对在上一款所述时间后发生的任何不符合同情形，也应负有责任，如果这种不符合同情形是由于卖方违反他的某项义务所致，包括违反关于在一段时间内货物将继续适用于其通常使用的目的或某种特定目的，或将保持某种特定质量或性质的任何保证。

第三十七条

如果卖方在交货日期前交付货物，他可以在那个日期到达前，交付任何缺漏部分或补足所交付货物的不足数量，或交付用以替换所交付不符合同规定的货物，或对所交付货物中任何不符合同规定的情形做出补救，但是，此一权利的行使不得使买方遭受不合理的不便或承担不合理的开支。但是，买方保留本公约所规定的要求损害赔偿的任何权利。

第三十八条

(1) 买方必须在按情况实际可行的最短时间内检验货物或由他人检验货物。

(2) 如果合同涉及货物的运输，检验可推迟到货物到达目的地后进行。

(3) 如果货物在运输途中改运或买方须再发运货物，没有合理机会加以检验，而卖方在订立合同时已知道或理应知道这种改运或再发运的可能性，检验可推迟到货物到达新目的地后进行。

第三十九条

(1) 买方对货物不符合同，必须在发现或理应发现不符情形后一段合理时间内通知卖方，说明不符合同情形的性质，否则就丧失声称货物不符合同的权利。

(2) 无论如何，如果买方不在实际收到货物之日起两年内将货物不符合同情形通知卖方，他就丧失声称货物不符合同的权利，除非这一时限与合同规定的保证期限不符。

第四十条

如果货物不符合同规定指的是卖方已知道或不可能不知道而又没有告知买方的一些事实，则卖方无权援引第三十八条和第三十九条的规定。

第四十一条

卖方所交付的货物，必须是第三方不能提出任何权利或要求的货物，除非买方同意在这种权利或要求的条件下，收取货物。但是，如果这种权利或要求是以工业产权或其他知识产权为基础的，卖方的义务应依照第四十二条的规定。

第四十二条

(1) 卖方所交付的货物，必须是第三方不能根据工业产权或其他知识产权主张任何权利或要求的货物，但以卖方在订立合同时已知道或不可能不知道的权利或要求为限，而且这种权利或要求根据以下国家的法律规定是以工业产权或其他知识产权为基础的：

(a) 如果双方当事人在订立合同时预期货物将在某一国境内转售或做其他使用，则根据货物将在其境内转售或做其他使用的国家的法律；或者

(b) 在任何其他情况下，根据买方营业地所在国家的法律。

(2) 卖方在上一款中的义务不适用于以下情况：

(a) 买方在订立合同时已知道或不可能不知道此项权利或要求；或者

(b) 此项权利或要求的发生，是由于卖方要遵照买方所提供的技术图样、图案、程式或其他规格。

第四十三条

(1) 买方如果不在已知道或理应知道第三方的权利或要求后一段合理时间内，将此一权利或要求的性质通知卖方，就丧失援引第四十一条或第四十二条规定的权利。

(2) 卖方如果知道第三方的权利或要求以及此一权利或要求的性质，就无权援引上一款的规定。

第四十四条

尽管有第三十九条第(1)款和第四十三条第(1)款的规定，买方如果对他未发出所需的通知具备合理的理由，仍可按照第五十条规定减低价格，或要求利润损失以外的损害赔偿。

第三节　卖方违反合同的补救办法

第四十五条

(1) 如果卖方不履行他在合同和本公约中的任何义务，买方可以：

(a) 行使第四十六条至第五十二条所规定的权利；

(b) 按照第七十四条至第七十七条的规定，要求损害赔偿。

(2) 买方可能享有的要求损害赔偿的任何权利，不因他行使采取其他补救办法的权利而丧失。

(3) 如果买方对违反合同采取某种补救办法，法院或仲裁庭不得给予卖方宽限期。

第四十六条

(1) 买方可以要求卖方履行义务，除非买方已采取与此一要求相抵触的某种补救办法。

(2) 如果货物不符合同,买方只有在此种不符合同情形构成根本违反合同时,才可以要求交付替代货物,而且关于替代货物的要求,必须与依照第三十九条发出的通知同时提出,或者在该项通知发出后一段合理时间内提出。

(3) 如果货物不符合同,买方可以要求卖方通过修理对不符合同之处做出补救,除非他考虑了所有情况之后,认为这样做是不合理的。修理的要求必须与依照第三十九条发出的通知同时提出,或者在该项通知发出后一段合理时间内提出。

第四十七条

(1) 买方可以规定一段合理时限的额外时间,让卖方履行其义务。

(2) 除非买方收到卖方的通知,声称他将不在所规定的时间内履行义务,买方在这段时间内不得对违反合同采取任何补救办法。但是,买方并不因此丧失他对迟延履行义务可能享有的要求损害赔偿的任何权利。

第四十八条

(1) 在第四十九条的条件下,卖方即使在交货日期之后,仍可自付费用,对任何不履行义务做出补救,但这种补救不得造成不合理的迟延,也不得使买方遭受不合理的不便,或无法确定卖方是否将偿付买方预付的费用。但是,买方保留本公约所规定的要求损害赔偿的任何权利。

(2) 如果卖方要求买方表明他是否接受卖方履行义务,而买方不在一段合理时间内对此一要求做出答复,则卖方可以按其要求中所指明的时间履行义务。买方不得在该段时间内采取与卖方履行义务相抵触的任何补救办法。

(3) 卖方表明他将在某一特定时间内履行义务的通知,应视为包括根据上一款规定要买方表明决定的要求在内。

(4) 卖方按照本条第(2)和第(3)款做出的要求或通知,必须在买方收到后,始生效力。

第四十九条

(1) 买方在以下情况下可以宣告合同无效:

(a) 卖方不履行其在合同或本公约中的任何义务,等于根本违反合同;或

(b) 如果发生不交货的情况,卖方不在买方按照第四十七条第(1)款规定的额外时间内交付货物,或卖方声明他将不在所规定的时间内交付货物。

(2) 但是,如果卖方已交付货物,买方就丧失宣告合同无效的权利,除非:

(a) 对于迟延交货,他在知道交货后一段合理时间内这样做;

(b) 对于迟延交货以外的任何违反合同事情:

(一) 他在已知道或理应知道这种违反合同后一段合理时间内这样做;或

(二) 他在买方按照第四十七条第(1)款规定的任何额外时间满期后,或在卖方声明他将不在这一额外时间履行义务后一段合理时间内这样做;或

(三) 他在卖方按照第四十八条第(2)款指明的任何额外时间满期后,或在买方声明他将不接受卖方履行义务后一段合理时间内这样做。

第五十条

如果货物不符合同,不论价款是否已付,买方都可以减低价格,减价按实际交付的货物在交货时的价值与符合合同的货物在当时的价值两者之间的比例计算。但是,如果卖方按照第三十七条或第四十八条的规定对任何不履行义务做出补救,或者买方拒绝接受卖方按照该两条规定履行义务,则买方不得减低价格。

第五十一条

(1) 如果卖方只交付一部分货物，或者交付的货物中只有一部分符合合同规定，第四十六条至第五十条的规定适用于缺漏部分及不符合合同规定部分的货物。

(2) 买方只有在完全不交付货物或不按照合同规定交付货物等于根本违反合同时，才可以宣告整个合同无效。

第五十二条

(1) 如果卖方在规定的日期前交付货物，买方可以收取货物，也可以拒绝收取货物。

(2) 如果卖方交付的货物数量大于合同规定的数量，买方可以收取也可以拒绝收取多交部分的货物。如果买方收取多交部分货物的全部或一部分，他必须按合同价格付款。

第三章　买方的义务

第五十三条

买方必须按照合同和本公约规定支付货物价款和收取货物。

第一节　支付价款

第五十四条

买方支付价款的义务包括根据合同或任何有关法律和规章规定的步骤和手续，以便支付价款。

第五十五条

如果合同已有效的订立，但没有明示或暗示地规定价格或规定如何确定价格，在没有任何相反表示的情况下，双方当事人应视为已默示地引用订立合同时此种货物在有关贸易的类似情况下销售的通常价格。

第五十六条

如果价格是按货物的重量规定的，如有疑问，应按净重确定。

第五十七条

(1) 如果买方没有义务在任何其他特定地点支付价款，他必须在以下地点向卖方支付价款：

(a) 卖方的营业地；或者

(b) 如凭移交货物或单据支付价款，则为移交货物或单据的地点。

(2) 卖方必须承担因其营业地在订立合同后发生变动而增加的支付方面的有关费用。

第五十八条

(1) 如果买方没有义务在任何其他特定时间内支付价款，他必须于卖方按照合同和本公约规定将货物或控制货物处置权的单据交给买方处置时支付价款。卖方可以支付价款作为移交货物或单据的条件。

(2) 如果合同涉及货物的运输，卖方可以在支付价款后方可把货物或控制货物处置权的单据移交给买方作为发运货物的条件。

(3) 买方在未有机会检验货物前，无义务支付价款，除非这种机会与双方当事人议定的交货或支付程序相抵触。

第五十九条

买方必须按合同和本公约规定的日期或从合同和本公约可以确定的日期支付价款，而无须卖方提出任何要求或办理任何手续。

第二节 收取货物

第六十条

买方收取货物的义务如下：

(a) 采取一切理应采取的行动，以期卖方能交付货物；和

(b) 接收货物。

第三节 买方违反合同的补救办法

第六十一条

(1) 如果买方不履行他在合同和本公约中的任何义务，卖方可以：

(a) 行使第六十二条至第六十五条所规定的权利；

(b) 按照第七十四至第七十七条的规定，要求损害赔偿。

(2) 卖方可能享有的要求损害赔偿的任何权利，不因他行使采取其他补救办法的权利而丧失。

(3) 如果卖方对违反合同采取某种补救办法，法院或仲裁庭不得给予买方宽限期。

第六十二条

卖方可以要求买方支付价款、收取货物或履行他的其他义务，除非卖方已采取与此一要求相抵触的某种补救办法。

第六十三条

(1) 卖方可以规定一段合理时限的额外时间，让买方履行义务。

(2) 除非卖方收到买方的通知，声称他将不在所规定的时间内履行义务，卖方不得在这段时间内对违反合同采取任何补救办法。但是，卖方并不因此丧失他对迟延履行义务可能享有的要求损害赔偿的任何权利。

第六十四条

(1) 卖方在以下情况下可以宣告合同无效：

(a) 买方不履行其在合同或本公约中的任何义务，等于根本违反合同；或

(b) 买方不在卖方按照第六十三条第(1)款规定的额外时间内履行支付价款的义务或收取货物，或买方声明他将不在所规定的时间内这样做。

(2) 但是，如果买方已支付价款，卖方就丧失宣告合同无效的权利，除非：

(a) 对于买方迟延履行义务，他在知道买方履行义务前这样做；或者

(b) 对于买方迟延履行义务以外的任何违反合同事情：

(一) 他在已知道或理应知道这种违反合同后一段合理时间内这样做；或

(二) 他在卖方按照第六十三条第(1)款规定的任何额外时间满期后或在买方声明他将不在这一额外时间内履行义务后一段合理时间内这样做。

第六十五条

(1) 如果买方应根据合同规定订明货物的形状、大小或其他特征，而他在议定的日期或在收到卖方的要求后一段合理时间内没有订明这些规格，则卖方在不损害其可能享有的任何其他权利的情况下，可以依照他所知的买方的要求，自己订明规格。

(2) 如果卖方自己订明规格，他必须把订明规格的细节通知买方，而且必须规定一段合理

时间，让买方可以在该段时间内订出不同的规格。如果买方在收到这种通知后没有在该段时间内这样做，卖方所订的规格就具有约束力。

第四章 风 险 移 转

第六十六条

货物在风险移转到买方承担后遗失或损坏，买方支付价款的义务并不因此解除，除非这种遗失或损坏是由于卖方的行为或不行为所造成。

第六十七条

(1) 如果销售合同涉及货物的运输，但卖方没有义务在某一特定地点交付货物，自货物按照销售合同交付给第一承运人以转交给买方时起，风险就移转到买方承担。如果卖方有义务在某一特定地点把货物交付给承运人，在货物于该地点交付给承运人以前，风险不移转到买方承担。卖方授权保留控制货物处置权的单据，并不影响风险的移转。

(2) 但是，在货物以货物上加标记、或以装运单据、或向买方发出通知或其他方式清楚地注明有关合同以前，风险不移转到买方承担。

第六十八条

对于在运输途中销售的货物，从订立合同时起，风险就移转到买方承担。但是，如果情况表明有此需要，从货物交付给签发载有运输合同单据的承运人时起，风险就由买方承担。尽管如此，如果卖方在订立合同时已知道或理应知道货物已经遗失或损坏，而他又不将这一事实告之买方，则这种遗失或损坏应由卖方负责。

第六十九条

(1) 在不属于第六十七条和第六十八条规定的情况下，从买方接收货物时起，或如果买方不在适当时间内这样做，则从货物交给他处置但他不收取货物从而违反合同时起，风险移转到买方承担。

(2) 但是，如果买方有义务在卖方营业地以外的某一地点接收货物，当交货时间已到而买方知道货物已在该地点交给他处置时，风险方始移转。

(3) 如果合同指的是当时未加识别的货物，则这些货物在未清楚注明有关合同以前，不得视为已交给买方处置。

第七十条

如果卖方已根本违反合同，第六十七条、第六十八条和第六十九条的规定，不损害买方因此种违反合同而可以采取的各种补救办法。

第五章 卖方和买方义务的一般规定

第一节 预期违反合同和分批交货合同

第七十一条

(1) 如果订立合同后，另一方当事人由于下列原因显然将不履行其大部分重要义务，一方当事人可以中止履行义务：

(a) 他履行义务的能力或他的信用有严重缺陷；或

(b) 他在准备履行合同或履行合同中的行为。

(2) 如果卖方在上一款所述的理由明显化以前已将货物发运,他可以阻止将货物交给买方,即使买方持有其有权获得货物的单据。本款规定只与买方和卖方间对货物的权利有关。

(3) 中止履行义务的一方当事人不论是在货物发运前还是发运后,都必须立即通知另一方当事人,如经另一方当事人对履行义务提供充分保证,则他必须继续履行义务。

第七十二条

(1) 如果在履行合同日期之前,明显看出一方当事人将根本违反合同,另一方当事人可以宣告合同无效。

(2) 如果时间许可,打算宣告合同无效的一方当事人必须向另一方当事人发出合理的通知,使他可以对履行义务提供充分保证。

(3) 如果另一方当事人已声明他将不履行其义务,则上一款的规定不适用。

第七十三条

(1) 对于分批交付货物的合同,如果一方当事人不履行对任何一批货物的义务,便对该批货物构成根本违反合同,则另一方当事人可以宣告合同对该批货物无效。

(2) 如果一方当事人不履行对任何一批货物的义务,使另一方当事人有充分理由断定对今后各批货物将会发生根本违反合同,该另一方当事人可以在一段合理时间内宣告合同今后无效。

(3) 买方宣告合同对任何一批货物的交付为无效时,可以同时宣告合同对已交付的或今后交付的各批货物均为无效,如果各批货物是互相依存的,不能单独用于双方当事人在订立合同时所设想的目的。

第二节　损害赔偿

第七十四条

一方当事人违反合同应负的损害赔偿额,应与另一方当事人因他违反合同而遭受的包括利润在内的损失额相等。这种损害赔偿不得超过违反合同一方在订立合同时,依照他当时已知道或理应知道的事实和情况,对违反合同预料到或理应预料到的可能损失。

第七十五条

如果合同被宣告无效,而在宣告无效后一段合理时间内,买方已以合理方式购买替代货物,或者卖方已以合理方式把货物转卖,则要求损害赔偿的一方可以取得合同价格和替代货物交易价格之间的差额以及按照第七十四条规定可以取得的任何其他损害赔偿。

第七十六条

(1) 如果合同被宣告无效,而货物又有时价,要求损害赔偿的一方,如果没有根据第七十五条规定进行购买或转卖,则可以取得合同规定的价格和宣告合同无效时的时价之间的差额以及按照第七十四条规定可以取得的任何其他损害赔偿。但是,如果要求损害赔偿的一方在接收货物之后宣告合同无效,则应适用接收货物时的时价,而不适用宣告合同无效时的时价。

(2) 为上一款的目的,时价指原应交付货物地点的现行价格,如果该地点没有时价,则指另一合理替代地点的价格,但应适当地考虑货物运费的差额。

第七十七条

声称另一方违反合同的一方,必须按情况采取合理措施,减轻由于该另一方违反合同而引起的损失，包括利润方面的损失。如果他不采取这种措施，违反合同一方可以要求从损害赔偿中扣除原可以减轻的损失数额。

第三节　利　　息

第七十八条

如果一方当事人没有支付价款或任何其他拖欠金额，另一方当事人有权对这些款额收取利息，但不妨碍要求按照第七十四条规定可以取得的损害赔偿。

第四节　免　　责

第七十九条

(1) 当事人对不履行义务，不负责任，如果他能证明此种不履行义务，是由于某种非他所能控制的障碍，而且对于这种障碍，没有理由预期他在订立合同时能考虑到或能避免或克服它或它的后果。

(2) 如果当事人不履行义务是由于他所雇用履行合同的全部或一部分规定的第三方不履行义务所致，该当事人只有在以下情况下才能免除责任：

(a) 他按照上一款的规定应免除责任，和

(b) 假如该项的规定也适用于他所雇用的人，这个人也同样会免除责任。

(3) 本条所规定的免责对障碍存在的期间有效。

(4) 不履行义务的一方必须将障碍及其对他履行义务能力的影响通知另一方。

如果该项通知在不履行义务的一方已知道或理应知道此一障碍后一段合理时间内仍未为另一方收到，则他对由于另一方未收到通知而造成的损害应负赔偿责任。

(5) 本条规定不妨碍任何一方行使本公约规定的要求损害赔偿以外的任何权利。

第八十条

一方当事人因其行为或不行为而使得另一方当事人不履行义务时，不得声称该另一方当事人不履行义务。

第五节　宣告合同无效的效果

第八十一条

(1) 宣告合同无效解除了双方在合同中的义务，但应负责的任何损害赔偿仍应负责。宣告合同无效不影响合同关于解决争端的任何规定，也不影响合同中关于双方在宣告合同无效后权利和义务的任何其他规定。

(2) 已全部或局部履行合同的一方，可以要求另一方归还他按照合同供应的货物或支付的价款，如果双方都须归还，他们必须同时这样做。

第八十二条

(1) 买方如果不可能按实际收到货物的原状归还货物，他就丧失宣告合同无效或要求卖方交付替代货物的权利。

(2) 上一款的规定不适用于以下情况：

(a) 如果不可能归还货物或不可能按实际收到货物的原状归还货物，并非由于买方的行为或不行为所造成；或者

(b) 如果货物或其中一部分的毁灭或变坏，是由于按照第三十八条规定进行检验所致；或者

(c) 如果货物或其中一部分，在买方发现或理应发现与合同不符以前，已为买方在正常营业过程中售出，或在正常使用过程中消费或改变。

第八十三条

买方虽然依第八十二条规定丧失宣告合同无效或要求卖方交付替代货物的权利，但是根据合同和本公约规定，他仍保有采取一切其他补救办法的权利。

第八十四条

(1) 如果卖方有义务归还价款，他必须同时从支付价款之日起支付价款利息。

(2) 在以下情况下，买方必须向卖方说明他从货物或其中一部分得到的一切利益：

(a) 如果他必须归还货物或其中一部分；或者

(b) 如果他不可能归还全部或一部分货物，或不可能按实际收到货物的原状归还全部或一部分货物，但他已宣告合同无效或已要求卖方支付替代货物。

第六节　保全货物

第八十五条

如果买方推迟收取货物，或在支付价款和交付货物应同时履行时，买方没有支付价款，而卖方仍拥有这些货物或仍能控制这些货物的处置权，卖方必须按情况采取合理措施，以保全货物。他有权保有这些货物，直至买方把他所付的合理费用偿还他为止。

第八十六条

(1) 如果买方已收到货物，但打算行使合同或本公约规定的任何权利，把货物退回，他必须按情况采取合理措施，以保全货物。他有权保有这些货物，直至卖方把他所付的合理费用偿还他为止。

(2) 如果发运给买方的货物已到达目的地，并交给买方处置，而买方行使退货权利，则买方必须代表卖方收取货物，除非他这样做需要支付价款而且会使他遭受不合理的不便或需承担不合理的费用。如果卖方或授权代表他掌管货物的人也在目的地，则此一规定不适用。如果买方根据本款规定收取货物，他的权利和义务与上一款所规定的相同。

第八十七条

有义务采取措施以保全货物的一方当事人，可以把货物寄放在第三方的仓库，由另一方当事人担负费用，但该项费用必须合理。

第八十八条

(1) 如果另一方当事人在收取货物或收回货物或支付价款或保全货物费用方面有不合理的迟延，按照第八十五条或第八十六条规定有义务保全货物的一方当事人，可以采取任何适当办法，把货物出售，但必须事前向另一方当事人发出合理的意向通知。

(2) 如果货物易于迅速变坏，或者货物的保全牵涉到不合理的费用，则按照第八十五条或第八十六条规定有义务保全货物的一方当事人，必须采取合理措施，把货物出售，在可能的范围内，他必须把出售货物的打算通知另一方当事人。

(3) 出售货物的一方当事人，有权从销售所得收入中扣回为保全货物和销售货物而付的合理费用。他必须向另一方当事人说明所余款项。

第四部分　最后条款

第八十九条

兹指定联合国秘书长为本公约保管人。

第九十条

本公约不优于业已缔结或可以缔结并载有与属于本公约范围内事项有关的条款的任何国际协定,但以双方当事人的营业地均在这种协定的缔约国内为限。

第九十一条

(1) 本公约在联合国国际货物销售合同会议闭幕会议上开放签字,并在纽约联合国总部继续开放签字,直至 1981 年 9 月 30 日为止。

(2) 本公约须经签字国批准、接受或核准。

(3) 本公约从开放签字之日起开放给所有非签字国加入。

(4)批准书、接受书、核准书和加入书应送交联合国秘书长存放。

第九十二条

(1) 缔约国可在签字、批准、接受、核准或加入时声明他不受本公约第二部分的约束或不受本公约第三部分的约束。

(2) 按照上一款规定就本公约第二部分或第三部分做出声明的缔约国,在该声明适用的部分所规定事项上,不得视为本公约第一条第(1)款范围内的缔约国。

第九十三条

(1) 如果缔约国具有两个或两个以上的领土单位,而依照该国宪法规定、各领土单位对本公约所规定的事项适用不同的法律制度,则该国得在签字、批准、接受、核准或加入时声明本公约适用于该国全部领土单位或仅适用于其中的一个或数个领土单位,并且可以随时提出另一声明来修改其所做的声明。

(2) 此种声明应通知保管人,并且明确地说明适用本公约的领土单位。

(3) 如果根据按本条做出的声明,本公约适用于缔约国的一个或数个但不是全部领土单位,而且一方当事人的营业地位于该缔约国内,则为本公约的目的,该营业地除非位于本公约适用的领土单位内,否则视为不在缔约国内。

(4) 如果缔约国没有按照本条第(1)款做出声明,则本公约适用于该国所有领土单位。

第九十四条

(1) 对属于本公约范围的事项具有相同或非常近似的法律规则的两个或两个以上的缔约国,可随时声明本公约不适用于营业地在这些缔约国内的当事人之间的销售合同,也不适用于这些合同的订立。此种声明可联合做出,也可以相互单方面声明的方式做出。

(2) 对属于本公约范围的事项具有与一个或一个以上非缔约国相同或非常近似的法律规则的缔约国,可随时声明本公约不适用于营业地在这些非缔约国内的当事人之间的销售合同,也不适用于这些合同的订立。

(3) 作为根据上一款所做声明对象的国家如果后来成为缔约国,这项声明从本公约对该新缔约国生效之日起,具有根据第(1)款所做声明的效力,但以该新缔约国加入这项声明,或做出相互单方面声明为限。

第九十五条

任何国家在交存其批准书、接受书、核准书或加入书时,可声明它不受本公约第一条第(1)款(b)项的约束。

第九十六条

本国法律规定销售合同必须以书面订立或书面证明的缔约国,可以随时按照第十二条的规定,声明本公约第十一条、第二十九条或第二部分准许销售合同或其更改或根据协议终止,或者任何发价、接受或其他意旨表示得以书面以外任何形式做出的任何规定不适用,如果任何一方当事人的营业地是在该缔约国内。

第九十七条

(1) 根据本公约规定在签字时做出的声明,须在批准、接受或核准时加以确认。

(2) 声明和声明的确认,应以书面提出,并应正式通知保管人。

(3) 声明在本公约对有关国家开始生效时同时生效。但是,保管人于此种生效后收到正式通知的声明,应于保管人收到声明之日起 6 个月后的第 1 个月第 1 天生效。根据第九十四条规定做出的相互单方面声明,应于保管人收到最后一份声明之日起 6 个月后的第 1 个月第 1 天生效。

(4) 根据本公约规定做出声明的任何国家可以随时用书面正式通知保管人撤回该项声明。此种撤回于保管人收到通知之日起 6 个月后的第 1 个月第 1 天生效。

(5) 撤回根据第九十四条做出的声明,自撤回生效之日起,就会使另一国家根据该条所做的任何相互声明失效。

第九十八条

除本公约明文许可的保留外,不得作任何保留。

第九十九条

(1) 在本条第(6)款规定的条件下,本公约在第十件批准书、接受书、核准书或加入书、包括载有根据第九十二条规定做出的声明的文书交存之日起 12 月后的第 1 个月第 1 天生效。

(2) 在本条第(6)款规定的条件下,对于在第 10 件批准书、接受书、核准书或加入书交存后才批准、接受、核准或加入本公约的国家,本公约在该国交存其批准书、接受书、核准书或加入书之日起 12 个月后的第 1 个月第 1 天对该国生效,但不适用的部分除外。

(3) 批准、接受、核准或加入本公约的国家,如果是 1964 年 7 月 1 日海牙签订的《关于国际货物销售合同的订立统一法公约》(《1964 年海牙订立合同公约》)和 1964 年 7 月 1 日在海牙签订的《关于国际货物销售统一法的公约》(《1964 年海牙货物销售公约》)中一项或两项公约的缔约国。应按情况同时通知荷兰政府声明退出《1964 年海牙货物销售公约》或《1964 年海牙订立合同公约》或退出该两公约。

(4) 凡为《1964 年海牙货物销售公约》缔约国并批准、接受、核准或加入本公约和根据第九十二条规定声明或业已声明不受本公约第二部分约束的国家,应于批准、接受、核准或加入时通知荷兰政府声明退出《1964 年海牙货物销售公约》。

(5) 凡为《1964 年海牙订立合同公约》缔约国并批准、接受、核准或加入本公约和根据第九十二条规定声明或业已声明不受本公约第三部分约束的国家,应于批准、接受、核准或加入时通知荷兰政府声明退出《1964 年海牙订立合同公约》。

(6) 为本条的目的,《1964 年海牙订立合同公约》或《1964 年海牙货物销售公约》的缔约国的批准、接受、核准或加入本公约，应在这些国家按照规定退出该两公约生效后方始生效。本公约保管人应与 1964 年两公约的保管人荷兰政府进行协商，以确保在这方面进行必要的协调。

第一百条

(1) 本公约适用于合同的订立，只要订立该合同的建议是在本公约对第一条第(1)款(a)项所指缔约国或第一条第(1)款(b)项所指缔约国生效之日或其后作出的。

(2) 本公约只适用于在它对第一条第(1)款(a)项所指缔约国或第一条第(1)款(b)项所指缔约国生效之日或其后订立的合同。

第一百零一条

(1) 缔约国可以用书面正式通知保管人声明退出本公约，或本公约第二部分或第三部分。

(2) 退出于保管人收到通知 12 个月后的第 1 个月第 1 天起生效。凡通知内订明一段退出生效的更长时间，则退出于保管人收到通知后该段更长时间满时起生效。

1980 年 4 月 11 日订于维也纳，正本 1 份，其阿拉伯文本、中文本、英文本、法文本、俄文本和西班牙文本都具有同等效力。

其他部分略。

附录二

跟单信用证统一惯例

（国际商会第600号出版物）

第一条　UCP的适用范围

《跟单信用证统一惯例——2007年修订本，国际商会第600号出版物》（简称“UCP600”）乃一套规则，适用于所有的其文本中明确表明受本惯例约束的跟单信用证（下称信用证）（在其可适用的范围内，包括备用信用证）。除非信用证明确修改或排除，本惯例各条文对信用证所有当事人均具有约束力。

第二条　定义

就本惯例而言：

通知行　指应开证行的要求通知信用证的银行。

申请人　指要求开立信用证的一方。

银行工作日　指银行在其履行受本惯例约束的行为的地点通常开业的一天。

受益人　指接受信用证并享受其利益的一方。

相符交单　指与信用证条款、本惯例的相关适用条款以及国际标准银行实务一致的交单。

保兑　指保兑行在开证行承诺之外做出的承付或议付相符交单的确定承诺。

保兑行　指根据开证行的授权或要求对信用证加具保兑的银行。

信用证　指一项不可撤销的安排，无论其名称或描述如何，该项安排构成开证行对相符交单予以承付的确定承诺。

承付　指：

a. 如果信用证为即期付款信用证，则即期付款。

b. 如果信用证为延期付款信用证，则承诺延期付款并在承诺到期日付款。

c. 如果信用证为承兑信用证，则承兑受益人开出的汇票并在汇票到期日付款。

开证行　指应申请人要求或者代表自己开出信用证的银行。

议付　指指定银行在相符交单下，在其应获偿付的银行工作日当天或之前向受益人预付或者同意预付款项，从而购买汇票（其付款人为指定银行以外的其他银行）及/或单据的行为。

指定银行　指信用证可在其处兑用的银行，如信用证可在任一银行兑用，则任何银行均为指定银行。

交单　指向开证行或指定银行提交信用证项下单据的行为，或指按此方式提交的单据。

交单人　指实施交单行为的受益人、银行或其他人。

第三条　解释

就本惯例而言：

如情形适用，单数词形包含复数含义，复数词形包含单数含义。

信用证是不可撤销的，即使未如此表明。

单据签字可用手签、摹样签字、穿孔签字、印戳、符号或任何其他机械或电子的证实方法为之。

诸如单据须履行法定手续、签证、证明等类似要求，可由单据上任何看似满足该要求的签字、标记、印戳或标签来满足。

一家银行在不同国家的分支机构被视为不同的银行。

用诸如"第一流的"、"著名的"、"合格的"、"独立的"、"正式的"、"有资格的"或"本地的"等词语描述单据的出单人时，允许除受益人之外的任何人出具该单据。

除非要求在单据中使用，否则诸如"迅速地"、"立刻地"或"尽快地"等词语将被不予理会。

"在或大概在(on or about)"或类似用语将被视为规定事件发生在指定日期的前后五个日历日之间，起讫日期计算在内。

"至(to)"、"直至(until、till)"、"从……开始(from)"及"在……之间(between)"等词用于确定发运日期时包含提及的日期，使用"在……之前(before)"及"在……之后(after)"时则不包含提及的日期。

"从……开始(from)"及"在……之后(after)"等词用于确定到期日时不包含提及的日期。

"前半月"及"后半月"分别指一个月的第一日到第十五日及第十六日到该月的最后一日，起讫日期计算在内。

一个月的"开始(beginning)"、"中间(middle)"及"末尾(end)"分别指第一到第十日、第十一日到第二十日及第二十一日到该月的最后一日，起讫日期计算在内。

第四条　信用证与合同

a. 就其性质而言，信用证与可能作为其开立基础的销售合同或其他合同是相互独立的交易，即使信用证中含有对此类合同的任何援引，银行也与该合同无关，且不受其约束。因此，银行关于承付、议付或履行信用证项下其他义务的承诺，不受申请人基于与开证行或与受益人之间的关系而产生的任何请求或抗辩的影响。

受益人在任何情况下不得利用银行之间或申请人与开证行之间的合同关系。

b. 开证行应劝阻申请人试图将基础合同、形式发票等文件作为信用证组成部分的做法。

第五条　单据与货物、服务或履约行为

银行处理的是单据，而不是单据可能涉及的货物、服务或履约行为。

第六条　兑用方式、截止日和交单地点

a. 信用证必须规定可在其处兑用的银行，或是否可在任一银行兑用。规定在指定银行兑用的信用证同时也可以在开证行兑用。

b. 信用证必须规定其是以即期付款、延期付款、承兑还是议付的方式兑用。

c. 信用证不得开成凭以申请人为付款人的汇票兑用。

d. i. 信用证必须定一个交单的截止日。规定的承付或议付的截止日将被视为交单的截止日。

ii. 可在其处兑用信用证的银行所在地即为交单地点。可在任一银行兑用的信用证其交单地点为任一银行所在地。除规定的交单地点外，开证行所在地也是交单地点。

e. 除非如第二十九条 a 款规定的情形，否则受益人或者代表受益人的交单应在截止日当天或之前完成。

第七条　开证行责任

a. 只要规定的单据提交给指定银行或开证行，并且构成相符交单，则开证行必须承付，如果信用证为以下情形之一：

i. 信用证规定由开证行即期付款,延期付款或承兑；

ii. 信用证规定由指定银行即期付款但其未付款；

iii. 信用证规定由指定银行延期付款但其未承诺延期付款,或虽已承诺延期付款,但未在到期日付款；

iv. 信用证规定由指定银行承兑,但其未承兑以其为付款人的汇票,或虽然承兑了汇票,但未在到期日付款；

v. 信用证规定由指定银行议付但其未议付。

b. 开证行自开立信用证之时起即不可撤销地承担承付责任。

c. 指定银行承付或议付相符交单并将单据转给开证行之后,开证行即承担偿付该指定银行的责任。对承兑或延期付款信用证下相符交单金额的偿付应在到期日办理,无论指定银行是否在到期日之前预付或购买了单据。开证行偿付指定银行的责任独立于开证行对受益人的责任。

第八条　保兑行责任

a. 只要规定的单据提交给保兑行,或提交给其他任何指定银行,并且构成相符交单,保兑行必须：

i. 承付,如果信用证为以下情形之一：

a) 信用证规定由保兑行即期付款、延期付款或承兑；

b) 信用证规定由另一指定银行延期付款,但其未付款；

c) 信用证规定由另一指定银行延期付款,但其未承诺延期付款,或虽已承诺延期付款但未在到期日付款；

d) 信用证规定由另一指定银行承兑,但其未承兑以其为付款人的汇票,或虽已承兑汇票未在到期日付款；

e) 信用证规定由另一指定银行议付,但其未议付。

ii. 无追索权地议付,如果信用证规定由保兑行议付。

b. 保兑行自对信用证加具保兑之时起即不可撤销地承担承付或议付的责任。

c. 其他指定银行承付或议付相符交单并将单据转往保兑行之后,保兑行即承担偿付该指定银行的责任。对承兑或延期付款信用证下相符交单金额的偿付应在到期日办理,无论指定银行是否在到期日之前预付或购买了单据。保兑行偿付指定银行的责任独立于保兑行对受益人的责任。

d. 如果开证行授权或要求一银行对信用证加具保兑,而其并不准备照办,则其必须毫不延误地通知开证行,并可通知此信用证而不加保兑。

第九条　信用证及其修改的通知

a. 信用证及其任何修改可以经由通知行通知给受益人。非保兑行的通知行通知信用及修改时不承担承付或议付的责任。

b. 通知行通知信用证或修改的行为表示其已确信信用证或修改的表面真实性,而且其通知准确地反映了其收到的信用证或修改的条款。

c. 通知行可以通过另一银行(“第二通知行”)向受益人通知信用证及修改。第二通知行通知信用证或修改的行为表明其已确信收到的通知的表面真实性,并且其通知准确地反映了收到的信用证或修改的条款。

d. 经由通知行或第二通知行通知信用证的银行必须经由同一银行通知其后的任何修改。

e. 如一银行被要求通知信用证或修改但其决定不予通知，则应毫不延误地告知自其处收到信用证、修改或通知的银行。

f. 如一银行被要求通知信用证或修改但其不能确信信用证、修改或通知的表面真实性，则应毫不延误地通知看似从其处收到指示的银行。如果通知行或第二通知行决定仍然通知信用证或修改，则应告知受益人或第二通知行其不能确信信用证、修改或通知的表面真实性。

第十条　修改

a. 除第三十八条另有规定者外，未经开证行、保兑行(如有的话)及受益人同意，信用证既不得修改，也不得撤销。

b. 开证行自发出修改之时起，即不可撤销地受其约束。保兑行可将其保兑扩展至修改，并自通知该修改时，即不可撤销地受其约束。但是，保兑行可以选择将修改通知受益人而不对其加具保兑。若然如此，其必须毫不延误地将此告知开证行，并在其给受益人的通知中告知受益人。

c. 在受益人告知通知修改的银行其接受该修改之前，原信用证(或含有先前被接受的修改的信用证)的条款对受益人仍然有效。受益人应提供接受或拒绝修改的通知。如果受益人未能给予通知，当交单与信用证以及尚未表示接受的修改的要求一致时，即视为受益人已作出接受修改的通知，并且从此时起，该信用证被修改。

d. 通知修改的银行应将任何接受或拒绝的通知转告发出修改的银行。

e. 对同一修改的内容不允许部分接受，部分接受将被视为拒绝修改的通知。

f. 修改中关于除非受益人在某一时间内拒绝修改否则修改生效的规定应被不予理会。

第十一条　电讯传输的和预先通知的信用证和修改

a. 以经证实的电讯方式发出的信用证或信用证修改即被视为有效的用证或修改文据，任何后续的邮寄确认书应被不予理会。

如电讯声明“详情后告”(或类似用语)或声明以邮寄确认书为有效信用证或修改，则该电讯不被视为有效信用证或修改。开证行必须随即不迟延地开立有效信用证或修改，其条款不得与该电讯矛盾。

b. 开证行只有在准备开立有效信用证或作出有效修改时，才可以发出关于开立或修改信用证的初步通知(预先通知)。开证行作出该预先通知，即不可撤销地保证不迟延地开立或修改信用证，且其条款不能与预先通知相矛盾。

第十二条　指定

a. 除非指定银行为保兑行，对于承付或议付的授权并不赋予指定银行承付或议付的义务，除非该指定银行明确表示同意并且告知受益人。

b. 开证行指定一银行承兑汇票或做出延期付款承诺，即为授权该指定银行预付或购买其已承兑的汇票或已做出的延期付款承诺。

c. 非保兑行的指定银行收到或审核并转递单据的行为并不使其承担承付或议付的责任，也不构成其承付或议付的行为。

第十三条　银行之间的偿付安排

a. 如果信用证规定指定银行(“索偿行”)向另一方(“偿付行”)获取偿付时，必须同时规定该偿付是否按信用证开立时有效的ICC银行间偿付规则进行。

b. 如果信用证没有规定偿付遵守ICC银行间偿付规则，则按照以下规定：

i. 开证行必须给予偿付行有关偿付的授权，授权应符合信用证关于兑用方式的规定，且不应设定截止日。

ii. 开证行不应要求索偿行向偿付行提供与信用证条款相符的证明。

iii. 如果偿付行未按信用证条款见索即偿，开证行将承担利息损失以及产生的任何其他费用。

iv. 偿付行的费用应由开证行承担。然而，如果此项费用由受益人承担，开证行有责任在信用证及偿付授权中注明。如果偿付行的费用由受益人承担，该费用应在偿付时从付给索偿行的金额中扣取。如果偿付未发生，偿付行的费用仍由开证行负担。

c. 如果偿付行未能见索即偿，开证行不能免除偿付责任。

第十四条　单据审核标准

a. 按指定行事的指定银行、保兑行（如果有的话）及开证行须审核交单，并仅基于单据本身确定其是否在表面上构成相符交单。

b. 按指定行事的指定银行、保兑行（如有的话）及开证行各有从交单次日起至多五个银行工作日用以确定交单是否相符。这一期限不因在交单日当天或之后信用证截止日或最迟交单日届至而受到缩减或影响。

c. 如果单据中包含一份或多份受第十九、二十、二十一、二十二、二十三、二十四或二十五条规制的正本运输单据，则须由受益人或其代表在不迟于本惯例所指的发运日之后的二十一个日历日内交单，但是在任何情况下都不得迟于信用证的截止日。

d. 单据中的数据，在与信用证、单据本身以及国际标准银行实务参照解读时，无须与该单据本身中的数据、其他要求的单据或信用证中的数据等同一致、但不得矛盾。

e. 除商业发票外，其他单据中的货物、服务或履约行为的描述，如果有的话，可使用与信用证中的描述不矛盾的概括性用语。

f. 如果信用证要求提交运输单据、保险单据或者商业发票之外的单据，却未规定出单人或其数据内容，则只要提交的单据内容看似满足所要求单据的功能，且其他方面符合第十四条 d 款，银行将接受该单据。

g. 提交的非信用证所要求的单据将被不予理会，并可被退还给交单人。

h. 如果信用证含有一项条件，但未规定用以表明该条件得到满足的单据，银行将视为未作规定并不予理会。

i. 单据日期可以早于信用证的开立日期，但不得晚于交单日期。

j. 当受益人和申请人的地址出现在任何规定的单据中时，无须与信用证或其他规定单据中所载相同，但必须与信用证中规定的相应地址同在一国。联络细节（传真、电话、电子邮件及类似细节）作为受益人和申请人地址的一部分时将被不予理会。然而，如果申请人的地址和联络细节为第十九、二十、二十一、二十二、二十三、二十四或二十五条规定的运输单据上的收货人或通知方细节的一部分时，应与信用证规定的相同。

k. 在任何单据中注明的托运人或发货人无须为信用证的受益人。

l. 运输单据可以由任何人出具，无须为承运人、船东、船长或租船人，只要其符合第十九、二十、二十一、二十二、二十三或二十四条的要求。

第十五条　相符交单

a. 当开证行确定交单相符时，必须承付。

b. 当保兑行确定交单相符时，必须承付或者议付并将单据转递给开证行。

c. 当指定银行确定交单相符并承付或议付时，必须将单据转递给保兑行或开证行。

第十六条　不符单据、放弃及通知

a. 当按照指定行事的指定银行、保兑行(如有的话)或者开证行确定交单不符时，可以拒绝承付或议付。

b. 当开证行确定交单不符时，可以自行决定联系申请人放弃不符点。然而这并不能延长第十四条b款所指的期限。

c. 当按照指定行事的指定银行、保兑行(如有的话)或开证行决定拒绝承付或议付时，必须给予交单人一份单独的拒付通知。

该通知必须声明：

i. 银行拒绝承付或议付；及

ii. 银行拒绝承付或者议付所依据的每一个不符点；及

iii. a) 银行留存单据听候交单人的进一步指示；或者

b) 开证行留存单据直到其从申请人处接到放弃不符点的通知并同意接受该放弃，或者其同意接受对不符点的放弃之前从交单人处收到其进一步指示；或者

c) 银行将退回单据；或者

d) 银行将按之前从交单人处获得的指示处理。

d. 第十六条c款要求的通知必须以电讯方式，如不可能，则以其他快捷方式，在不迟于自交单之翌日起第五个银行工作日结束前发出。

e. 按照指定行事的指定银行、保兑行(如有的话)或开证行在按照第十六条c款iii项a)或b)发出了通知后，可以在任何时候将单据退还交单人。

f. 如果开证行或保兑行未能按照本条行事，则无权宣称交单不符。

g. 当开证行拒绝承付或保兑行拒绝承付或者议付，并且按照本条发出了拒付通知后，有权要求返还已偿付的款项及利息。

第十七条　正本单据及副本

a. 信用证规定的每一种单据须至少提交一份正本。

b. 银行应将任何带有看似出单人的原始签名、标记、印戳或标签的单据视为正本单据，除非单据本身表明其非正本。

c. 除非单据本身另有说明，在以下情况下，银行也将其视为正本单据：

i. 单据看似由出单人手写、打字、穿孔或盖章；或者

ii. 单据看似使用出单人的原始信纸出具；或者

iii. 单据声明其为正本单据，除非该声明看似不适用于提交的单据。

d. 如果信用证要求提交单据的副本，提交正本或副本均可。

e. 如果信用证使用诸如“一式两份(in duplicate)”、“两份(in two fold)”、“两套(in two copies)”等用语要求提交多份单据，则提交至少一份正本，其余使用副本即可满足要求，除非单据本身另有说明。

第十八条　商业发票

a. 商业发票：

i. 必须看似由受益人出具(第三十八条规定的情形除外)；

ii. 必须出具成以申请人为抬头(第三十八条 g 款规定的情形除外);

iii. 必须与信用证的货币相同;且

iv. 无须签名。

b. 按指定行事的指定银行、保兑行(如有的话)或开证行可以接受金额大于信用证允许金额的商业发票,其决定对有关各方均有约束力,只要该银行对超过信用证允许金额的部分未作承付或者议付。

c. 商业发票上的货物、服务或履约行为的描述应该与信用证中的描述一致。

第十九条 涵盖至少两种不同运输方式的运输单据

a. 涵盖至少两种不同运输方式的运输单据(多式或联合运输单据),无论名称如何,必须看似:

i. 表明承运人名称并由以下人员签署:

* 承运人或其具名代理人,或

* 船长或其具名代理人。

承运人、船长或代理人的任何签字,必须标明其承运人、船长或代理人的身份。

代理人签字必须表明其系代表承运人还是船长签字。

ii. 通过以下方式表明货运站物已经在信用证规定的地点发送、接管或已装船。

* 事先印就的文字,或者

* 表明货物已经被发送、接管或装船日期的印戳或批注。

运输单据的出具日期将被视为发送、接管或装船的日期,也即发运的日期。然而如单据以印戳或批注的方式表明了发送、接管或装船日期,该日期将被视为发运日期。

iii. 表明信用证规定的发送、接管或发运地点,以及最终目的地,即使:

a) 该运输单据另外还载明了一个不同的发送、接管或发运地点或最终目的地,或者

b) 该运输单据载有"预期的"或类似的关于船只、装货港或卸货港的限定语。

iv. 为唯一的正本运输单据,或者,如果出具为多份正本,则为运输单据中表明的全套单据。

v. 载有承运条款和条件,或提示承运条款和条件参见别处(简式/背面空白的运输单据)。银行将不审核承运条款和条件的内容。

vi. 未表明受租船合同约束。

b. 就本条而言,转运指在从信用证规定的发送、接管或者发运地点最终目的地的运输过程中从某一运输工具上卸下货物并装上另一运输工具的行为(无论其是否为不同的运输方式)。

c. i. 运输单据可以表明货物将要或可能被转运,只要全程运输由同一运输单据涵盖。

ii. 即使信用证禁止转运,注明将要或者可能发生转运的运输单据仍可接受。

第二十条 提单

a. 提单,无论名称如何,必须看似:

i. 表明承运人名称,并由下列人员签署:

* 承运人或其具名代理人,或者

* 船长或其具名代理人。

承运人、船长或代理人的任何签字必须标明其承运人、船长或代理人的身份。

代理人的任何签字必须标明其系代表承运人还是船长签字。

ii. 通过以下方式表明货物已在信用证规定的装货港装上具名船只：

* 预先印就的文字，或
* 已装船批注注明货物的装运日期。

提单的出具日期将被视为发运日期，除非提单载有表明发运日期的已装船批注，此时已装船批注中显示的日期将被视为发运日期。

如果提单载有"预期船只"或类似的关于船名的限定语，则须以已装船批注明确发运日期以及实际船名。

iii. 表明货物从信用证规定的装货港发运至卸货港。

如果提单没有表明信用证规定的装货港为装货港，或者其载有"预期的"或类似的关于装货港的限定语，则须以已装船批注表明信用证规定的装货港、发运日期以及实际船名。即使提单以事先印就的文字表明了货物已装载或装运于具名船只，本规定仍适用。

iv. 为唯一的正本提单，或如果以多份正本出具，为提单中表明的全套正本。

v. 载有承运条款和条件，或提示承运条款和条件参见别处(简式/背面空白的提单)。银行将不审核承运条款和条件的内容。

vi. 未表明受租船合同约束。

b. 就本条而言，转运系指在信用证规定的装货港到卸货港之间的运输过程中，将货物从一船卸下并再装上另一船的行为。

c. i. 提单可以表明货物将要或可能被转运，只要全程运输由同一提单涵盖。

ii. 即使信用证禁止转运，注明将要或可能发生转运的提单仍可接受，只要其表明货物由集装箱、拖车或子船运输。

d. 提单中声明承运人保留转运权利的条款将被不予理会。

第二十一条　不可转让的海运单

a. 不可转让的海运单，无论名称如何，必须看似：

i. 表明承运人名称并由下列人员签署：

* 承运人或其具名代理人，或者
* 船长或其具名代理人。

承运人、船长或代理人的任何签字必须标明其承运人、船长或代理人的身份。

代理签字必须标明其系代表承运人还是船长签字。

ii. 通过以下方式表明货物已在信用证规定的装货港装上具名船只：

* 预先印就的文字，或者
* 已装船批注表明货物的装运日期。

不可转让海运单的出具日期将被视为发运日期，除非其上带有已装船批注注明发运日期，表明已装船批注注明的日期将被视为发运日期。

如果不可转让海运单载有"预期船只"或类似的关于船名的限定语，则需要以已装船批注表明发运日期和实际船名。

iii. 表明货物从信用证规定的装货港发运至卸货港。

如果不可转让海运单未以信用证规定的装货港为装货港，或者如果其载有"预期的"或类似的关于装货港的限定语，则需要以已装船批注表明信用证规定的装货港、发运日期和船只。

即使不可转让海运单以预先印就的文字表明货物已由具名船只装载或装运，本规定也适用。

iv. 为唯一的正本不可转让海运单，或如果以多份正本出具，为海运单上注明的全套正本。

v. 载有承运条款的条件，或提示承运条款和条件参见别处（简式/背面空白的海运单）。银行将不审核承运条款和条件的内容。

vi. 未注明受租船合同约束。

b. 就本条而言，转运系指在信用证规定的装货港到卸货港之间的运输过程中，将货物从一船卸下并装上另一船的行为。

c. i. 不可转让海运单可以注明货物将要或可能被转运，只要全程运输由同一海运单涵盖。

ii. 即使信用证禁止转运，注明转运将要或可能发生的不可转让的海运单仍可接受，只要其表明货物装于集装箱、拖船或子船中运输。

d. 不可转让的海运单中声明承运人保留转运权利条款将被不予理会。

第二十二条　租船合同提单

a. 表明其受租船合同约束的提单（租船合同提单），无论名称如何，必须看似：

i. 由以下人员签署：

* 船长或其具名代理人，或
* 船东或其具有名代理人，或
* 租船人或其具有名代理人。

船长、船东、租船人或代理人的任何签字必须标明其船长、船东、租船人或代理人的身份。

代理人签字必须表明其系代表船长、船东还是租船人签字。

代理人代表船东或租船人签字时必须注明船东或租船人的名称。

ii. 通过以下方式表明货物已在信用证规定的装货港装上具名船只：

* 预先印就的文字，或者
* 已装船批注注明货物的装运日期。

租船合同提单的出具日期将被视为发运日期，除非租船合同提单载有已装船批注注明发运日期，此时已装船批注上注明的日期将被视为发运日期。

iii. 表明货物从信用证规定的装货港发运至卸货港。卸货港也可显示为信用证规定的港口范围或地理区域。

iv. 为唯一的正本租船合同提单，或如以多份正本出具，为租船合同提单注明的全套正本。

b. 银行将不审核租船合同，即使信用证要求提交租船合同。

第二十三条　空运单据

a. 空运单据，无论名称如何，必须看似：

i. 表明承运人名称，并由以下人员签署：

* 承运人，或
* 承运人的具名代理人。

承运人或其代理人的任何签字必须标明其承运人或代理人的身份。

代理人签字必须表明其系代表承运人签字。

ii. 表明货物已被收妥待运。

iii. 表明出具日期。该日期将被视为发运日期,除非空运单据载有专门批注注明实际发运日期,此时批注中的日期将被视为发运日期。

空运单据中其他与航班号和航班日期相关的信息将不被用来确定发运日期。

iv. 表明信用证规定的起飞机场和目的地机场。

v. 为开给发货人或托运人的正本,即使信用证规定提交全套正本。

vi. 载有承运条款和条件,或提示条款和条件参见别处。银行将不审核承运条款和条件的内容。

b. 就本条而言,转运是指在信用证规定的起飞机场到目的地机场的运输过程中,将货物从一飞机卸下再装上另一飞机的行为。

c. i. 空运单据可以注明货物将要或可能转运,只要全程运输由同一空运单据涵盖。

ii. 即使信用证禁止转运,注明将要或可能发生转运的空运单据仍可接受。

第二十四条　公路、铁路或内陆水运单据

a. 公路、铁路或内陆水运单据,无论名称如何,必须看似:

i. 表明承运人名称,并且

* 由承运人或其具名代理人签署,或者

* 由承运人或其具名代理人以签字、印戳或批注表明货物收讫。

承运人或其具名代理人的收货签字、印戳或批注必须标明其承运人或代理人的身份。代理人的收货签字、印戳或批注必须标明代理人系代理承运人签字或行事。

如果铁路运输单据没有指明承运人,可以接受铁路运输公司的任何签字或印戳作为承运人签署单据的证据。

ii. 表明货物的信用证规定地点的发运日期,或者收讫待运或待发送的日期。运输单据的出具日期将被视为发运日期,除非运输单据上盖有带日期的收货印戳,或注明了收货日期或发运日期。

iii. 表明信用证规定的发运地及目的地。

b. i. 公路运输单据必须看似为开给发货人或托运人的正本,或没有任何标记表明单据开给何人。

ii. 注明"第二联"的铁路运输单据将被作为正本接受。

iii. 无论是否注明正本字样,铁路或内陆水运单据都被作为正本接受。

c. 如运输单据上未注明出具的正本数量,提交的份数即视为全套正本。

d. 就本条而言,转运是指在信用证规定的发运、发送或运送的地点到目的地之间的运输过程中,在同一运输方式中从一运输工具卸下再装上另一运输工具的行为。

e. i. 只要全程运输由同一运输单据涵盖,公路、铁路或内陆水运单据可以注明货物将要或可能被转运。

ii. 即使信用证禁止转运,注明将要或可能发生转运的公路、铁路或内陆水运单据仍可接受。

第二十五条　快递收据、邮政收据或投邮证明

a. 证明货物收讫待运的快递收据,无论名称如何,必须看似:

i. 表明快递机构的名称,并在信用证规定的货物发运地点由该具名快递机构盖章或签字;并且

ii. 表明取件或收件的日期或类似词语，该日期将被视为发运日期。

b. 如果要求显示快递费用付讫或预付，快递机构出具的表明快递费由收货人以外的一方支付的运输单据可以满足该项要求。

c. 证明货物收讫待运的邮政收据或投邮证明，无论名称如何，必须看似在信用证规定的货物发运地点盖章或签署并注明日期。该日期将被视为发运日期。

第二十六条　“货装舱面”、“托运人装载和计数”、“内容据托运人报称”及运费之外的费用

a. 运输单据不得表明货物装于或者将装于舱面。声明货物可能装于舱面的运输单据条款可以接受。

b. 载有诸如“托运人装载和计数”或“内容据托运人报称”条款的运输单据可以接受。

c. 运输单据上可以以印戳或其他方法提及运费之外的费用。

第二十七条　清洁运输单据

银行只接受清洁运输单据，清洁运输单据指未载有明确宣称货物或包装有缺陷的条款或批注的运输单据。“清洁”一词并不需要在运输单据上出现，即使信用证要求运输单据为“清洁已装船”的。

第二十八条　保险单据及保险范围

a. 保险单据，例如保险单或预约保险项下的保险证明书或者声明书，必须看似由保险公司或承保人或其代理人或代表出具并签署。

b. 如果保险单据表明其以多份正本出具，所有正本均须提交。

c. 暂保单将不被接受。

d. 可以接受保险单代预约保险项下的保险证明书或声明书。

e. 保险单据日期不得晚于发运日期，除非保险单据表明保险责任不迟于发运日生效。

f. i. 保险单据必须表明投保金额并以与信用证相同的货币表示。

ii. 信用证对于投保金额为货物价值、发票金额或类似金额的某一比例的要求，将被视为对最低保额的要求。

如果信用证对投保金额未做规定，投保金额须至少为货物的 CIF 或 CIP 价格的 110%。

如果从单据中不能确定 CIF 或者 CIP 价格，投保金额必须基于要求承付或议付的金额，或者基于发票上显示的货物总值来计算，两者之中取金额较高者。

iii. 保险单据须表明承保的风险区间至少涵盖从信用证规定的货物接管地或发运地开始到卸货地或最终目的地为止。

g. 信用证应规定所需投保的险别及附加险（如有的话）。如果信用证使用诸如“通常风险”或“惯常风险”等含义不确切的用语，则无论是否有漏保之风险，保险单据将被照样接受。

h. 当信用证规定投保“一切险”时，如保险单据载有任何“一切险”批注或条款，无论是否有“一切险”标题，均将被接受，即使其声明任何风险除外。

i. 保险单据可以援引任何除外条款。

j. 保险单据可以注明受免赔率或免赔额（减除额）约束。

第二十九条　截止日或最迟交单日的顺延

a. 如果信用证的截止日或最迟交单日适逢接受交单的银行非因第三十六条所述原因而歇业，则截止日或最迟交单日，视何者适用，将顺延至其重新开业的第一个银行工作日。

b. 如果在顺延后的第一个银行工作日交单，指定银行必须在其致开证行或保兑行的面函中声明交单是在根据第二十九条 a 款顺延的期限内提交的。

c. 最迟发运日不因第二十九条 a 款规定的原因而顺延。

第三十条　信用证金额、数量与单价的伸缩度

a. “约”或“大约”用于信用证金额或信用证规定的数量或单价时，应解释为允许有关金额或数量或单价有不超过10%的增减幅度。

b. 在信用证未以包装单位件数或货物自身件数的方式规定货物数量时，货物数量允许有5%的增减幅度，只要总支取金额不超过信用证金额。

c. 如果信用证规定了货物数量，而该数量已全部发运，及如果信用证规定了单价，而该单价又未降低，或当第三十条 b 款不适用时，则即使不允许部分装运，也允许支取的金额有5%的减幅。若信用证规定有特定的增减幅度或使用第三十条 a 款提到的用语限定数量，则该减幅不适用。

第三十一条　部分支款或部分发运

a. 允许部分支款或部分发运。

b. 表明使用同一运输工具并经由同次航程运输的数套运输单据在同一次提交时，只要显示相同目的地，将不视为部分发运，即使运输单据上表明的发运日期不同或装货港、接管地或发运地点不同。如果交单由数套运输单据构成，其中最晚的一个发运日将被视为发运日。

含有一套或数套运输单据的交单，如果表明在同一种运输方式下经由数件运输工具运输，即使运输工具在同一天出发运往同一目的地，仍将被视为部分发运。

c. 含有一份以上快递收据、邮政收据或投邮证明的交单，如果单据看似由同一快递或邮政机构在同一地点和日期加盖印戳或签字并且表明同一目的地，将不视为部分发运。

第三十二条　分期支款或分期发运

如信用证规定在指定的时间段内分期支款或分期发运，任何一期未按信用证规定期限支取或发运时，信用证对该期及以后各期均告失效。

第三十三条　交单时间

银行在其营业时间外无接受交单的义务。

第三十四条　关于单据有效性的免责

银行对任何单据的形式、充分性、准确性、内容真实性、虚假性或法律效力，或对单据中规定或添加的一般或特殊条件，概不负责；银行对任何单据所代表的货物、服务或其他履约行为的描述、数量、重量、品质、状况、包装、交付、价值或其存在与否，或对发货人、承运人、货运代理人、收货人、货物的保险人或其他任何人的诚信与否、作为或不作为、清偿能力、履约或资信状况，也概不负责。

第三十五条　关于信息传递和翻译的免责

当报文、信件或单据按照信用证的要求传输或发送时，或当信用证未作指示，银行自行选择传送服务时，银行对报文传输或信件或单据的递送过程中发生的延误、中途遗失、残缺或其他错误产生的后果，概不负责。

如果指定银行确定交单相符并将单据发往开证行或保兑行，无论指定银行是否已经承付或议付，开证行或保兑行必须承付或议付，或偿付指定银行，即使单据在指定银行送往开证行或保兑行的途中，或保兑行送往开证行的途中丢失。

银行对技术术语的翻译或解释上的错误，不负责任，并可不加翻译地传送信用证条款。

第三十六条　不可抗力

银行对由于天灾、暴动、骚乱、叛乱、战争、恐怖主义行为或任何罢工、停工或其无法控制的任何其他原因导致的营业中断的后果，概不负责。

银行恢复营业时，对于在营业中断期间已逾期的信用证，不再进行承付或议付。

第三十七条　关于被指示方行为的免责

a. 为了执行申请人的指示，银行利用其他银行的服务，其费用和风险由申请人承担。

b. 即使银行自行选择了其他银行，如果发出的指示未被执行，开证行或通知行对此亦不负责。

c. 指示另一银行提供服务的银行有责任负担被指示方因执行指示而发生的任何佣金、手续费、成本或开支（“费用”）。

如果信用证规定费用由受益人负担，而该费用未能收取或从信用证款项中扣除，开证行依然承担支付此费用的责任。

信用证或其修改不应规定向受益人的通知以通知行或第二通知行收到其费用为条件。

d. 外国法律和惯例加诸于银行的一切义务和责任，申请人应受其约束，并就此对银行负补偿之责。

第三十八条　可转让信用证

a. 银行无办理信用证转让的义务，除非其明确同意。

b. 就本条而言：

可转让信用证系指特别注明“可转让（transferable）”字样的信用证。可转让信用证可应受益人（第一受益人）的要求转为全部或部分由另一受益人（第二受益人）兑用。

转让行系指办理信用证转让的指定银行，或当信用证规定可在任何银行兑用时，指开证行特别如此授权并实际办理转让的银行。开证行也可担任转让行。

已转让信用证指已由转让行转为可由第二受益人兑用的信用证。

c. 除非转让时另有约定，有关转让的所有费用（诸如佣金、手续费，成本或开支）须由第一受益人支付。

d. 只要信用证允许部分支款或部分发运，信用证可以分部分地转让给数名第二受益人。

已转让信用证不得应第二受益人的要求转让给任何其后受益人。第一受益人不视为其后受益人。

e. 任何转让要求须说明是否允许及在何条件下允许将修改通知第二受益人。已转让信用证须明确说明该项条件。

f. 如果信用证转让给数名第二受益人，其中一名或多名第二受益人对信用证修改的拒绝并不影响其他第二受益人接受修改。对接受者而言该已转让信用证即被相应修改，而对拒绝改的第二受益人而言，该信用证未被修改。

g. 已转让信用证须准确转载原证条款，包括保兑（如果有的话），但下列项目除外：

——信用证金额，

——规定的任何单价，

——截止日，

——交单期限，或

——最迟发运日或发运期间。

以上任何一项或全部均可减少或缩短。

必须投保的保险比例可以增加，以达到原信用证或本惯例规定的保险金额。

可用第一受益人的名称替换原证中的开证申请人名称。

如果原证特别要求开证申请人名称应在除发票以外的任何单据出现时，已转让信用证必须反映该项要求。

h. 第一受益人有权以自己的发票和汇票(如有的话)替换第二受益人的发票的汇票，其金额不得超过原信用证的金额。经过替换后，第一受益人可在原信用证项下支取自己发票与第二受益人发票间的差价(如有的话)。

i. 如果第一受益人应提交其自己的发票和汇票(如有的话)，但未能在第一次要求的照办，或第一受益人提交的发票导致了第二受益人的交单中本不存在的不符点，而其未能在第一次要求时修正，转让行有权将从第二受益人处收到的单据照交开证行，并不再对第一受益人承担责任。

j. 在要求转让时，第一受益人可以要求在信用证转让后的兑用地点，在原信用证的截止日之前(包括截止日)，对第二受益人承付或议付。本规定并不得损害第一受益人在第三十八条 h 款下的权利。

k. 第二受益人或代表第二受益人的交单必须交给转让行。

第三十九条　款项让渡

信用证未注明可转让，并不影响受益人根据所适用的法律规定，将该信用证项下其可能有权或可能将成为有权获得的款项让渡给他人的权利。本条只涉及款项的让渡，而不涉及在信用证项下进行履行行为的权利让渡。

参考文献

1. 熊良福.国际贸易实务[M].天津:南开大学出版社,1998
2. 侯铁珊.国际贸易实务[M].大连:大连理工大学出版社,2002
3. 逯宇铎,等.国际贸易实务[M].北京:中国科学文化出版社,2003
4. 侯铁珊,等.国际贸易实务案例与练习[M].大连:大连理工大学出版社,2001
5. 袁永友,等.国际贸易实务案例评析[M].湖北:湖北人民出版社,1999
6. 黎孝先.国际贸易实务(第三版)[M].北京:对外经济贸易大学出版社,2003
7. 李权.国际贸易实务[M].北京:北京大学出版社,2000
8. 钟昌标.新编国际贸易教程[M].吉林:吉林人民出版社,2004
9. 聂清.国际商务谈判实务[M].上海:上海交通大学出版社,1999
10. 霍红.国际货运代理与海上运输(第一版)[M].北京:化学工业出版社,2004
11. 张铎.电子商务与物流[M].北京:清华大学出版社,2000
12. 宋玲,等.电子商务实践[M].北京:中国金融出版社,2000
13. 钟昌标.国际贸易地理[M].吉林:吉林人民出版社,2002
14. 吴百福.进出口贸易实务教程[M].上海:上海人民出版社,2003
15. 官焕久,许源.进出口业务教程[M].上海:上海人民出版社,2004
16. 徐宣全.国际贸易实务[M].浙江大学出版社,2003
17. 祝卫.出口贸易模拟操作教程[M].上海:上海人民出版社,2002
18. 钱中平,明洁,张烨.国际贸易实务[M].北京:科学出版社,2004
19. 陈宪,等.国际贸易——原理·政策·实务[M].上海:立信会计出版社,2005
20. 董学军.换汇成本在对外报价中的作用[J].对外经贸实务,2000(5)
21. 张亚芬.信用证诈骗分析及防范对策[J].国际商务研究,2000(2)
22. 王力.商业信誉下支付方式的风险、教训和防范措施[J].对外经贸实务,1999(4)
23. 林俐,等.国际贸易实务[M].北京:清华大学出版社,2006